지금 다시,
일본 정독

지금 다시,
일본 정독

국뽕과 친일, 혐오를 뺀 냉정한 일본 읽기

이창민 지음

더숲

차례

들어가며

지금 다시,
일본을 냉정하게 읽어야 하는 이유

──────── 10년 가까운 일본 생활을 마치고 한국에 영구 귀국을 결심했을 때, 한국 사정을 잘 모르는 일본인 동료 교수들이 자못 심각한 표정으로 걱정을 해 준 적이 있다. 하나는 일본의 국공립대 교수 자리를 걷어차고 한국의 사립대로 옮기는 것에 대한 걱정이었고, 또 하나는 일본에서 오랫동안 공부하고 직장 생활을 한 것이 한국 사회에서 짐으로 작용하지 않겠느냐는 것이었다. 나 역시 "무슨 말인지는 알지만 한국도 옛날하고 달라서 전혀 걱정 안 하셔도 된다."고 이야기했어도, 마음 한구석에 찜찜함이 전혀 없었던 것은 아니다. 그래서 귀국한 이후 한일 간의 민감한 사안에 대해서는 오해받을 만한 이야기를 하지 않도록 조심했다. 게다가 내가 연구하는 경제학은 전공의 특성상 한일 간의 민감한 소재로부터 벗어나 있었다. 일본군 위안부 문제도 그렇고, 강제동원 피해자 문제도 그렇고, 다행인지 불행인지 경제학자가 훈수

를 둘 수 있는 영역이 아니었다.

그러다가 2019년 7월 1일 일본 정부의 대한국 수출 규제 조치로 인해 상황이 변하였다. 수출 규제가 발표되고 처음 몇 달 동안은 언론에서 인터뷰 요청이 쇄도하고, 기고와 강연, 그리고 전문가 자격으로 참여한 정부 관계자와의 회의 등으로 정신없이 바쁜 나날들을 보내야 했다. 처음에는 수출 규제의 내용과 의미에 대해 설명을 해 달라는 요청이 많았다. 그렇지만 시간이 지나면서 질문의 내용이 조금씩 변해 갔다. "결국, 한국과 일본 중 누가 이길까요?" 모두가 기대하는 대답이 있어 보였다. 대통령까지 나서서 "다시는 일본에 지지 않겠다."고 선언한 마당에, 무역 전쟁의 승패가 궁금한 것은 너무나 당연한 호기심이었다. 실제로 이때부터 몇몇 전문가들은 무조건 일본을 때리는 사이다 발언으로 유명세를 타기도 했다.

마음이 불편했다. 사실 수출 규제라는 명칭부터 마음에 걸렸다. 우리가 명명한 수출 규제라는 표현이 현실을 잘 설명하고 있는 것일까? 지금 일본이 취하고 있는 조치들을 보면, 엄밀히 말해 앞으로 수출을 규제할 수 있도록 수출 관리 시스템을 강화한 것이지 당장에 특정 품목을 규제했다고 말하기는 어려운 상황이다. 링 위에서 두 선수가 잽을 주고받으며 신경전을 벌이고 있는데, 먼저 때린 사람이 이겼는지 반격한 사람이 이겼는지 물어본다면, 아직 제대로 한판 붙은 게 아니니 승패는 모른다고 해야 할까? 아니면 글로벌 공급망의 불확실성이 증가했다는 점에서 한국과 일본 둘 다 패자라고 해야 할까? 다 떠나서 승패의 관점으로 접근하는 게 과연 바람직한 것일까? 갖가지 생각이 머리를 어지럽혔다. 그러나 당시의 사회적 분위기 속에서 이러한 고민을 입 밖으로 꺼내는 것조차 불필요한 논란을 자초할 것 같았다. 결국 어떠한 결론도 내릴 수가 없었다.

일본 제품에 대한 자발적인 불매 운동이 시작되자 내 입장은 더욱 곤란해졌다. 기자들로부터 전화가 걸려 왔다. "불매 운동으로 일본은 어느 정도 피해를 입게 될까요?", "이번 불매 운동으로 일본은 수출 규제를 포기할까요?" 등의 비슷한 질문이 꼬리에 꼬리를 물었다. "불매 운동의 피해는 크지 않습니다. 따라서 일본이 수출 규제를 철회하지는 않을 것 같습니다." 나는 사람들이 듣고 싶어 하는 대답을 하지 않았다. 불매 운동을 폄하해서가 아니다. 데이터를 보고 이야기했기 때문이다. 우리의 불매 운동은 맥주, 자동차, 유니클로에 집중되었는데, 사실 우리가 일본에서 수입하는 제품의 90% 이상은 일반인들이 평생 이름을 들어 볼 일이 없는 원자재와 자본재이다. 생각해 보자. 수출 규제 문제가 불거지기 전에 불화 폴리이미드와 포토레지스트를 알고 있었던 사람이 대체 몇 명이나 될까? 결국 내 이야기는 기사로 나가지 않았고, 시간이 좀 지나 불매 운동에 대한 열기가 조금 식었을 무렵에 주간지인 《시사저널》에서 내 주장을 실어 주었다. 인터뷰 기사를 본 사람들은 대체로 맞는 이야기라고 고개를 끄덕였지만 개중에는 불편한 기색을 내비치는 사람도 있었다.

책을 써야겠다고 생각한 것은 그 무렵부터였다. 다른 사람들보다 일본 경제를 조금 더 관찰한 입장에서 뭔가 해야 할 일이 있다는 사명감 비슷한 것도 생겼다. 내가 해야 할 일은 간단했다. 사람들이 스스로 생각하고 판단할 수 있도록 일본 경제에 대한 정확한 정보를 전달하는 것이었다.

일본 제품에 대한 불매 운동이 한창일 때, 어느 인터넷 매체에서 일본의 무역 수지가 적자를 기록했는데 여기에는 우리의 불매 운동이 일정 부분 영향을 미친 것 같다는 뉘앙스의 기사를 내보냈다. 그러나 데이터를 찾아보면 이러한 주장이 억지 논리라는 것을 간단히 확인할 수 있다. 2011년 이후 10년 이상 일본의 무역 수지는 적자(내지는 간신히 흑자)를 기록하고 있다. 따라서 2019년 하반기부터 들불처럼 번진 우리의 불매 운동은 시기적으로 봐도 무역 수지 적자의 결정적인 계기가 될 수는 없다. 비단 이뿐만이 아니다. 일본에 대해서는 사실과 오해가 혼동되고, 때로는 다분히 감정이 섞인 바람이 한데 어우러져 휘발성 강한 가짜 뉴스가 양산되는 일이 많다. 그래서 책 제목이 말해주듯이, 이 책의 첫 번째 집필 목적은 일본을 정확하게 읽는 정독正読을 그리고 자세히 읽는 정독精読을 위한 판단 자료를 제공하는 것이다.

그러기 위해서 객관적 시선으로 과거의 일본을 바라보고, 현재의 일본을 이해하며, 미래의 일본을 전망하고자 했고 그 흐름을 글에 반영했다.

　그런데 집필을 시작하고 얼마 안 가서 심각한 고민에 부딪혔다. 논문처럼 딱딱한 글을 쓰고 있는 내 자신을 발견한 것이다. 정확한 정보 전달을 위해 자료를 중시하다 보니 그래프와 표가 난무했고, '친일파 프레임'을 경계하다 보니 지나치게 신중한 문장이 재미없는 만연체로 이어지고 있었다. 제아무리 좋은 책이라도 읽히지 않는 책은 의미가 없다는 것이 내 지론이다. 원점으로 돌아가 책 구성에 대한 고민을 다시 시작했다.

　처음 구상했던 저온호황低溫好況(경기가 좋아졌다고는 하나 이를 피부로 느낄 수 없는 상태)이라는 주제는 세 번째 파트로 돌리고, 첫 번째 파트는 에도 시대*부터 태평양 전쟁까지, 두 번째 파트는 전후 고도성장기부터 아베노믹스까지로 시기를 구분해 3부 구성으로 재편했다. 그리고 각 주제를 1부는 과거 일본에 대한 통찰, 2부는 현재 일본에 대한 이해, 3부는 미래 일본에 대한 전망으로 정했다. 글의 톤도 확 바꿨다. 두 번째 집필 목적은 일본을 주제로 재미있게 교양을 쌓을 수 있는 읽을거리를 제공하는 것이다. 그래서 이제 갓 대학에 입학한 신입생들이 부담 없이 읽을 수 있는 교양서를 생각하며 구어체와 문어체를 적절히 섞어서 사용했다.

＊ 도쿠가와 이에야스德川家康가 세운 에도 막부江戶幕府가 일본을 통치했던 1603년부터 1868년까지의 시기를 가리킨다.

　마지막으로 이 책의 세 번째 집필 목적은 지역학으로서 일본학의 저변이 확대되는 데 아주 조그마한 공헌이라도 하기 위함이다. 나는 학부부터 시작해 박사 학위를 받을 때까지 경제학을 공부했고, 교수로 임용된 후 한동안 일본의 대학에서도 경제학을 가르쳤다. 한국에 와서 처음으로 지역학으로서 일본학을 접했는데 재미도 있을 뿐더러 그 중요성에도 눈을 뜨게 되었다. 그런데 놀랍게도 일본학 연구에서 한국은 아직까지 변방에 위치해 있다. 전 세계적으로 유명한 일본학 연구소는 대부분 북미와 유럽의 대학에 몰려 있으며, 중요한 일본학 논문과 책은 영어로 발표된다. 전국에 80여 개 가까운 일본 관련 학과가 있지만, 한국에서 일본학은 아직 제대로 꽃을 피우지 못하고 있다. 그런 의미에서 일본학을 공부하고 있거나 공부해 보고 싶은 학생들에게 이 책이 조금이라도 긍정적인 영향을 미칠 수 있다면 세 번째 집필 목적은 충분히 달성된 것이다.

　이 책을 집필하는 과정에서 제자들로부터 많은 도움을 받았다. 한국외국어대학교 국제지역대학원 일본학과 대학원생 박예림, 조유진, 오승주는 원고를 꼼꼼히 읽고 다양한 의견을 주었다. 책 집필에 대한 제안부터 책이 완성되는 과정에 이르기까지 더숲 출판사의 관계자분들께도 많은 신세를 졌다. 이 자리를 빌려 책이 나오기까지 수고해 주신 모든 분들께 감사의 말씀을 드리고 싶다.

　　살면서 신세 진 분들이 너무나 많지만, 특히 양가 부모님께는 아직도 많은 도움을 받고 있어서 언제나 고마운 마음뿐이다. 가족들은 내 삶의 본질이다. 결혼해서 지금까지도 한결같이 변함없는 지지를 보내 주는 아내 낙현, 제대로 놀아 주지 못해 미안하지만 감사하게도 건강하게 잘 자라 주고 있는 아들 태훈, 딸 현서에게 마음속 깊이 우러나는 고맙다는 인사를 전하고 싶다.

2022년 6월
이문동에서 이창민

1부

과거의 일본을 어떻게 바라볼 것인가?

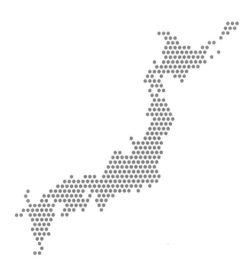

1장

일본인의 상인혼

마그레브 상인이 대리인에게 거금을 맡긴 이유

스탠퍼드대학의 경제학과 교수이자 미국의 유명한 경제사학자인 애브너 그레이프Avner Greif는 이집트 카이로에 있는 자료실에서 히브리어로 쓰인 낡은 편지 몇 통을 발견했다. 11세기 지중해를 배경으로 활발히 무역을 했던 마그레브Maghreb(리비아·튀니지·알제리·모로코 등 아프리카 북서부 일대를 지칭하는 말) 상인들이 주고받은 편지였다. 편지의 내용은 대강 이랬다.

"최근에 몇몇 대리인들이 부정한 거래를 하다가 우연히 적발된 사례가 있었습니다. (중략) 더 이상의 피해를 막기 위해서는 앞으로 우리 마그레브 상인들 모두가 부정을 저지른 대리인들과는 영원히

<u>그 어떤 거래도 하지 말아야 한다는 것입니다."</u>

당시 마그레브 상인들은 넓은 지중해를 항해하며 해상 무역을 했는데, 항구 도시마다 지점을 두고 평상시 대부분의 거래를 대리인에게 일임하는 방식을 취했다. 예컨대 마그레브 상인은 예루살렘 지점의 대리인에게 1년 동안의 운영 자금을 전액 맡긴 다음, 배를 타고 다음 지점으로 이동하는 식이었고 다시금 예루살렘 지점을 방문하는 것은 1년 후였다. 결과적으로 대리인의 입장에서는 1년에 한 번 상인의 얼굴을 보는 것이 다였다.

재미있는 것은 감시 카메라를 설치한 것도 아닌데, 대부분의 대리인들이 거금의 운영 자금을 들고 도망가거나 부정한 방법으로 경제적 이익을 취하려 하지 않았다는 사실이다. 당시에는 기술적 한계로 인해 사실상 감시도 불가능했지만, 지중해 세계 전체를 아우르는 통일적인 정부나 사법 체계도 존재하지 않아서 부정한 행위가 발생해도 법적 책임을 물을 수가 없었다. 즉 누구라도 마음만 먹으면 한몫 단단히 챙겨서 외국으로 달아나 새로운 인생을 시작할 수 있었지만, 신기하게도 그런 대리인은 거의 없었다. 물론 몇몇 부정한 행위를 저지른 대리인들이 출현하기는 했지만, 여전히 다수의 대리인들이 성실히 계약 사항을 지키려 하였다. 왜일까? 11세기 지중해 사람들은 특별히 도덕적이었던 것일까?

무역 거래를 온전히 보호해 줄 수 있는 시스템이 전무한 상황에서도 마그레브 상인들이 성공적으로 부를 축적할 수 있었던 이유에 대해 그레이프는 재미있으면서도 깊은 통찰력이 엿보이는 하나의 가설을 제시한다. 해답은 방금 전에 살펴본 그레이프가 찾아낸 낡은 편지 몇 통에 있었다. 마그레브 상인들은 중세 유럽의 길드와 비슷한 상인 공동체를 결성하고 있었는데, 이 공동체의 구성원들은 부정한 행위를 저지른 대리인들의 정보를 공유할 뿐만 아니라, 한 번 부정한 행위를 저지른 대리인에 대해서는 누구도 다시는 그를 고용해서는 안 된다는 원칙을 가지고 있었다(편지의 밑줄 친 부분). 게임 이론에서는 이러한 전략을 조금 어려운 표현인 다각적 징벌 전략Multilateral Punishment Strategy이라고 하는데, 말하자면 한 번 낙인찍힌 대리인은 두 번 다시 이 세계에 발을 붙일 수 없도록 대리인 시장에서 퇴출시키는 것이다.

이러한 시스템이 아주 잘 기능하고 있었기 때문에, 대리인들은 야반도주를 하기에 앞서 미래에 벌어질 수 있는 두 가지 시나리오를 놓고 깊은 고민에 빠지게 된다. 머나먼 외국으로 도망간다면 거금의 운영 자금은 고스란히 내 몫이 되겠지만, 더 이상 이 세계에 돌아올 수는 없다. 한편 대리인으로 성실하게 일한다면 올해 벌어들인 만큼의 소득을 내년에도 기대할 수 있고, 내후년을 포함해 그 이후에도 계속 기대할 수 있다. 결국 야반도주를 했을 때 얻게 되는 일확천금이 클지 아니면 성실히 일할 때 얻게 되는 생애 소득의 현재 가치가 클지를 잘 따져 보고 행동을 결정해야 한다.

반면 상인들은 대리인들의 이러한 고민을 잘 이해하고 있기 때문에, 대리인들이 더는 복잡한 고민을 할 필요가 없도록 제도를 만들 필요가 있다. 즉 야반도주를 했을 때 얻게 되는 일확천금의 크기보다 성실히 일했을 때 얻게 되는 생애 소득의 현재 가치가 더 클 수 있도록 대리인과 고용 계약을 맺어야 한다. 이렇게 상인과 대리인 간에 적절한 균형을 찾아낸 덕분에 11세기 지중해의 시장 경제는 오랫동안 번영을 누릴 수 있었다. 그레이프의 이러한 재기 넘치는 주장은 이후 학계에서 널리 인정을 받게 되었고, 유명한 국제 학술지에 실리게 되었다.

일본 상인의 길드 조직, 가부나카마

그레이프 교수가 그려 낸 장대한 지중해 세계를 보면서, 도쿄대학의 경제학과 교수이자 일본의 유명한 경제사학자인 오카자키 데쓰지岡崎哲二는 한 가지 궁금증이 생겼다. 왜 11세기 지중해에서만 이러한 놀라운 일들이 발생한 것일까? 마그레브 상인은 특수한 사례일까? 사실 전근대 사회 어디에서나 상인 조직은 존재했고, 일본도 예외는 아니었다. 그레이프가 11세기 지중해에서 건져 낸 '상인들의 결탁Merchant Coalition'과 비슷한 그 무엇

그림 1-1
서로가 동업자 관계임을 증명해
주었던 가부나카마의 표찰
출처: 일본 경매 사이트

이 전근대 일본에서 발견되었다 해도 전혀 이상한 일은 아니었
다. 당장 연구에 착수한 오카자키 교수는 에도 시대 일본 사회에
서도 가부나카마株仲間라는 상인 조직이 기능하고 있었다는 사실
을 알아냈다. 가부나카마는 일종의 상인 길드로 동업자의 수를
제한하고 가격이나 판매 수량도 결정했는데, 예를 들어 오사카의
소금 가부나카마는 소금을 누가, 얼마에, 얼마큼 팔지 등을 정했
다. 즉 소금 가부나카마는 오사카에 소금을 독점적으로 공급하는
권한을 가지고 있었던 것이다.

가부나카마 연구의 1인자 미야모토 마타지宮本又次는 1973년 발
간한 자신의 저서 《가부나카마 연구株仲間の研究》에서 가부나카마
의 기능을 독점, 권익 옹호, 조정, 신용 유지 등 네 가지로 구분하

였는데, 가부나카마의 멤버들은 〈그림 1-1〉과 같이 나카마仲間라는 글자가 새겨진 나무 표찰을 나누어 가짐으로써 서로가 동업자 관계임을 확인하였다. 이러한 가부株(근세 상인들의 독점적 영업권)는 양도(매매) 및 상속도 가능했고, 신규로 등록할 때는 가부나카마 구성원 전체의 승인이 필요함은 물론 각종 가입 비용도 발생하였다.

중세 지중해의 마그레브 상인들이 대리인들을 고용했던 것처럼 근세 일본의 가부나카마는 중개인들과 활발한 거래를 하고 있었다. 지중해만큼 넓은 지역은 아니었지만, 중개인들의 부정행위는 얼마든지 발생할 수 있었던 시대였다. 그러나 중세 지중해의 대리인들과 마찬가지로 근세 일본의 중개인들도 부정한 방식으로 경제적 이익을 취하려 하지 않았다. 그리고 그 증거들이 고문서 더미 속에서 발견되었다. 오카자키 교수가 찾아낸 것은 상인들이 중개인들로부터 피해를 입었을 때 피해 상황을 가부나카마에 보고한 문서, 그리고 이러한 피해 사실을 가부나카마의 다른 구성원들에게 알리는 문서였다. 근세 일본의 상인들도 중세 지중해의 마그레브 상인처럼 다각적 징벌 전략을 통해 상거래의 안전성을 확보할 수 있었다.

그런데 아직 해결되지 않은 문제가 하나 남아 있었다. 중세 지중해 세계에는 통일적인 정부나 사법 체계가 존재하지 않았지만, 근세 일본은 그렇지 않았다. 중앙 정부에 해당하는 막부幕府와 지방 정부에 해당하는 번藩이 있었고, 각각의 정부는 행정권과 사법권을 가지고 있었다. 중세 지중해 세계와 비교할 때, 근세 일본의 국가 권력은 훨씬 강력했던 것이다.

여기에서 오카자키 교수의 고민은 시작되었다. 그리고 결국 하나의 질문에 대한 답을 찾는 과정을 통해 이 문제를 해결할 수 있었다. 그 질문은 '당시 일본 정부(막부와 번)가 우리가 흔히 생각하는 오늘날의 정부와 동일한 기능을 수행했다고 할 수 있을까?'였다. 예를 들자면 '사기 사건이 벌어졌을 때 범인을 체포하고, 범행을 조사한 뒤에 재판을 통해 처벌을 할 수 있는 시스템이 제대로 기능하고 있었을까?' 같은 의문이다. 사실 지금 우리가 생각하는 형사 소송과 민사 소송은 근대적인 형법과 민법의 토대 위에 기능할 수 있는 것이고, 당시에는 이러한 법적 절차들이 원활하게 진행되었다고 보기 어려운 증거들이 많다. 오카자키 교수는 아이타이스마시레이相対済令가 수시로 발포된 사실만 봐도 그렇다고 주장했다.

아이타이스마시레이는 당사자 간에 분쟁을 해결하도록 만든 법령이었다. 이 법령은 상인에게 돈을 빌리고 궁지에 몰린 무사들을 구제하기 위한 법이었다고 알려져 있다. 에도 시대 일본은 안정된 정치 체제를 갖추고 260년 동안 큰 전쟁 없이 평화로운 시기를 보냈는데, 이러한 오랜 평화로 인해 아이러니하게도 무사들의 역할과 지위가 축소되었다. 경제적으로 궁핍한 상황에 몰린 무사들은 부유한 상인에게 반복적으로 돈을 빌렸지만 사실상 갚을 길은 막막했다. 돈을 돌려받지 못한 상인들은 소송을 제기했지만, 정부로서도 뾰족한 수가 없었던 탓에 수리되지 못한 소송들은 쌓여만 갔다. 무사는 자신들보다 신분이 낮은 상인들에게 압박을 받는 상황이 불편했고, 상인들은 빌려준 돈을 돌려받지 못해 불만이 쌓여 갔다.

양쪽의 갈등이 사회 문제를 야기할 수준까지 이르면 정부는 당사자들끼리 알아서 해결하라는 취지의 아이타이스마시레이를 발령하고 그 책임을 회피했다. 무사들은 기다렸다는 듯이 상인들에게 채무를 탕감해 줄 것을 요구했고, 칼을 든 무사들 앞에서 상인들은 어쩔 수 없이 부당한 요구를 들어줄 수밖에 없었다. 에도 시대 260년 동안 아이타이스마시레이는 전부 열 번 정도 발령되었고, 비슷한 성격의 다른 명령들(기엔레이棄捐令 등)도 종종 발령되었는데, 근세 일본에서 국가 권력에 의한 계약 집행이 얼마나 취약한 기반을 가지고 있었는지를 알 수 있는 대목이다.

중세 지중해와는 달리 근세 일본에는 정부가 존재했지만 시장 질서의 교란을 막기에는 역부족이었고, 감당할 수 없는 경지에 이르면 때때로 그 기능이 정지되곤 했다. 이렇듯 공권력이 안정적인 시장 거래를 담보해 줄 수 없는 상황임에도 불구하고 상인들은 가부나카마를 조직하여 거래의 안정성을 확보하고, 시장 경제의 번영을 누리며 부를 축적할 수 있었다. 흔히들 근세 일본 사

그림 1-2 도지마의 쌀 시장

회를 사농공상의 봉건적 신분 질서가 공고했던 사회로 인식하지만, 현실 세계의 주인공은 무사가 아닌 상인이었다. 상인들은 수요와 공급의 시간적 불일치를 절묘하게 이용하여 일본 열도를 촘촘한 유통망으로 엮었고, 세금인 연공미年貢米가 모이는 오사카 쌀 시장을 중심으로 전국적인 금융망을 운영하였다. 쌀을 기반으로 한 어음과 수표의 발행이 활발했던 오사카의 도지마堂島 쌀 시장이 세계 최초의 선물 시장이라는 사실은 널리 알려져 있다.

분야를 가리지 않고 뛰어든 일본의 종합 상사들

일본 경제를 주름잡던 기업의 창립자들 중에는 유난히 상인 출신들이 많다. 미쓰이 재벌은 이세伊勢 지역의 상인인 미쓰이 다카토시三井高俊가 전당포 겸 술을 판매하던 것이 시초였다. 미쓰이와 함께 동정련업銅精鍊業과 환전상을 겸한 스미토모住友, 주조업과 환전상을 겸한 고노이케鴻池는 에도 시대의 대표적인 어용상인*이었고, 이 가문들은 메이지 유신 뒤 정부의 식산흥업殖産興業 정책에 적극적으로 협조하며 '정부의 상인'으로 성장한다.

일본인의 '상인혼魂'은 오늘날 일본 기업의 곳곳에서 살아 숨 쉬고 있다. 전 세계에서 종합 상사는 일본 그리고 일본의 영향을 받은 몇 개 나라에만 존재하는데, 이 종합 상사 역시 최초의 업태는 상업이었다. 상사업의 출발은 무역 중개업이었는데, 1880년대까지 동아시아에는 이화양행Jardine Matheson & Co.이나 보순양행Dent & Co. 같은 서양의 거대 상사들이 무역 거래를 전부 장악하고 있었다. 거대 상사들은 무역 거래에서 발생하는 수수료 이외에도 정보를 독점하여 거기서 발생하는 가격 차이를 활용한 막대한 수익을 거둘 수 있었다. 이제 막 무역 중개업에 진출한 미쓰이물산三井物産이나 미쓰비시상사三菱商事와 같은 신생 상사들은 정보력과 자본 규모 등에서 서양의 상사들과 경쟁이 되지 않았다.

그런데 19세기 말에 게임 체인저가 될 수 있는 새로운 기술들이 등장한다. 상선 회사, 외환 은행 그리고 해저 케이블이 등장하면

---

* 인가를 받아 궁중, 막부, 다이묘大名 등에 용품을 납품하는 상인을 뜻한다.

서 거대 상사의 정보 독점 구조가 붕괴되었고, 상사업의 수익 구조는 순수한 무역 중개를 통해 얻는 수수료로 한정되게 되었다. 수익성이 악화되자 서양의 상사들은 상사업 자체를 포기하고 하나둘 업태를 변경하였지만, 일본의 상사들은 그 틈을 타 동아시아의 무역 중개업을 장악하기 시작하였다. 비결은 수직 계열화와 선물 투자였다. 설탕 무역을 하던 미쓰이물산은 대만제당 설립에 참여해 직접 제당업에 뛰어들면서 안정적으로 설탕을 공급받았고, 동시에 국제 무역재인 설탕의 선물 투자를 통해서도 많은 수익을 올렸다. 상사업이라는 비즈니스 자체가 사라질 위기를 극복한 일본의 상사들은 오늘날 종합 상사로까지 진화하였다.

일본의 종합 상사는 '생수에서 통신위성까지' 또는 '라면에서 미사일까지'라는 말이 있을 정도로 거래하는 상품의 종류만 해도 수만 가지에 이른다. 또한 본업인 무역, 판매, 물류뿐만 아니라 금융업이나 자원 개발에 이르기까지 실로 다양한 분야의 업태와 업종을 커버하고 있다.

하지만 지난 150년 동안 상사는 한 번도 전도유망한 분야였던 적이 없었다. 오히려 '언젠가는 사라질 비즈니스'라는 위기설과 함께 성장해 왔다. 예를 들면 1960년대에는 '상사사양론'이 큰 반향을 불러일으켰고, 1980년대에는 '상사, 겨울의 시대'나 '상사 무용론'이라는 말이 유행했었다. 그럼에도 불구하고 상사들은 끈질긴 생명력으로 지금까지 일본의 주요 대기업으로서 그 위상을 유지하고 있다. 공권력이 제 기능을 못 할 때 스스로 가부나카마를 조직했던 에도의 상인들, 무역 중개가 본업이지만 필요하면 제당업이든 선물 거래든 가리지 않고 비즈니스를 확장해 간 20세기 초의 상사들, 결국 기존의 틀에 갇히지 않고 세상에 없던 그 무언가를 만들어 냈던 창조적인 상인혼이 바로 일본 경제가 가지고 있는 저력이 아닐까?

2장

대代를 잇는다는 것

무형적 자산까지 물려받는 슈메이 전통

2021년 10월 4일, 제100대 수상으로 취임한 기시다 후미오岸田文雄 신임 총리는 할아버지와 아버지가 중의원을 지낸 3세 의원이다. 1982년 와세다대학 법학부를 졸업한 그는 일본 장기신용은행에 입사했지만 얼마 지나지 않아 퇴사하였고, 1987년에 아버지인 기시다 후미타케岸田文武 중의원의 비서로 처음 정계에 발을 들이게 된다. 아버지 밑에서 묵묵히 정치를 배우던 기시다는 아버지가 사망하면서 지역구인 히로시마 1구를 물려받게 된다. 그리고 1993년에 치러진 중의원 총선거에서 당선되면서 일본 정치의 중심인 나가타초永田町에 본격적으로 진출하였다. 이후 그는 지금까지 한 번도 낙선한 적 없이 내리 9번이나 중의원 선거에서 승리하였다.

일본에서 기시다 총리와 같은 세습 의원은 드물지 않게 볼 수 있다. 우리와 달리 연호로 시대를 구분하는 일본에서 지난 30년에 걸친 헤이세이平成 시대(1989~2019년)에 탄생한 총리는 모두 16명이다. 이 중에서 아버지가 중의원인 '순수한 세습 의원'은 10명이나 되고, 조부나 외조부까지 확대한 광의의 세습 의원까지 합치면 12명에 달한다. 레이와令和 시대(2019년~현재)에 임명된 스가 총리와 기시다 총리까지 더할 경우, 세습 총리는 무려 76%(17명 중에 13명)에 이른다.＊

세습 의원은 처음부터 세 개의 '반バン'을 가지고 태어난다는 말이 있다. 아버지로부터 물려받은 지반(地盤: 지반 즉 지역구)과 간반(看板: 간판 즉 지명도) 그리고 가반(カバン: 가방 즉 자금)이다. 특히 아버지가 정부나 당에서 요직을 거친 유력한 정치인일 경우, 당선 횟수가 몇 번 되지 않더라도 장래의 리더로 주목받는 경우가 많다.

일본 사회에서 가업을 계승하는 것은 비단 정치만이 아니다. 가부키歌舞伎나 라쿠고落語와 같은 전통 예술 분야에서는 오히려 가업을 계승하지 않는 경우를 찾기가 더 힘들다. 전통 예술 분야에서는 슈메이襲名라고 해서 선대의 이름을 계승하는 전통이 있다. 예를 하나 들자면 유명한 가부키 배우인 이치카와 단주로市川團十郎

＊ 스가 총리는 소위 '다타키아게たたき上げ' 즉, 세습이 아닌 밑바닥부터 올라와서 자수성가한 정치인이라는 것을 강조하여 임명 초기에 많은 인기를 끌기도 했다.

그림 1-3 가문의 권위와 전통을 후계자가 계승하는 문화로 자리 잡은 슈메이 전통. 제13대 이치카와 단주로의 슈메이 기념식 홍보물

의 본명은 원래 호리코시 나쓰오堀越夏雄였는데, 아버지인 제11대 이치카와 단주로의 이름을 물려받으면서 1985년부터 제12대 이치카와 단주로가 되었다. 코로나19 등으로 연기되었지만 이제 곧 그의 아들이 제13대 이치카와 단주로의 이름을 물려받게 된다. 슈메이 기념식은 크고 화려한 무대를 빌려 하나의 공연처럼 치러지는데, 관객도 있고 입장료도 받는다. 한 세대를 30년으로 잡았을 때, 이치카와 가문(정확히는 호리코시 가문)은 족히 360년에 가까운 기간 동안 가부키를 가업으로 계승해 온 것이다.

가부장제 사회에서 가장권을 계승하여 새롭게 가장이 된 사람이 선대의 이름을 계승하는 이러한 슈메이 풍습은 긴키近畿 지방에서 14~15세기부터 무가武家나 상가商家 등을 중심으로 형성되었다고 전해진다. 이후 슈메이 풍습은 전통 예능, 다도, 꽃꽂이, 스모 등에서 가문의 권위와 전통을 후계자가 계승하는 문화로 자리 잡았다.

경제 제도라는 측면에서 슈메이 문화는 전근대 사회의 평판 형성이라는 매우 중요한 기능을 담당하고 있었다. 오늘날 우리가 인터넷 검색을 통해 맛집의 평점을 확인하듯이, 전근대 일본 사회에서는 대대로 내려오는 이름을 통해 상인이나 장인이 제공하는 제품과 서비스의 질을 평가할 수 있었다. 상인들은 야고屋号라고 하는 가게 상호를 물려받았는데, 텔레비전도 라디오도 없던 에도 시대에 대대로 내려오는 이름만큼 확실한 광고 효과를 발휘하는 것은 없었다. 소비자 입장에서도 가게의 이름만 들으면 무엇을 파는 가게이고 어느 정도의 품질과 가격을 제공하는 곳인지 대강 추측할 수 있었다. 슈메이는 세대가 바뀌어도 가업을 유지하면서 높은 수준의 직능을 보유하고 있다는 것을 알리는 장치였고, 그 가문이 획득한 사회적 신용·고객·구입처·동업자 등의 무형적 자산을 계승하는 의미를 내포하고 있었다.

장수 기업 최다 보유국의 비밀, 아토쓰기 문화

일본에는 아토쓰기跡継ぎ라는 문화도 있다. 내용

상으로는 슈메이와 동일한 의미를 가지고 있지만, 이름을 계승한다는 형식적인 측면보다는 가업을 계승하는 행위 그 자체 또는 후계자를 강조하는 표현이다. 오늘날 아토쓰기는 가산을 물려받을 상속자의 의미로 많이 쓰인다. 보통은 장남이 아토쓰기가 되지만, 차남 이하의 아들이나 딸, 사위나 조카가 양자로 입적되면서 아토쓰기가 되기도 한다. 상인이나 장인이 점포를 물려주거나 기술을 전수할 경우 아토쓰기는 혈연관계는 물론 비혈연관계에 있는 후계자로까지 확장된다. 최근 일본의 신문을 통해 심심치 않게 접할 수 있는 기사가 바로 "유명한 장인들조차도 아토쓰기를 찾지 못해 기술이 사장될 위기에 처했다."라는 내용이다. 여기에서 아토쓰기를 찾을 수 없다는 말은 전통적인 도제식 교육을 통해 기술을 전수받을 제자가 없다는 뜻이다.

에도 시대 상인들의 아토쓰기 문화는 매우 짜임새 있는 모습을 갖추고 있었다. 에도 시대에는 적당한 후계자를 찾지 못해 폐업을 고민하는 상가들이 꽤 있었다. 이 때문에 10~12세 정도의 남자아이들 중에서 뎃치丁稚라고 불리는 일종의 견습생을 선발했는데, 선발된 소년들은 상점에서 먹고 자면서 후계자 교육을 받았다. 이들이 18세 정도가 되면 데다이手代라고 불리는 정직원으로 승진하고, 계속해서 우수한 실적을 쌓으면 30대 중반쯤에 독자적으로 경영권을 행사할 수 있는 반토番頭가 되어 독립을 할 수 있었다.

그림 1-4   옷감 가게 문 앞에 걸려 있는 노렌

　반토까지 승진한 종업원이 독립할 때는 가게 상호인 야고屋号를 쓸 수 있도록 허락했는데, 이것을 '노렌暖簾을 나눈다分ける'는 뜻으로 노렌와케暖簾分け라고 불렀다. 노렌이란 천으로 만들어 문 앞에 내거는 일종의 간판인데 지금도 노렌을 걸고 장사하는 일식집을 많이 볼 수 있다. 상가 당주의 허락하에 같은 야고를 쓸 수 있다는 것은 대단한 영광이었으며, 인정을 받았다는 증표이기도 했다. 심부름꾼으로 시작해 20년이 넘는 세월 동안 성실하게 일해 지배인까지 승진하면, 주인으로부터 장사 밑천을 받아 같은 상호의 노렌을 내걸고 지점을 낼 수 있었던 일종의 프랜차이즈 시스템이 이미 에도 시대에도 기능하고 있었던 것이다.

일찍이 자리 잡은 아토쓰기 문화 덕분에 일본은 전 세계에서 가장 많은 장수 기업을 보유한 나라가 되었다. 세계에서 100년 이상 장수하는 기업이 가장 많은 국가가 바로 일본이다. 그 숫자는 2019년 기준 무려 33,076개이며 창업한 지 200년이 넘은 기업도 1,340개에 이른다. 2위 미국과 3위 독일에서 200년 이상 된 기업이 200개가 조금 넘는 정도인 점을 감안하면, 그야말로 압도적인 차이가 아닐 수 없다.

일본에서는 오래된 기업을 시니세老舗라고 하는데 우리나라에서도 노포라는 단어로 그대로 사용되고 있다. 일본에서 가장 오래된 노포는 곤고구미金剛組라는 목조 건축 회사인데 주로 절이나 신사의 건축 및 보수를 전문으로 하는 기업이다. 우리의 삼국 시대에 해당하는 서기 578년에 창업한 곤고구미는 무려 1400년 동안 지속된, 말 그대로 세계에서 가장 오래된 기업이다.*

곤고구미 이외에도 일본에서 창업 1000년이 넘은 기업들은 무려 7개나 된다. 1776년 독립 선언을 한 미국은 따져 볼 것도 없고, 유럽에서 가장 오래된 기업으로 알려진 이탈리아의 금 세공 업체 '에트리니 피렌체'는 곤고구미보다 800년 늦은 1369년에 창립되었다. 청심환으로 유명한 중국의 가장 오래된 노포 '동인당'

---

* 2005년 11월 다카마쓰高松 건설이 전액 출자한 신콘고구미新金剛組가 설립되고, 2006년 1월 40대 당주 곤고 마사카즈金剛正和가 신콘고구미에 영업권을 양도하는 것으로 1400년 넘는 곤고 가문에 의한 동족 경영 체제는 막을 내리고, 현재 곤고구미는 다카마쓰 건설의 자회사로 운영되고 있다.

한약방의 창업도 1669년에 불과하다. 우리나라의 경우 4대에 걸쳐 125년의 역사를 자랑하는 두산(1896년 창업)이 가장 오래된 기업인데, 1400년이 넘는 기간 동안 곤고金剛 가문에서 무려 40대에 걸쳐 곤고구미를 경영해 왔다는 사실은 도저히 믿기 힘든 이야기이다.

그림 1-5 창업 100년 이상 기업의 국가별 순위

창업 100년 이상 기업			창업 200년 이상 기업		
1위	일본	33,076	1위	일본	1,340
2위	미국	19,497	2위	미국	239
3위	스웨덴	13,997	3위	독일	201
4위	독일	4,947	4위	영국	83
5위	영국	1,861	5위	러시아	41

출처: 데이코쿠 데이터뱅크帝国データバンク의 기업 정보(2019년 10월 조사)

그림 1-6 일본의 노포 순위

순위	사명	위치	창업년	업종
1	곤고구미金剛組	오사카	578년	목조 건축업
2	이케노보카도카이池坊華道会	교토	587년	꽃꽂이, 다도 교육업
3	니시야마온천 게이운칸西山温泉慶雲館	야마나시	705년	여관·호텔업
4	센넨노유 고만千年の湯 古まん	효고	717년	여관·호텔업
5	젠고로善吾楼	이시카와	718년	여관·호텔업
6	고이도공업五位堂工業	나라	794년	비철 금속, 주물 제조업
7	다나카이가불구점田中伊雅仏具店	교토	885년	종교 용품 제조업
8	슈미야朱宮神仏具店	야마나시	1024년	종교 용품 소매업
9	게토온천夏油温泉	이와테	1134년	여관·호텔업
10	스도혼케須藤本家	이바라키	1141년	청주 제조업

출처: 大西謙(2014), 《老舗企業にみる100年の知恵》, 晃洋書房

에도 상인의 반전, 양도가 상속보다 오래간다?

지금부터는 앞에서 설명한 아토쓰기 문화와 전혀 다른 이미지의 일본 상인들에 대해서 소개하고자 한다. 일본의 대학에 근무할 때 나는 우연히 《에도 상가·상인 데이터 총람 江戸商家·商人名データ総覧》이라는 방대한 자료집을 알게 되었다. 다나카 야스오田中康雄라는 역사가가 수십 년 동안 전국을 헤매며 모은 상가와 상인의 명부였다. 무려 7만 4,000건에 달하는 엄청난 양이었는데 전화번호부처럼 이름, 상호명, 업종, 주소 등이 빽빽하게 기록된 책자가 7권에 달했다. 상인 정보는 전국의 도서관과 자료실은 물론이고 민가의 창고에서도 발견되었다고 한다. 현재 80대인 다나카는 끈기와 집념으로 수십 년에 걸쳐 전국에 흩어진 이러한 조각들을 모으고 모아 70세가 넘어서야 일생일대의 업적을 완성할 수 있었다.

그림 1-7 일종의 도매상인 돈야 명부와 《에도 상가·상인 데이터 총람》

처음 시작한 작업은 〈그림 1-7〉 왼쪽과 같이 국회 도서관에 소장된 150년도 넘은 돈야問屋(일종의 도매상) 명부를 오른쪽의 자료집 형태로 깔끔하게 정리하는 일이었다고 한다. 〈그림 1-7〉의 왼쪽을 보면 유시마요코초湯島横町라는 주소가 적혀 있고 그 옆에는 쌀 도매상 이세야 초지로伊勢屋長次郎라고 하는 야고에 대한 정보가 나와 있는데, 이러한 고문서의 한자를 읽는 것은 일본인들에게도 결코 쉽지 않은 작업이다. 그나마 국회 도서관에 책자 형태로 남아 있는 돈야 명부는 작업하기가 수월한 편이고, 많은 고문서들이 전국의 민가에 마치 '진품 명품'처럼 숨어 있었다고 하니 그간의 고생이 어떠했을지 미루어 짐작할 수 있다. 그래서였겠지만 책값도 매우 고가였는데 한 권당 2만 8천 엔씩 총 19만 6천 엔, 우리 돈으로 2백만 원이 넘는 돈이 필요했다. 고민 끝에 연구비를 활용해 책자를 구매하고, 필요한 자료를 확보한 후에는 여러 사람들이 이용할 수 있도록 학교 도서관에 기증했다.

자료를 분석한 결과 몇 가지 재미있는 사실을 발견했다. 에도 상인들의 독점적 영업권, 즉 가부株의 취득 배경을 살펴보니 절반 정도가 타인 간에 가부를 양도(매매)받은 경우였다. 이는 일본 상인들이 혈연관계에 기반을 둔 아토쓰기에게 가업을 물려준다는 기존의 이미지와는 꽤 거리가 있는 결과였다. 가부의 취득 사유 중에서 상속은 9~10%를 차지했는데, 여기서 말하는 상속은 혈연관계뿐만 아니라 노렌와케로 종업원이 야고를 승계하는 경우도 포함된다. 더 재미있는 사실은 상점의 평균 생존 기간이었다. 총 3,939개의 상점 중에서 개·폐업 시기를 특정할 수 있는 상점은 1,977개였는데, 상점의 생존 기간은 짧게는 수개월에서 길게는 171년에 달했다. 그런데 놀랍게도 평균 생존 기간은 15.7년밖에 되지 않았다. 이 또한 대를 이어 장수하는 일본 기업의 이미지와 잘 맞지 않는다.

다만 이는 어디까지나 평균에 관한 정보일 뿐이고, 실제로는 가부의 취득 배경에 따라서 평균 생존 기간에 많은 차이가 있었다. 타인으로부터 가부의 매매를 통해 권리를 양도받은 경우에는 평균 생존 기간이 18.1년으로 긴 편이었다. 반면, 혈연관계나 종업원이 가부의 권리를 상속받은 경우에는 평균 6.3년에 불과했다. 이러한 사실을 어떻게 해석해야 할까? 가부를 상속받는 경우에는 기존의 고객을 그대로 인수할 수 있고, 경영 노하우도 전수받을 수 있을 뿐만 아니라 다양한 비용*도 면제된다는 점에서, 타인에게 가부를 양도받은 경우와 비교해 훨씬 유리하다. 그럼에도 불구하고 가부를 양도받은 경우가 상속받은 경우보다 더 길게 생존했다는 사실은 많은 것을 생각하게 한다.

우리가 지금까지 알고 있던 이미지와 전혀 다르게 도출된 결과를 놓고, 어떻게 모순 없이 설명할 수 있을까? 역시 자식에게 재

---

* 가부를 양도받아 가부나카마에 신규로 가입하는 자는 가뉴료加入料, 가오미세긴顔見せ銀, 숫긴出銀, 후리마이료振舞料 등을 가부나카마에 지불해야 했다.

그림 1-8 **미쓰이 에치고야 포목점. 미쓰이 가문은 대표적인 성공한 일본 상인이다.**
출처: 일본 국립국회도서관

산을 물려주는 것은 바람직하지 못하다고 말하고 싶지만, 솔직히 말해 현 단계에서는 명확한 결론을 내리기가 어렵다. 데이터를 기반으로 한 양적 연구가 이제 막 걸음을 뗀 단계이기 때문이다.

다만 현재 우리가 알고 있는 일본 상인의 이미지가 몇몇 성공한 대상인大商人을 다룬 사례 연구를 통해 만들어졌다는 점은 분명하다. 대표적인 예가 바로 미쓰이 가문이다. 일본 상인을 대상으로 한 기존의 연구나 책을 읽어 보면 상인 전체 모습을 조망하고 있는 듯이 말하지만 실제로 다루고 있는 내용은 몇몇 대상인 가문이며, 그마저도 자료가 가장 많은 미쓰이 가문 이야기가 압도적으로 많다. 서점에서 에도 시대 일본 상인에 대한 책을 찾아보면,

그냥 미쓰이 가문의 역사를 소개하고 있는 경우가 대부분이다.

전근대 일본 상인에 대한 연구는 마치 공룡 연구와도 같다. 공룡의 피부색은 알 수가 없다. 사실 피부색뿐만이 아니라 공룡의 정확한 모습도 알 수가 없다. 발굴한 것은 단지 몇 개의 뼛조각일 뿐이고, 나머지는 과학이라는 옷을 입은 인간의 상상력이 채우는 것이다. 코끼리의 뼈를 주고 어떤 동물인지 그려 보라고 하면 아무도 긴 코를 그리지 못한다. 공룡 연구처럼 일본 상인에 대한 연구도 남아 있는 몇몇 고문서에 의지해서 상상력으로 상인의 상을 그려나간다. 가장 성공적이고 그래서 가장 오래 생존한 상인들의 기록을 통해 일본 전체 상인의 이미지를 그리려고 하면 당연히 과장되기 쉽다. 아마 몇 년 뒤에 일본 상인에 대한 전통적인 시각에 큰 변화가 생길지도 모르겠다.

3장
코디네이션과
모티베이션

효율성 임금 이론이 제대로 작동하려면

역시 일본의 대학에서 근무할 때의 일이다. 대량의 데이터를 입력하기 위해 학생 아르바이트를 모집했다. 선발된 6명의 학생을 세 개 조로 나누어 매일매일 작업한 양과 날짜를 기록하게 하였다. 작업 내용은 기업의 주소, 업종, 창업 연도, 종업원 수 등을 엑셀에 입력하는 단순 반복 작업이었고 작업 시간과 장소는 따로 정하지 않았다. 시급은 후하게 쳐주기로 했다. 시간당 2,500엔, 당시 환율로 3만 원에 가까운 큰돈이었다. 하루에 4시간, 일주일에 3일 작업한다고 하면, 일주일에 3만 엔, 한 달에 12만 엔을 벌 수 있었다. 일하는 시간과 장소의 제한도 없고, 한 달에 150만 원 정도를 벌 수 있는 꽤 짭짤한 아르바이트였다. 학생들은 이게 웬 횡재인가 했을 것이다. 물론 나에게도 생각은 있었다. 경제학에는 '효율성 임금 이론'이라는 것이 있는데, 쉽게 말해 시장 임금보다 높은 임금을 주면 근로자의 생산성이 올라간다는 이론이다. '어디 가서도 쉽게 구하기 힘든 아르바이트 자리니까 열심히 일하겠지?' 나는 이렇게 생각했다. 또 한편으로는 제자들에게 주는 일종의 장학금이라는 생각도 있었다.

한 달이 지나 학생들로부터 완성된 작업 파일을 넘겨받고 보니, 마지막에 작업이 약간 덜 끝난 부분이 있었기에 나 홀로 나머지를 작업하기로 했다. 학생들이 작성한 작업 일지로 미루어 보건대, 이틀 정도 작업하면 끝날 분량이라는 계산이 나왔다.

큰마음 먹고 작업을 시작했는데, 놀랍게도 작업을 시작한 지 2시간도 채 되지 않아 작업이 전부 끝났다. '아뿔싸! 내가 녀석들한테 당했구나!' 처음에는 학생들에게 괘씸한 마음이 들었지만, 곰곰이 생각해 보니 학생들이 작업 시간을 부풀려 일지를 작성하는 건 충분히 예측 가능한 일이었다. 효율성 임금 이론이 작동하기 위해서는 근로자들이 '이렇게 월급을 많이 주는 직장에서 잘린다면, 여기보다 더 좋은 곳은 절대 갈 수 없겠지?'라는 생각을 해야하는데, 내가 제공한 일자리는 기껏해야 한 달짜리 아르바이트니 효율성 임금 이론이 제대로 작동할 리가 없었다. 만약 월말에 성과를 평가해서 한 달씩 고용 계약을 갱신하는 형태의 일이었다면 결과는 달랐을 것이다.

결과적으로 나는 가장 중요한 두 가지를 잊고 있었다. 누가, 무엇을, 얼마나 작업할지를 정해 주어야 했고(코디네이션coordination), 게으름 피우지 않고 일할 수 있도록 동기 부여하는 데(모티베이션 motivation) 좀 더 신경 썼어야 했다.

노예 노동의 생산성을 높인 농장주들의 전략

노예제라는 비인도적인 제도가 전 세계에서 자취를 감춘 것은 그리 오래되지 않았다. 남북 전쟁 직후인 1865년에 노예 해방이 실시되었을 때만 해도 노예제는 미국 남부의 경제를 지탱하던 중요한 생산 방식이었다. 2013년에 개봉한 영화 〈노예 12년〉은 실화를 바탕으로 만들어졌다. 뉴욕주에 거주하던 흑인 바이올린 연주자 솔로몬은 1841년 인신매매를 당해 조지아주의 목화 농장에 팔려 가서 1853년까지 노예로 생활하다 구출된다.

불과 150년 전만 해도 미국 남부의 목화 농장에서는 노예 노동을 이용한 면화 생산이 광범위하게 이뤄지고 있었다. 그런데 흥미로운 점은 농업 노동자를 고용한 목화 농장보다 노예 노동을 이용한 목화 농장의 생산성이 더 높았다는 사실이다. 또 농장주의 노예 수익률은 연간 4.5~8.0% 정도로 당시의 채권 투자 수익률과 큰 차이가 없을 정도였다. 임금을 받지 않는 노예에게 더 높은 임금을 주겠다는 식의 인센티브 협상은 사용할 수 없다. 평생 노예라는 것을 운명으로 받아들여야 하는 노예들에게 해고하겠다는 위협도 통하지 않는다. 대체 어떻게 해서 노예 노동은 그렇게 높은 생산성을 달성할 수 있었을까?

해답은 농장주들의 영리한 코디네이션과 모티베이션에 있었다. 목화 재배는 수확 철에 일감이 몰리는 특성이 있다. 뒤집어 말하면 비수확 철에는 일감이 없다는 문제가 발생한다. 많은 노예를 효율적으로 부리려면, 연중 일감이 골고루 배분되어야 하는데, 농장주들은 이 문제를 해결하기 위해 목화와 옥수수를 함께 재배했다. 옥수수는 목화보다 먼저 파종하고 늦게 수확할 수 있어서

그림 1-9 1890년대 미국 조지아주 목화 농장의 노예

노예들을 놀리지 않고 계속해서 작업에 투입시킬 수가 있었다. 또 젊은 남자 노예들에게 가장 근력이 많이 필요한 일을 시키고, 어리거나 늙은 노예들에게는 가축을 돌보게 하거나 가사 노동을 시킴으로써 노예 개개인의 생산성을 최대로 끌어올렸다. 농장주들은 누가, 무엇을, 얼마나 작업할지 적절히 일감을 분배하는 일(코디네이션)에 많은 공을 들였다. 또 한 가지 문제점인 모티베이션은 어떻게 해결했을까? 추측이 쉬운 해답이지만, 농장주들은 고통의 인센티브를 이용했다. 1840년경 200명의 노예를 부리던 한 농장주의 일기에 따르면, 노예 한 명당 연평균 0.7회의 채찍질이 가해졌다. 채찍을 이용한 고통의 인센티브는 노예 노동의 생산성을 높이는 데 아주 효과적이었다.

정보의 비대칭이 가져오는 도덕적 해이

학생들에게 단순 입력 작업을 맡기거나, 노예를 이용해 목화솜을 따는 일은 전부 '도덕적 해이 문제를 어떻게 해결할까?' 하는 고민과 연결된다. 도덕적 해이는 노동 계약을 맺고 난 후 발생할 수 있는 정보의 비대칭에 관한 문제이다. 이는 대리인(학생 또는 노예)이 열심히 일했는지 아니면 게으름을 피웠는지에 대한 정보가 비대칭적이라는 뜻이다.

예를 들면, 나와 학생들 사이에 정보를 더 많이 가지고 있는 쪽은 당연히 학생들이듯이 농장주와 노예들 중에서 더 많은 정보를 가지고 있는 쪽은 노예들이다. 이렇게 정보가 비대칭적이다 보니 학생들은 거짓으로 작업 일지를 작성할 수 있게 되고, 노예들은 틈을 보면서 게으름을 피울 수 있게 된다. 철저히 감시를 하면 이러한 문제를 어느 정도 예방할 수는 있겠지만, 하루 종일 따라다니면서 감시를 하려면 또 다른 비용이 발생해 배보다 배꼽이 커지는 상황이 될 수도 있다. 결국 농장주들이 찾은 해법은 작업을 적절히 분배하고, 채찍질을 통한 고통의 인센티브를 활용해 노예들의 도덕적 해이 문제를 해결하는 것이었다.

언론을 통해 도덕적 해이라는 단어를 접할 때가 많은데, 예를 들면 2021년 10월 15일 연합뉴스의 기사 '산은, 구조조정기업 자금으로 제 잇속 챙기기…도덕적 해이' 같은 경우이다. 기사의 정확한 취지는 밖에서 산업은행의 내부를 들여다볼 수 없는 점을 이용해, 산업은행 직원들이 자신의 이익을 위해 행동하고 있다는 것이다. 그런데 이러한 도덕적 해이를 '자신의 이익을 위해 온갖 비도덕적이고 불법적인 짓을 서슴지 않다.'라는 뜻으로 이해하는 사람들이 꽤 많다. moral을 도덕으로 번역하다 보니 이런 오해가 발생하는 것이다. 도덕적 해이는 어디까지나 정보의 비대칭이 촉발하는 문제 상황에 대한 설명이지 개인의 도덕성을 비난하는 말이 아니다. 즉 정보가 비대칭적인 상황에서는 도덕적 해이 문제가 발생하기 쉽고, 이는 개인이 좀 더 도덕적으로 행동한다고 해결되는 문제가 아니라 정보의 비대칭 문제가 해소되어야 비로소 해결되는 문제라는 뜻이다. 예를 들자면 노예 농장의 농장주들은 노예들에게 좀 더 성실한 사람이 되라고 설교를 하는 것이 아니라 작업을 좀 더 적절히 분배하고, 때때로 채찍질을 이용해 도덕적 해이를 억제할 수 있었다.

그런데 이렇게 생산성이 높았던 노예제는 왜 사라졌을까? 물론 반인륜적이고 비인도적인 노예제가 오늘날까지 유지될 리는 만무하다. 거기에 더해 노예제는 또 하나 치명적인 단점이 있었다. 노예제는 보상에 의한 인센티브보다 고통에 의한 인센티브가 작동하는 생산 조직이었는데, 고통에 의한 인센티브는 정교한 작업에는 적합하지 않았다. 노예들은 채찍질을 당하지 않기 위해 작업 속도를 올렸지만, 그러한 작업들은 대부분 광산에서 광물을 채굴하거나 목화솜을 따는 것과 같은 단순한 반복 작업이 많았고, 복잡하고 정교한 작업에서는 생산성이 오히려 떨어졌다.

옛날이야기를 하나 해 보자. 아직 학교에 체벌이 있던 시절, 선생님이 매일 공책 한 쪽 가득히 수학 문제를 풀어 제출하라는 숙제를 내 주셨다. 숙제를 못 해 오면 손바닥에 다섯 대씩 매를 맞았다. 선생님은 또박또박 예쁜 글씨로 작성을 하라고 말씀하셨지만, 시간에 쫓긴 아이들이 글씨 따위를 신경 쓸 여유는 없었다. 글씨를 알아보기 힘들다고 맞을 일은 없지만, 한 쪽을 다 못 채울 경우에 손바닥을 맞는 것은 너무나도 자명했다. 경제학에서는 이러한 상황을 멀티태스킹multitasking 문제라고 한다. 공책 한 쪽을 가득 채울 것과 글씨를 예쁘게 쓸 것이라는 두 가지 과제가 주어지면 아이들은 고통의 인센티브가 부과되는 작업, 즉 한 쪽을 가득 채우는 데만 노력을 기울이게 된다. 만약 목화솜을 따는 단순한 일이 아니라 공장에서 반도체를 생산하는 데 노예들을 투입한다면 어떻게 될까? 그러면 노예들은 아마 주어진 하루 생산량을 채우는 데 급급해서, 결과적으로 불량률이 엄청나게 올라갈 것이다. 결국 복잡하고 정교한 제품을 만드는 일에서는 더 이상 노예제가 통할 수 없었다.

영화 〈기생충〉과 돈야제

노예제는 사라졌지만, 같은 시기 존재했던 또 다른 생산 조직은 오늘날에도 유사한 형태로 남아 있다. 돈야제問屋制 가내 공업이라고 불린 생산 방식은 원래 근대 공업이 등장하기 전에 과도기적으로 발생한 생산 조직으로 알려져 있었다. 일본에서 면직물업이 성행했던 여러 곳에서 관찰되는데, 상인이 농민들에게 원료와 기구 등을 빌려주면 농민은 본업인 농업과 함께 부업으로 면직물 등을 생산하는 형태이다. putting-out system(선대

제도)이라는, 돈야제를 뜻하는 영어 단어가 있음에서 알 수 있듯이, 이는 일본에만 존재했던 생산 조직은 아니다. 데이비드 랜즈 David S. Landes는 《언바운드 프로메테우스The Unbound Prometheus》에서 영국의 산업 혁명 이전에 13세기부터 모직물업 분야에 이러한 돈야제가 존재했다고 설명한다. 영국에서는 18세기 이후 돈야제가 사라졌지만 덴마크에서는 20세기 초까지 기능하기도 했다.

한편 일본에서는 산업 혁명과 함께 돈야제가 전부 소멸했다고 보았다. 마르크스의 발전 단계론적 시각에서는 돈야제 가내 공업 → 공장제 수공업 → 공장제 기계 공업의 순서로 생산 조직이 발전해 왔다고 보는 것은 매우 설득력이 있었다. 그러나 최근 몇몇 경제사학자들은 공장제 기계 공업이 보편화된 산업 혁명 이후에도 여전히 돈야제 가내 공업이 살아남았다는 것을 확인했다. 대체 왜 돈야제는 소멸하지 않은 것일까?

원래 돈야제는 '고유의 마찰'이라고 불리는 문제점을 가지고 있었다. 상인이 여러 농가에 작업을 맡기다 보니 지리적으로 분산되어 있는 농가를 전부 감시하지 못했고, 결국 원료를 훔치거나 작업에 태만해지는 문제들이 발생했다. 전형적인 도덕적 해이 문제가 발생한 것이다. 이 문제를 해결하는 하나의 방법은 규율과 감시 속에서 노동자를 조직하여 임금을 대가로 생산하는 공장제로 이행하는 것이다. 그리고 또 한 가지는 코디네이션과 모티베이션을 통해 도덕적 해이를 억제하는 것이다. 전자를 택한 상인

1분 과거의 일분들 어떻게 바라볼 것인가?

들도 있고, 후자를 택한 상인들도 있었다. 후자를 택한 상인들은 공정을 표준화해서 농가가 담당하는 작업을 되도록 단순화하고, 특정 농가들과 장기 거래를 통해 성실히 일하면 앞으로도 계속 일감을 받을 수 있다는 확신을 갖게 했다. 작업을 단순화하니 성과급 제도를 적용하기도 편했다. 작업 시간과 작업량이 대체로 일치해서, 상인들은 완성된 제품만 보고 그 대가를 지불하면 되었다. 결과만 보고 판단하면 되니 작업 중의 태만을 감시할 필요가 사라진 것이다.

오늘날에도 이러한 돈야제와 유사한 형태의 생산 방식이 남아 있다. 영화 〈기생충〉의 초반부에서 가족들 모두가 피자 박스를 접는 장면이 나오는데, 바로 이러한 부업의 형태가 돈야제 가내 공업에 가깝다. 영화 속에서 주인공 가족들은 피자 박스의 불량률이 높다는 이유로 피자집 사장에게 벌금 10%라는 페널티를 받는다. 돈야제 가내 공업은 성실하게 일을 했는지 안 했는지 알 수도 없고, 알 필요도 없다. 오직 성과만 보고 판단할 뿐이다. 영화 말미로 갈수록 기생충 가족들은 점점 비도덕적으로 변해 갔지만, 피자 박스를 접을 때만큼은 도덕적 해이가 발붙일 틈이 없었다.

4장

일본인들은 진짜 근면한가?

마지메한 일본인의 실체

일본인은 근면하다. 잔업과 장시간 노동에도 묵묵히 버티는 샐러리맨의 모습은 우리가 흔히 생각하는 일본 회사원의 스테레오 타입이다. 일본 사람들이 좋아하는 칭찬 중에 '마지메眞面目하다.'라는 말이 있는데, 진지하고 성실하다는 뜻이다. 내 주변의 마지메한 일본인 동료들을 보면서, 개인적으로도 '일본 친구들은 참 근면하다.'는 생각을 한 적이 많다. 객관적인 데이터를 봐도 그렇다. OECD의 발표 자료에 따르면 2020년 기준 일본의 노동 시간은 연간 1,598시간으로 세계 24위 전후이다.* 그러나

---

* 참고로 한국은 연간 1,908시간으로 세계 4위이다.

이는 최근에 비정규직 파트타임 노동자가 대거 포함되면서 순위가 내려간 탓이다. 정규직 남성 노동자만을 따로 떼어 조사해 보면 이야기는 달라진다. 일본 남성의 휴일을 포함한 하루 평균 근무 시간, 즉 1년간 일한 시간을 전부 더해서 365일로 나누면 하루에 375분씩 일한 것으로 나온다. 압도적인 세계 1위이며, OECD 국가 평균보다 2시간이나 많다.

일본이 명실상부한 선진국으로 진입한 1980년대부터 과로사하는 사람들이 속출하자 장시간 노동은 심각한 사회 문제로 대두되었다. 실제로 2002년 옥스퍼드 영어 사전 온라인판에는 과로사를 뜻하는 일본어 'karoshi'가 등재되기도 했다. 2015년 크리스마스 아침에 대기업 덴쓰電通의 신입 사원 다카하시 마쓰리高橋まつり가 '과로 자살'을 하자 성실·근면을 강조하는 일본 사회의 분위기에 대한 자성적 비판이 쇄도하기도 했다.

그런데 '일본인은 근면하다.'와 '일본인은 다른 나라 사람들에 비해 근면하다.'는 전혀 다른 의미를 갖는다. 전자는 증명할 방법도 없거니와 그럴 필요도 없지만, 후자는 이야기가 다르다. 일본인이 근면하다는 것이 인종적으로 구별되는 서양 사람들과 비교했을 때 그렇다는 것인지 아니면 같은 동아시아 내에서도 한국인이나 중국인에 비해 근면하다는 것인지 객관적인 증명이 필요한 질문이다. 만약 누군가 "한국인이나 중국인은 일본인에 비해 게으르다."라고 이야기하면, 그것을 순순히 인정하는 사람이 얼마

그림 1-10 **주요 국가의 가계 저축률**

	일본	미국	영국	독일	프랑스
1960년대	15.8%	8.5%	5.5%	16.1%	12.3%
1970년대	20.4%	7.3%	8.6%	13.5%	13.5%
1980년대	15.0%	8.8%	5.0%	12.4%	13.9%

출처: 가계 저축, OECD 데이터

나 될까?

전 세계에서 노동 시간이 가장 긴 것도 따지고 보면 일본인의 근면성을 말해 주는 증거는 아니다. 근면해서 오래 일하는 것이 아니라 다른 제도적·문화적 이유로 근무 시간이 긴 것뿐이라면, 결과적으로 '그래서 일본인은 근면한 것이다.'라고 결론 내리는 것은 인과 관계를 잘못 생각한 것이다. 책상 앞에 앉아 있는 시간이 길다고 반드시 성적이 좋은 학생일 것이라는 보장이 없는 것과 마찬가지이다.

지금까지 많은 연구자들이 일본인의 근면성을 증명할 수 있는 객관적 사실들에 관심을 가져 왔다. 그중에 하나가 바로 일본의 높은 가계 저축률이다. 〈그림 1-10〉에서 확인할 수 있듯이 1960~1980년대까지 일본의 가계 저축률은 선진국 중에서 압도적으로 높았다. 특히 1970년대에는 20%가 넘는 경이적인 저축률을 보여, 그 이유를 둘러싸고 해석이 분분했다. 그중에서 많은 주목을 받은 가설이 소위 '일본 국민 근면설'이다. 일본 국민은 다른 나라 국민들보다 특히 더 근면하기 때문에 저축률이 높다는 설명

그림 1-11 **일본의 가계 저축률 추이**(단위: %)

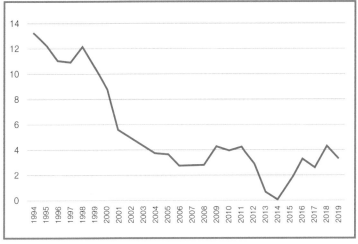

출처: 가계 저축, OECD 데이터

이다. 언뜻 납득이 가지 않는 이러한 주장은 세월이 흐르면서 조금씩 설득력을 잃게 된다. 〈그림 1-11〉은 1990년대 이후 일본의 가계 저축률의 추이를 본 것인데, 시간이 흐르면서 추세적으로 하락하고 있는 것을 알 수 있다. 만약 높은 가계 저축률이 일본인의 근면성에서 비롯된 것이라면, 최근의 낮은 가계 저축률은 어떻게 설명할 것인가? 일본 국민 근면설로 설명하려면, 한때 성실했던 일본인들이 점점 불성실한 일본인들로 변해 갔다는 황당한 이야기가 된다.

1980년대까지 높은 수준을 유지한 일본의 가계 저축률은 근면함과는 전혀 상관없는 경제 논리로 설명이 가능하다. 대표적인 두 가지만 소개하면, 하나는 톱니 효과Ratchet Effect이고 또 하나는 생애 주기 가설Life Cycle Hypothesis이다. 보통 소득이 증가하는 속도에 비해 소비가 증가하는 속도는 느리다. 급여가 두 배로 올랐다고 해서 점심을 두 번 먹지는 않기 때문이다. 물론 돈을 더 벌게 되었으니 조금 비싼 식재료를 찾겠지만 이 또한 과거의 소비 습관이 바뀌는 데는 어느 정도 시간이 걸린다. 고도성장기에는 소득이 급격하게 늘어났지만 사람들의 소비 습관이 바뀌는 데는 어느 정도 시간이 필요했고, 그 과정에서 소비하고 남은 잉여분이 가계 저축이 되었다. 이것이 톱니 효과이다.

또 당시에는 고령화 문제가 지금처럼 심각하지 않았기 때문에 생산 가능 인구, 즉 일하는 사람의 숫자가 많았다. 유소년 인구와 고령 인구를 합친 것보다 훨씬 많은 생산 가능 인구가 일을 하다 보니 부양 비율도 낮았다. 결과적으로 쓰는 사람보다 버는 사람이 많으니 저축도 늘어났다. 이것이 생애 주기 가설이다.

1990년대부터 저축률이 감소한 이유도 똑같이 설명이 가능하다. 장기 침체에 빠지면서 소득이 감소하기 시작하는데, 사람들의 소비 습관은 쉽사리 바뀌지 않는다. 한때 부자였던 사람이 사업 실패로 가산을 탕진해도 예전의 소비 습관을 고치지 못해 고생하는 이야기는 흔히 들을 수 있다. 소비하고 남은 돈이 저축으로 연결되는데, 소득에 맞춰 씀씀이를 급격히 줄이지 못하면 한동안 저축은 감소한다. 그다음으로는 고령화 문제이다. 현재 일본의 65세 이상 인구는 30%에 육박하고 있다. 생산 가능 인구는 1995년부터 감소세로 돌아섰다. 인구 부양비가 점점 높아지면서 버는 사람보다 쓰는 사람이 늘고 있다. 결국 가계 저축률은 일본인의 근면성과는 관계없이 경제 상황과 인구 구조 변화에 따른 결과였던 셈이다.

근면 혁명은 일본 고유의 사건이 아니다

한때 높았던 가계 저축률이 일본인의 근면함과 관계가 없다고 하더라도, 일본인들의 노동 시간이 긴 것은 분명하고, 또 대다수의 일본인들이 직장에서 묵묵히 버티며 자신의 업무를 수행하고 있는 것도 사실이다. 마치 '장인과 같은 일본 노동자'의 모습은 과연 언제부터 정착된 것일까? 도쿄대학 명예 교수 다케다 하루히토武田晴人는 그의 저서 《일본인의 경제관념日本人の経済観念》에서 공업화 사회에서 보이는 일본인의 근면함은 제2차 세계 대전 이후에 획득한 노동의 에토스ethos라고 설명한다. 즉 '시간'이라는 요소가 노동 속에서 큰 의미를 가지기 시작한 것은 근대에 들어서 '고용 노동'이 일반화된 이후의 일이라는 것이다. 다케다 교수의 설명대로라면 '근면한 일본인 상'이라는 것은 겨우 80년의 역사를 가진 셈이다. 1882년 요코하마에서 발간된 영자신문에는 당시 서양인에 비친 일본인의 모습이 묘사되어 있는데, "게으르고 향락을 즐기는 이 나라 사람들의 성정은 문명사회로의 진보를 방해하는 요소이다."라는 구절이 등장한다.* 게으른 일본인을 질타하는 서양인의 견문록적 성격의 글은 이 외에도 다수 존재한다. 일본인 스스로도 인정하는 '근면=일본인의 DNA'라는 뿌리 깊은 믿음은 어쩌면 심각한 오해일지도 모른다.

한편, 일본인의 근면함을 전근대 시대의 극적인 변화에서 찾는 연구도 있다. 경제학자이자 세계적인 역사인구학자인 게이오대학 명예 교수 하야미 아키라速水融는 에도 시대 농민의 근면함에 대해 산업 혁명을 본떠 '근면 혁명Industrious Revolution'이라고 명명했다. 17세기 일본은 인구가 늘면서 토지 생산성도 향상되었다. 이는 산업 혁명 이전에 '맬서스의 함정'을 극복했다는 이야기가 된다. 전근대 사회에서는 인구가 증가하면 더 많은 노동력이 농업에 투입되지만 한계 생산이 체감되므로 생산성이 하락해 생활 수준이 저하되고 결국 인구가 감소하게 된다. 14세기와 17세기 유럽에서 벌어진 기근, 질병, 전쟁 등의 위기 상황은 이와 같은 맬서스의 함정이 작동한 결과라 할 수 있다.

일본이 이러한 맬서스의 함정에 빠지지 않았던 이유에 대해 하야미 교수는 근면 혁명이 있었기 때문이라고 주장한다. 에도 시

* G. C. Allen(1981), *A Short Economic History of Modern Japan*, fourth ed., Macmillan Press, p.48.

대에는 늘어나는 인구를 농업에 투입하고, 그 대신 소와 말을 더이상 농사에 이용하지 않게 되었다. 그리고 소와 말이 쓰던 농기구는 사람이 사용할 수 있도록 작은 사이즈로 개량됐다. 이뿐만 아니라 수확량이 많은 품종을 개발하고 시비법을 개선하여 농업 생산성이 크게 높아지면서 생활 수준도 개선되었다. 에도 시대 농민의 삶이 풍족하지는 않았지만, 근근이 살아갈 수 있는 수준은 유지되었다.

근면 혁명이 일본 고유의 역사적 사건이라면 이는 일본인의 근면함을 뒷받침하는 설명이 될 수도 있다. 그런데 하야미의 영향을 받은 얀 더프리스Jan de Vries는 17~18세기 유럽에서도 비슷한 유의 근면 혁명이 일어났다는 사실을 밝혀 냈다. 영국과 네덜란드에서 도시는 주변 농촌 지역의 교역 거점으로서 역할을 했다. 이 시대에는 책, 거울, 자명종 같은 새로운 상품이 등장하면서, 농촌에서도 이러한 신제품의 소비를 위해 환금 작물의 생산에 더 많은 노동력을 투입했다. 남성들은 시장에 판매하기 위한 환금 작물 재배에 집중하고, 대신 아이들이나 여성들은 자가 소비를 위한 작물을 재배하는 식의 분업이 이루어졌다. 결과적으로 사람들은 이전보다 더 근면하게 일하게 되면서 더 많은 생산을 할 수 있었고, 더 많은 신제품을 소비할 수도 있었다. 산업 혁명과 같은 극적인 기술 진보 없이도 인구가 증가하고 농업 생산력이 향상된 셈이다.

다시 근면한 일본인 얘기로 돌아가 보자. 얀 더프리스의 연구를 통해 근면 혁명이 딱히 일본의 고유한 경험이라고 말하기는 어렵게 되었다. 또 최근의 연구에 따르면 소와 말이 감소한 이유는 하야미의 주장대로 농업 경영상의 의도적인 선택이 아니라, 전염병이나 소농 경영의 한계로 인해 가축 수가 줄어들었다는 설명이 제시되고 있다. 또 17세기에 늘어나던 인구가 18세기에는 반대로 감소하는 경향을 보이는데, 맬서스의 함정에서 탈출했다는 설명과도 배치된다.

그뿐만 아니라 17~18세기에는 일본을 포함해 동아시아 사회 여기저기에서 소농 경영을 바탕으로 한 노동 집약적인 농업 생산성의 향상이 관찰된다. 증가한 인구를 지탱하기 위해 더욱 근면하게 일하고 농기구와 농법의 개량 등을 통해 생활 수준의 향상을 꾀하는 것은 이미 우리 역사에서도 익숙한 스토리이다. 결국 하야미의 주장을 받아들인다고 해도 근면함이 일본인의 덕목으로 형성된 것은 불과 수백 년에 지나지 않는데, 이마저도 일본인 고유의 경험이 아닐 가능성이 크다. 아직도 꽤 많은 사람들이 믿고 있는 '근면=일본인의 DNA'라는 등식은 결국 어느 시점부터 확증 편향성을 갖게 된 허구가 아닐까?

5장

빛났던 하이브리드 정신

일본식 개량의 히트작, 돈가스와 단팥빵

돈가스와 단팥빵의 공통점은 무엇일까? 우선 둘
다 일본을 대표하는 음식이라는 점이다. 그리고 또 하나의 공통
점은 둘 다 원래는 일본 음식이 아니었다는 점이다.

돈가스는 1899년 양식당 렌가테이煉瓦亭에서 처음 선보인 포크
가쓰레쓰(돼지고기 커틀릿cutlet)가 그 시초로 알려져 있다. 렌가테이
는 창업한 지 130년(1895년 창업) 가까이 된 가게로, 지금도 도쿄
긴자에서 4대째 영업을 하고 있다. 창업자인 기다 모토지로木田元
次郎는 처음에 프랑스 요릿집을 열었으나, 기름과 버터를 듬뿍 넣
은 프랑스 요리가 당시의 일본인에게는 익숙하지 않아 장사가 영
신통치 않았다. 고민하던 차에 기다는 프랑스 요리인 송아지 커

틀릿을 변형해, 소고기 대신 돼지고기에 빵가루를 발라 덴푸라처럼 튀겨 내는 요리를 고안했다. 빵 대신 밥과 함께 제공된 새로운 돼지고기 튀김 요리는 곧 가게의 최고 인기 메뉴가 되었고, 입소문을 타고 일본 전국으로 퍼져 나갔다. 새로운 요리에 돼지 돈豚 자를 붙여 돈가스라고 칭한 것은 1929년 무렵이었다.

단팥빵은 기무라야木村屋의 창업자 기무라 야스베木村安兵衛와 그의 아들 에이사부로木村英三郎가 1874년 고안했다. 기무라야는 무려 150년(1869년 창업)이 넘은 빵집인데, 도쿄 긴자에 본점이 있으며 현재는 빵과 과자를 중심으로 수도권에만 7,500개의 매장을 보유한 주식회사로 성장했다. 기무라야의 단팥빵 개발도 역시 돈가스와 마찬가지로 창업 초기 지지부진한 판매 실적을 개선하기 위한 고민에서 시작되었다.

기무라 부자는 서양 음식인 빵이 익숙하지 않은 일본인에게 빵 맛을 알리기 위해 익숙한 식재료를 사용하기로 했다. 효모 대신 전통주를 빚을 때 사용하는 누룩을 이용했고, 화과자를 만드는 방법에서 힌트를 얻어 팥소를 사용했다. 그리고 빵 위에는 소금에 절인 벚꽃 잎이나 참깨를 얹어 풍미를 더했다. 처음 본 단팥빵에 대한 소문은 전국으로 퍼져 나갔고, 메이지 덴노에게 진상품으로 오르기도 했다. 식사용으로 판매되는 담백한 빵이 주류인 서양과 달리, 간식거리로 소비되는 달콤한 빵이 주류가 된 일본의 제빵업 스타일은 이때부터 시작되었다.

그림 1-12
돈가스의 시초가 된 가게
렌가테이(위)와 최초로
단팥빵을 고안한 가게
기무라야

　돈가스와 단팥빵은 둘 다 원래는 서양에서 들여온 것이었으나 일본풍으로 개량된 음식이다. 메이지 시기의 일본인들은 이렇듯 서양의 음식을 들여와 일본적인 음식으로 재탄생시키는 하이브리드 능력이 매우 뛰어났다.

　돈가스와 단팥빵만이 아니었다. 인도에서 영국을 거쳐 들어온 커리curry가 일본풍의 카레カレー가 되었고, 프랑스의 크로켓croquette이 고로케コロッケ가 되었다. 개량 능력은 음식 이외의 분야에서

도 발휘되었다. philosophy를 철학哲学으로, society를 사회社会로, copyright를 판권版權으로, baseball을 야구野球로 번역한 것은 메이지 시기의 지식인들이었다. 근대화 시기에 일본에서 만들어진 한자어는 서양에서 만들어진 개념들을 당시에 일본인들이 자신들의 방식으로 이해하고 받아들인 개량의 흔적들이다. 메이지 시기의 근대화 과정은 화혼양재和魂洋才, 즉 서양의 문물을 재才로 삼아 일본의 혼魂을 담아내는 정신이 강조되었다.* 이 과정에서 서양의 기술과 일본다움을 결합하는 많은 시도가 있었다. 그리고 이러한 화혼양재의 개량 능력은 산업 혁명기에 접어든 일본 경제를 견인한 원동력이기도 했다.

기술 모방이 아닌 일본만의 적정 기술을 찾아서

면방적업과 제사업은 메이지 시기 일본의 공업화를 상징하는 대표적인 산업이다. 면방적업은 목화솜으로부터 면사를 생산하는 과정이고, 제사업은 누에고치로부터 생사를 생

---

* 메이지 정부하에서 본격적인 근대화가 추진되기 이전의 화혼양재는 조금 다른 뜻으로 사용되었다. 서양 열강과 긴장 관계가 고조되던 막부 말기에 진보적인 사무라이들은 서양과의 대립을 축으로 일본의 주체성을 모색했다. 이들에게 있어 화혼양재란 기술과 정신의 영역을 구분하고, 정신적인 영역에서 일본의 주체성과 우월성을 찾아내는 과정이었으며, 그 결과 양이론攘夷論이라는 극단적인 주장마저 생겨나기에 이르렀다.

산하는 과정이다. 이 중에서도 제사업을 통해 생산된 생사는 당시 일본의 대표적인 수출품이었다. 처음에는 프랑스로 수출되었으나 1870년대부터 미국 시장을 개척하여 나중에는 전체 대미 수출의 50% 이상을 차지할 정도로 급성장하였다. 제사업은 개항 이후 유럽으로부터 전래된 새로운 기술을 이용해 '신기술의 일본화'에도 성공한 산업이었다.

에도 시대에 제사업이 없었던 것은 아니었다. 에도 말기에는 자구리키座繰器를 이용해 누에고치에서 실을 뽑는 자구리제사座繰製糸라는 전통 기법이 유행했다. 자구리키는 4개의 톱니바퀴가 맞물려 돌아가는 나무로 제작된 간단한 도구였는데, 누에고치를 끓이는 냄비에서 실을 빼내 회전하는 틀에 걸고 한 손으로 틀을 돌리면서 실을 뽑아내는 방식이었다. 모든 과정이 수작업이었던 이전의 데구리手繰り 방식에 비하면 생산 효율이 비약적으로 향상되었지만, 유럽산은 물론 인도산이나 중국산 생사와 비교했을 때도 품질과 가격 경쟁력이 현저히 떨어졌다. 결국 일본 제사업의 낮은 국제 경쟁력의 원인이 기술 부족에 있다고 생각한 메이지 정부는 근대적 제사 기술의 도입을 장려했다.

정부의 적극적인 장려책에 힘입어 마에바시번前橋藩이 1870년, 에도 시대의 거상 오노구미小野組가 1871년에 각각 이탈리아식 조사기繰糸機를 도입한 제사 공장을 개설했고, 1872년에는 정부가 직접 경영에 뛰어든 관영 모범 공장 도미오카富岡 제사 공장이 프랑

스식 조사기를 도입하였다. 도미오카 제사 공장은 보일러 6기를
비롯해, 철제로 된 프랑스식 조사기 300가마釜와 노동자 300명을
거느린 대규모 공장이었다.* 1873년에는 도쿄 도심부(현재의 도라
노몬虎ノ門)에도 수차와 이탈리아식 조사기를 도입한 아오이쵸葵町
제사 공장이 들어섰다.

　민간이 중심이 되어 수입한 이탈리아식 조사기와 정부가 들여
온 프랑스식 조사기는 이후 발명가 겸 기업가라는 두 가지 능력
을 겸비한 인물들에 의해 몇 번이고 개량을 거듭하게 된다. 이 과
정은 단지 서양의 기술을 모방하는 수준을 뛰어넘어, 일본에 적
합한 '적정 기술'을 찾아가는 과정이었다. 오노구미로부터 이탈리
아식 조사기를 빌려 온 제2대 다케이 다이지로武居代次郎는 이탈리
아식 조사기를 모방한 요시키洋式 조사기를 만들었지만 공장 가동
을 앞두고 사망하고 만다. 이후 아버지의 유지를 받들어 가업을
계승한 제3대 다케이 다이지로는 이탈리아식 조사기와 프랑스식
조사기의 장점만을 결합한 하이브리드형 조사기인 스와식諏訪式
조사기를 발명하게 된다.

　이 스와식 조사기의 대단한 점은 단지 이탈리아식과 프랑스식
의 장점을 혼합했다는 데에 있지 않다. 유럽에서 들여온 조사기
들은 비싸기도 했지만, 당시 일본에서는 구하기도 힘든 철로 되

---

* 조사기의 단위는 대台가 아니라 누에고치를 삶는 냄비 개수인 가마釜를 사용한다.

어 있어서 만들기가 쉽지 않았
다. 그래서 다케이는 조사기
의 주요 파트를 주변에서 흔히
구할 수 있는 나무로 제작하였
다. 다만 누에고치를 삶는 철
제 냄비만큼은 목제로 사용할
수가 없었다. 그러나 연구를
거듭한 끝에 철제 냄비 급으로
열전도율과 내구성이 뛰어난
도기 냄비를 발명하였다. 자구

그림 1-13 **제3대 다케이 다이지로**

리제사를 대신할 기계제사器械製糸가 탄생하는 순간이었다. 기계제
사의 기계器械가 기계機械가 아닌 것은 이처럼 철을 대신해 일본에
서 구하기 쉬운 나무와 도기로 만들어졌기 때문이다. 결국 고성
능이자 저가격에 완성도 높은 스와식 조사기가 전국에 보급되면
서 일본의 생사 생산량은 폭발적으로 늘어났다. 1894년경에는 기
계제사가 자구리제사의 생산량을 앞질렀고, 이를 바탕으로 일본
의 제사업은 대표적인 수출 산업으로 자리 잡게 되었다.

전 세계가 주목한 토요타 생산 시스템

서양에서 들여온 기술을 일본의 사정에 맞도록 모방하고 개량하는 기술은 비단 메이지 시기에 한정되지 않았다. 제2차 세계 대전 이후 탄생한 토요타 생산 시스템 또한 일본인의 하이브리드 정신이 빛난 성과였다.

이해를 돕기 위해 먼저 포드 시스템에 대해 간단히 살펴보자. 1903년 포드 자동차를 설립한 헨리 포드는 자동차를 사치품이 아닌 대중차로 생산하기 위해 기능적이고 튼튼하며 저렴한 T형 자동차를 개발했다. 1908년 T형 자동차가 출시되었을 때 가격이 850달러였는데 당시 미국인의 연평균 수입이 600달러, 경쟁사의 자동차 가격이 2,000달러 정도였다는 점을 고려하면 상대적으로 매우 저렴한 가격이었다. 그러나 포드사는 가격을 더욱 낮추기 위해, 다른 모델의 생산을 포기하고 T형 생산에 집중하기로 했다. 1913년에는 기계 장치를 이용해 부품의 운반 방법을 획기적으로 개선한 컨베이어 벨트를 도입했다. 자동차 섀시 조립에 컨베이어 벨트가 도입되자 자동차 1대당 1,314시간 걸리던 작업 시간이 단 1시간 반으로 줄어들었다. 혁명과도 같은 일이었다.

컨베이어 벨트의 도입은 자동차 제조 공정에 몇 가지 변화를 동반했다. 먼저 자동차 부품의 호환성이 개선되었다. 자동차를 생산할 때는 숙련된 노동자들이 그때그때 부품의 미세한 가공 및 조정을 해야 하는데, 부품의 정확한 치수와 형상을 항상 일정하게 유지하자 품질 향상은 물론 생산 비용을 크게 절감할 수 있었다. 또 하나는 분업의 확대였다. 공정을 잘게 세분화하여 각 공정에 전문화된 노동자를 투입해, 이동하는 컨베이어 벨트 앞에서 단순 반복 작업을 하는 방식이 자리 잡았다. 작업의 단순화, 표준화, 전문화를 통해 생산성이 크게 향상되자 설 자리를 잃은 숙련 노동자들의 불만이 터져 나왔다. 이에 포드는 노동자들의 임금을 올리고 노동 시간을 단축하는 한편, 쉼 없이 생산의 효율성을 추구해 갔다. 1914년부터 자동차 차체의 색깔은 가장 빨리 마르는 검은색으로 통일하고, 모든 공정을 자사에서 담당하기 위해 수직 통합화에 열을 올렸다. 그 결과 T형 자동차의 가격은 1922년 265달러까지 하락했고, 1923년에는 200만 대가 넘는 자동차를 생산했다.

반면 제2차 세계 대전 이후 세계적인 기업이 된 토요타 자동차는 토요타 생산 시스템이라는 생산 방식을 탄생시켰다. 토요타 생산 시스템은 제조 공정의 낭비를 없애는 두 가지 아이디어로 이루어져 있다.

첫 번째는 "고객이 주문한 자동차를, 필요로 하는 때에 필요로 하는 만큼만 만든다."라는 'Just in Time(JIT)'이고, 두 번째는 "이상이 발생하면 누구라도 라인을 즉시 멈춰 세워 불량품을 찾아낸다."라는 '자동화自働化(움직일 동動이 아니라 사람 인人이 붙어 일한다는 뜻을 가진 동(働)'이다. 조립 공정이 물 흐르듯이 쉴 새 없이 이어지기 위해서는 공정 간에 부품의 공급을 일치시키고 작업 시간을 조정해야 하는데, 토요타 시스템은 마치 각각의 공정이 보이지 않는 컨베이어 벨트로 연결되어 있는 듯했다. 토요타는 작은 로트ₗₒₜ 단위로 생산하여 낭비를 줄이고, 불량품이 발생하면 조립 라인을 멈추고 불량이 발생한 원인부터 해결하려고 했다. 또한 한 명의 노동자를 여러 공정에 투입시켜 다양한 분야에서 숙련도를 높였다. 이러한 토요타 생산 방식은 1980년대 이후 린ₗₑₐₙ 생산 방식이라는 이름으로 체계화되어 전 세계의 자동차 기업에 영향을 미치게 되었다.

이상의 설명을 놓고 보았을 때 포드 시스템과 토요타 시스템은 서로 대척점 관계에 있는 생산 방식으로 보인다. 대표적인 몇 가지를 비교해 보면 다음과 같다. 포드 시스템은 대량 생산을 위한 호환성 부품 생산과 분업을 통한 규모의 경제를 추구함으로써 생산성을 높여 간 반면, 토요타 시스템은 필요한 부품을 필요한 때 필요한 만큼만 사용하는 방법으로 재고를 극한까지 감소시켜 생산 비용을 줄이고자 했다. 포드 시스템은 컨베이어 벨트의 움직임에 맞춰 앞 공정에서 뒤 공정으로 작업이 이뤄지지만, 토요타 시스템은 뒤 공정에서 앞 공정으로 필요한 만큼의 부품을 주문하는 JIT를 기반으로 한 간반看板 방식이다.

포드 시스템은 자동차 생산에 필요한 부품과 재료를 자체적으로 공급하기 위해 광산업, 광석 운반업, 철강업까지 겸했으며, 타이어용 고무를 생산하기 위해 고무 농장까지 경영했다. 반면 토요타 시스템은 많은 부품을 게이레쓰系列라는 외부 하청업체로부터 조달했는데, 소수의 하청업체들과 안정적이고 장기적인 거래를 통해 다양한 부품을 공급받을 수 있었다. 포드 시스템은 대규모 기계 장치를 도입하고 작업을 단순화하여 숙련 노동자가 필요 없는 생산 현장을 만들고자 한 반면, 토요타 시스템은 한 명의 노동자가 복수의 공정을 담당할 수 있도록 잡 로테이션을 통해 다기능공을 육성했다.

도쿄대학 명예 교수 와다 가즈오和田一夫는 그의 저서《모노즈쿠리의 우화ものづくりの寓話》에서 "토요타 시스템은 미국의 포드 시스템을 일본에 도입하고 이식하는 과정에서 직면하게 된 금전적 · 기술적 문제를 해결하기 위한 고민의 결과"라고 주장했다. 와다 교수가 타이틀에 '우화'라는 표현을 사용한 이유는 우리가 지금까지 알고 있거나 믿고 있던 내용들이 사실은 '허구적인 이야기'라는 점을 강조하기 위함이다. 포드 시스템과 토요타 시스템이 전혀 다른 생산 시스템이 아니라, 포드 시스템을 모방하는 과정에서 토요타 시스템이 탄생한 것이라는 설명은 매우 흥미롭다.

사실 일본은 중일 전쟁 시기부터 항공기와 선박 생산에 포드 시스템을 도입하고자 노력했다. 그러나 포드 시스템은 다양한 전용 공작 기계들로 가공한 매우 정밀도가 높은 부품을 전제로 가동된다. 당시 일본에는 포드 시스템을 도입할 만한 자본도 기술력도 없었다. 결국 자동화된 컨베이어 벨트의 도입을 포기한 대신에, 일본은 다기능 작업자를 배치하고 부품을 공급하는 외부의 하청 업체까지도 포함해 전체 생산 프로세스를 하나의 조립 라인처럼 편성했다. 말하자면 수공업 생산과 결합한 가상의 컨베이어 벨트가 탄생한 것이다. 다만 이러한 수공업적인 성격은 생산 비용이 높다는 단점을 가지고 있는데, 토요타는 수십 년에 걸친 다양한 '가이젠改善(생산과 관련된 모든 활동에 대해 좀 더 나은 방법을 찾아가는 일)'을 통해 생산 비용을 절감해 갔다. '낭비를 극한까지 줄이는 토요타 시스템'은 이렇게 탄생한 것이다.

일본에서 본격적인 근대화가 시작된 이래 100년 넘게 다양한 분야에서 관찰되던 화혼양재의 개량 능력은 1990년대 이후 좀처럼 찾아보기 힘들어졌다. 최근 10년간 삼성전자와 애플이 경쟁하듯이 혁신적인 차세대 스마트폰을 선보이자, 처음에는 두 기업을 모방만 하던 중국 기업들도 최근에는 꽤 가성비가 좋은 제품을 만들어 내고 있다. 하지만 일본 기업들 중에는 세계 시장에서 팔릴 만한 스마트폰을 제조하는 곳이 한 군데도 없다. 발명보다 혁신이 장점인 일본인들에게 최근의 제품 개발 속도가 너무 빠를 수도 있다. 또 베타 버전을 출시하고 버그를 수정해 나가는 식의 최근의 제조업 트렌드가 완벽한 품질을 보장하려는 일본 스타일과 맞지 않을 수도 있다.

하지만 일본 기업들이 외국 기업에서 뭔가 배우려는 노력을 예전보다 덜 하게 되었다는 것은 분명하다. 시작은 1980년대부터였다. 세계 최고 수준의 선진국이 되자 일본인 누구나가 "이제 서양을 캐치 업catch up하는 시대는 끝났다."고 말하고 다녔다. 사실이 그랬다. 동서양을 막론하고 일본에서 배워야 한다는 당위론이 득세하고, 지금의 한류처럼 일본 문화가 전 세계 젊은이들을 매료시키던 시절이었다. 그렇지만 다들 알다시피 영광은 그리 오래가지 않았다. 혹독한 겨울이 잃어버린 10년, 20년을 넘어 30년 이상이 될지도 모르는 상황이 되었다. 일본이 대단한 잠재력을 지닌 나라임은 누구도 부인할 수 없다. 관건은 깊은 잠에 빠진 화혼양재의 개량 능력을 다시 깨울 수 있을지의 여부이다.

6장
영웅의 귀환

반복되는 역사 속 데칼코마니 불황

　　머나먼 유럽에서 벌어진 제1차 세계 대전은 일본에 자본주의가 본격적으로 도입된 이래 역사상 최고의 호황이라는 선물을 가져다주었다. 전쟁 중인 유럽에서 물건이 수입되지 않자 국내 기업에 주문이 쇄도했고, 아시아 지역을 중심으로 일본 제품이 날개 돋친 듯 팔려 나갔다. 기업은 일손 부족을 호소했고, 임금은 상승했지만 물가가 천정부지로 치솟으면서 노동자의 실질 임금이 하락한 탓에 전국에 쌀 소동이 일어나기도 했다.* 20세기 초만 해도 개발 도상국 수준의 경제력에 불과하던 일본은

---

* 쌀 가격이 폭등하자 민중들의 불만이 고조되면서, 1918년 도야마현富山県의 쌀가게를 습격해 불태운 사건을 시작으로 전국적으로 쌀 소동이 일어났다.

제1차 세계 대전을 겪으면서 중진국 수준으로 발돋움할 수 있었다. 그러나 이후 1920년 반동 공황, 1923년 관동 대지진, 1927년 금융 공황, 1930~1931년 쇼와昭和 공황을 연달아 겪으면서 10년 동안 기나긴 장기 불황에 빠지게 되었다.

역사는 반복된다고 했던가? 공교롭게도 일본은 70년 후 똑같은 상황에 처하게 된다. 1980년대 후반 명실공히 세계 제일의 선진국으로 도약한 일본이었지만 1990년대 초에 버블이 붕괴되면서 잃어버린 10년이라고 불리는 장기 불황의 늪에 빠졌다.

이러한 데칼코마니 같은 상황에 흥미를 느낀 많은 경제학자들은 다양한 비교 연구에 착수했다. 그리고 2000년대 이후 장기 불황의 터널이 단지 10년으로 끝나지 않을 것이라는 전망이 확신으로 바뀌면서, 경제학자들의 문제의식은 더욱 선명해졌다. 그것은 바로 '1920년대의 일본은 어떻게 장기 불황을 극복할 수 있었는가?'에 대한 해답을 찾는 것이었다. 만약 위기를 극복한 비책이 있다면 장기 불황을 겪고 있는 현재의 일본에도 적용하지 못할 이유가 없다. 그리고 여러 연구들에서 공통적으로 언급되는 한 인물이 등장한다. 바로 대장성大蔵省 대신 다카하시 고레키요高橋是清였다.

금융 공황의 불씨가 된 관동 대지진

통계학에는 1종 오류와 2종 오류라는 용어가 있다. 가설 검정을 할 때, 맞는 가설임에도 불구하고 기각하는 경우를 1종 오류라 하고, 반대로 틀린 가설임에도 불구하고 채택하는 경우를 2종 오류라고 한다. 1종 오류와 2종 오류의 개념은 다양한 분야에 응용된다. 은행에서 기업을 대상으로 대출 심사를 하는 경우를 생각해 보자. 변제 능력이 충분한 우량 기업임에도 불구하고 심사에서 탈락하는 경우가 1종 오류이고, 변제 능력이 없는 불량 기업임에도 심사를 통과하는 경우가 2종 오류에 해당한다. 은행 그리고 '은행의 은행'인 중앙은행은 이러한 두 가지 오류에 빠지지 않도록 항상 세심한 주의를 기울여야 한다.

그렇지만 자연재해와 같은 긴박한 상황이 벌어졌을 때는 은행의 대출 심사 기준이 평상시와는 다른 기준으로 운용될 때도 있다. 코로나19로 피해를 입은 소상공인들에게 평소 같으면 불가능했을 초저금리 대출이나 특별 융자를 해 주는 것처럼 말이다. 1923년 관동 대지진이 발생했을 때 일본의 중앙은행인 일본은행이 취한 조치가 그러했다. 지진으로 인해 피해 지역의 은행 및 그 은행으로부터 융자를 받은 기업이 일시적인 자금난에 빠져 도산하는 사태를 막기 위해, 일본은행은 공적 자금을 투입해 대부분의 시중 은행을 구제하기로 결정했다. 그 결과 원래부터 부실한 경영으로 파산 직전에 놓여 있던 은행이나 기업까지도 덩달아 구제되는 혜택을 누리게 되었다. 말하자면, 1종 오류를 피하기 위해 2종 오류를 범하고 만 것이다.

지진 피해를 입은 기업은 당장 가지고 있는 어음의 현금화가 어려워 그대로 두면 도산할 수도 있다. 기업이 도산하면 그 기업에 돈을 빌려준 은행은 불량 채권을 껴안는 셈이 된다. 일본은행은 이러한 사태를 방지하기 위해 일단 피해 지역과 관련한 모든 채권에 지불 유예를 선포하고, 은행들에게 피해 지역 기업의 어음을 할인하게 하였다. 그리고 그 어음에 '지진 피해 어음震災手形'이라는 스탬프를 찍어 재할인해 주었다. 사실상 일본은행이 공적 자금을 투입하여 부도 직전 기업의 어음을 현금화해 준 것이다. 일본은행의 이러한 조치로 많은 건전한 은행과 기업들이 도산의 위기를 면했지만, 반대로 경영 실패로 도산했어야 할 은행과 기업까지도 전부 구사일생으로 회생하게 되었다. 그리고 이러한 결과는 몇 년 뒤 발생할 금융 공황의 불씨로 작용하게 된다.

경제 위기의 구원 투수, 다카하시

지진 피해 어음 처리 문제는 두고두고 일본 경제의 발목을 잡았다. 특정 지역의 은행과 기업에 대한 특혜라는 불만이 속출했고, 불량 채권의 존재를 숨기고 있는 은행에 대한 불신도 가중되었다. 관동 대지진의 혼란 속에서 금융권의 만연한 도덕적 해이로 인해 부실 은행 중 상당수가 지진을 핑계로 구제되었다는 것을 모르는 사람은 없었다.

당시에는 은행법이 제정되기 전이라 1,300개가 넘는 소규모 은행들이 난립해 있었고, 예금자 보호 제도는 제2차 세계 대전 이후에나 등장하기 때문에 사람들은 하루아침에 자신의 예금 잔고가 0이 될 수도 있다는 불안에 시달렸다. 금방이라도 터져 버릴 것 같은 위기감이 팽배해 있던 어느 날, 폭탄은 전혀 생각지 못한 곳에서 터졌다. 1927년 3월 14일 중의원 예산 총회가 있던 날, 대장성 대신인 가타오카 나오하루片岡直温는 다음과 같이 발언했다.

"방금 들어온 소식에 의하면, 자금난을 겪던 도쿄와타나베은행이 파산했다고 합니다."

가타오카의 발언은 금융 위기의 시작을 알리는 신호탄이었다. 나중에 밝혀졌지만 도쿄와타나베은행은 파산한 적이 없었고, 가타오카가 발언하던 그 순간에도 정상적으로 영업을 하고 있었다. 말하자면 가짜 뉴스였던 셈이다. 역사에 길이 남게 된 그 유명한 '가타오카의 실언'은 순식간에 일본을 금융 위기의 공포로 몰아넣었고, 사람들은 예금을 찾으러 은행으로 달려갔다. 거짓말처

럼 도쿄와타나베은행은 파산하
고 말았고, 파산의 공포는 삽시
간에 다른 은행으로 전염되었
다. 결국 은행 창구마다 예금을
찾으려는 사람들이 쇄도하면서
44개 은행이 휴업 선언을 할 수
밖에 없었다. 금융 위기는 곧 경
제 위기로 확산되었다. 관동 대
지진의 위기를 가까스로 넘겼던

그림 1-14 **금융 위기에서 일본을
구한 다카하시 고레키요**

재벌 스즈키상점도 이번 위기는 극복하지 못했다. 그리고 스즈키
상점에게 거액의 융자를 해 준 대만은행도 재무 위험에 빠졌다.

절체절명의 순간에 정권 교체에 성공한 다나카 기이치田中義一
내각은 대장성 대신으로 다카하시 고레키요를 기용했다. 다카하
시는 1854년 어용 화가의 아들로 태어나 센다이번仙台藩 하급 군
인의 양자로 입적되었다. 그는 어려서부터 요코하마의 미국인 의
사에게 영어를 배우고, 13세에는 샌프란시스코에서 1년간 유학
을 하는 등 영어에 능통했고 국제 감각도 뛰어났다. 27세에 관료
가 된 후에는 농상무성 대신과 일본은행의 부총재 및 총재를 거
쳐 총 6번의 대장성 대신 그리고 총리까지 경험한 대표적인 경제
정책 전문가였다.

대장성 대신으로 임명된 다카하시는 우선 모든 은행에 이틀

동안 휴업 명령을 내리고 각 은행에서 규모가 큰 예금을 중심으로 3주간 일시적인 지급 정지를 선언했다. 한숨 돌린 다카하시는 급한 대로 한쪽 면만 인쇄한 200엔짜리 지폐를 은행마다 쌓아 두고 유리창 밖에서 은행 안이 훤히 들여다보이도록 했다. 은행에 돈은 얼마든지 있으니 안심하라는 메시지였다.

효과는 금방 나타났다. 예금자의 뱅크 런bank run이 사라지자 금융 위기도 자연히 종식되었다. 다카하시는 금융 위기의 메커니즘을 정확히 이해하고 있었으며, 전광석화와도 같은 속도로 위기를 수습하는 능력도 있었다. 다카하시의 이러한 특출한 위기 대처 능력은 많은 사람들에게 신뢰를 주었다. 1980~1990년대 한국 프로 야구에서 해태 타이거즈의 선동열 선수가 마운드에 올라오면 해태 팬들은 당연하게 승리를 확신하던 시절이 있었다. 마치 해태 타이거즈의 마무리 투수 선동열 선수처럼 일본 경제가 위기에 빠졌을 때 수호신처럼 등장하는 다카하시의 신화는 이때부터 만들어졌다.

쇼와 공황과 노장의 재등판

금융 위기에서 일본을 구한 다카하시는 42일 만에 대장성 대신에서 물러났다. 위기를 해결했으니 본인이 할 일은 더 이상 없다고 생각한 것이다. 하지만 몇 년 뒤 다카하시는 일본을 구할 해결사로 재등판해야 했다. 당시 일본에는 금 본위 제도를 둘러싼 치열한 논쟁이 전개되고 있었다. 헌정회憲政会와 정우회政友会라는 두 개의 정당이 명확한 차이를 보이는 각각의 정치적·경제적 노선을 추구했고, 정권 교체도 빈번히 일어나는 시대였다. 자민당 독주 체제에 익숙한 지금의 일본 사회에서는 상상하기 어려운 세상이었다. 헌정회는 외교적으로 영국, 미국 등 국제 협조를 중시하는 시데하라幣原 외교 노선을 추구하며, 경제적으로는 금 본위제 도입을 위해 긴축 재정을 실시하고 국제 수지 균형을 추구하는 이노우에井上 재정을 지지했다. 반대로 정우회는 외교적으로 만주에서 일본의 권리를 중시하는 다나카田中 외교 노선을 추구하고, 경제적으로는 적극 재정을 실시해 국내 경제의 활성화를 중시하는 다카하시高橋 재정을 두 개의 축으로 삼았다.

　당시 대부분의 선진국은 금 본위제를 사용하고 있었는데, 금의 가치에 자국의 통화를 고정시켰기 때문에 무역을 할 때 결제하기가 편했고, 국가 간 금의 이동으로 경기가 자동 조절되는 효과도 있었다.* 다만 금 본위제를 실시하려면 중앙은행이 먼저 금을 비축해야 했기 때문에 긴축 정책을 실시하는 동안 국내 경기는 불

＊　정확하게는 경기가 자동 조절될 것으로 믿고 있었다. 그러나 실제로 자유로운 금의 이동이 보장되지 않는 경우, 금 본위제의 자동 조절 기능은 제대로 작동하지 않았다.

황을 감내해야만 했다. 하루라도 빨리 금 본위제 도입이 필요하다고 주장했던 헌정회의 이노우에 준노스케井上準之助는 1929년 7월에 대장성 대신으로 임명되자마자 오랜 염원이던 금 본위제를 1930년 1월부터 실시했다.* 이때까지 이노우에는 자신의 오랜 꿈이 일본 경제를 파탄의 위기로 몰아넣게 될 줄은 꿈에도 몰랐다.

1929년 10월 24일, 미국 뉴욕의 주식 시장이 폭락하였다. 그 유명한 '암흑의 목요일'이다. 그러나 이노우에는 태평양 반대편의 미국에서 주식 시장이 폭락한 것과 일본은 아무 상관이 없다며 크게 걱정하지 않았다. 인터넷과 스마트폰이 없던 시절이라 그리 생각했던 것이 아니었다. 세월이 흘러 2008년 9월 17일 미국의 투자 은행 리먼 브라더스가 파산했을 때도 요사노 가오루与謝野馨 재정 대신은 이렇게 말했다. "일본에는 아무런 영향이 없습니다. 벌에 쏘인 정도예요." 그러나 일본은 2008년 4분기에 GDP가 9.4%나 마이너스 성장을 기록하면서 선진국 중 가장 큰 피해를 입었다. 막상 닥치고 나서야 깨닫는 것이 바로 경제 위기라는 것을 역사는 말해 준다.

* 일본은 1871년 새로운 화폐 단위인 엔과 함께 금 본위제 도입을 선언하였으나, 금 준비가 부족하여 사실상 금은 복수 본위제로 운용되다가 1897년 화폐법의 시행으로 실질적인 금 본위제가 시행되었다. 그러나 제1차 세계 대전의 발발로 전 세계 주요 국가들과 함께 금 본위제에서 이탈하여 관리 통화 체제로 변경하게 된다. 따라서 1930년 1월의 금 본위제는 엄밀히 말해 원래의 금 본위제로 복귀한 셈이라 하겠다.

　이노우에 재정은 금 본위제 도입을 목표로 긴축 정책을 실시하고 있었기 때문에, 일본 경제는 세계 대공황의 여파가 밀어닥치자 바닥으로 곤두박질쳤다. 디플레이션의 영향은 생각보다 심각했다. 쌀 가격과 누에고치 가격이 폭락하자 농촌이 피폐해졌고, 미국으로의 수출이 줄어들면서 제사 공장과 방적 공장도 멈춰 섰다. 농촌에서 도시로 일자리를 찾아 몰려든 사람들로 노동의 과잉 공급이 발생해 임금도 하락했다. 대공황은 전 세계적인 현상이었고, 벗어날 방법이 없어 보였다. 결국 경제 정책 실패에 책임을 지고 정권이 교체되면서, 이누카이 쓰요시犬養毅 총리는 80세를 바라보는 노장 다카하시에게 다시 러브 콜을 보냈다. 그리고 마치 기다리고 있었다는 듯이 다카하시는 대장성 대신 자리를 받아들였다. 1931년 12월 13일의 일이었다.

　대장성 대신이 된 다카하시는 또다시 전광석화와 같은 속도로 산적한 문제를 해결하기 시작했다. 가장 먼저 금 본위제부터 폐지했다. 금 수출을 막고 환율을 떨어뜨려 엔저를 유도했고, 엔 가치의 하락과 함께 수출이 증가했다. 다음으로 저금리 정책을 펼쳤다. 1931년에 5.8%에 이르던 정책 금리를 1933년까지 3.7%로 떨어뜨렸다. 금리가 하락하자 투자가 늘어났고, 주가는 상승했다.

　마지막으로 정부 지출을 늘렸다. 때마침 만주 사변이 발발했던 터라 만주 사변 관련 군사비를 증액하고 대규모 토목 사업도 실시했다. 이러한 다카하시의 정책 패키지는 케인스John Maynard Keynes의 총수요 관리 정책과 상당히 유사했다. 놀라운 것은 케인스가 그의 저서 《고용, 이자 및 화폐에 관한 일반이론The General Theory of Employment, Interest and Money》을 출간하기도 전에 다카하시의 정책 패키지가 실시되었다는 사실이다.* 다카하시와 케인스는 대화라도 했던 것일까? 영어에 능통했던 다카하시라면 가능했을지도 모른다. 다만 지금처럼 스카이프 통화나 이메일이 존재했다면 말이다.

대공황의 두 리더, 루스벨트와 히틀러

전 세계를 휩쓴 대공황의 충격 속에서 유사한 아이디어를 떠올린 것은 비단 다카하시와 케인스만이 아니었다. 황금 족쇄Golden Fetters가 되어 버린 금 본위제에서 이탈하고, 금융 부문보다는 산업 부문의 중요성을 강조하며, 고삐 풀린 1920년대 자유주의적 자본주의를 통제하는 큰 정부의 필요성에 전 세계가 공감하였다. 대서양을 사이에 둔 두 거대 산업 국가인 미국과 독일도 예외는 아니었다.

1933년 3월 4일 미국의 제32대 대통령에 공식 취임한 프랭클린 루스벨트는 재정 지출을 확대하고 대규모 공공 투자를 통해서 고

* 케인스의 저서가 1937년에 발표되었으므로 다카하시의 정책이 이보다 5년은 빠른 셈이다.

용을 창출하는 뉴딜 정책을 실시하였다. 루스벨트는 테네시강 유역 개발로 핵심 산업 인프라를 확충하는 성과를 거두었을 뿐 아니라 대규모 고용 창출 효과도 톡톡히 누렸다. 하지만 그 의미는 여기서 그치지 않았다. 지금까지 생산이 중심이었던 자본주의 패러다임에서 점차 소비의 중요성에도 눈을 뜨기 시작했다. 미국은 민간 기업이 전력망을 장악하고 있었기 때문에, 광활한 영토 중에서 채산성이 낮은 지역에 사는 주민들은 전력 서비스의 혜택을 누리지 못하고 있었다. 루스벨트 정부는 테네시강 유역 개발로 생산한 전기를 그동안 전력 서비스로부터 소외된 국민들에게 공급하면서 이를 '국민의 전기'라는 이름으로 적극 홍보하였다.

한편 1933년 3월 6일 치러진 독일 총선에서 아돌프 히틀러가 이끄는 국가사회주의독일노동자당이 승리하면서 독일에는 나치스 정권이 들어섰다. 대공황으로 실업자가 600만 명까지 치솟은 상황에서도 균형 재정만을 고집하는 바이마르 정부를 무너뜨린 히틀러는 대규모 정부 지출을 통한 고용 창출을 약속하며 국민들을 열광시켰다.

히틀러는 집권 첫해인 1933년부터 나치스를 대표하는 공공사업인 아우토반 건설에 착수했고, 1935년 프랑크푸르트Frankfurt-다름슈타트Darmstadt 구간을 잇는 세계 최초의 고속 도로가 탄생했다. 그러나 아우토반을 달릴 자동차가 없었다. 다임러와 벤츠가 가솔린 엔진 자동차를 상용화하면서 독일은 자동차의 나라로 불렸지만,

고급 수제 자동차 중심인 산업 구조 때문에 정작 독일 국민들이 자동차를 구매하는 일은 잘 없었다. 결국 히틀러는 '국민차' 개발에 착수했고, 이러한 국가 프로젝트의 일환으로 1937년에 폭스바겐이 탄생했다. 독일어로 폭스바겐은 국민차라는 뜻이다.

아베노믹스의 설계자들

　　　　　다시 일본으로 돌아가 보자. 다카하시의 구원 등판으로 일본은 전 세계에서 가장 빨리 대공황을 극복하였다. 사실 다카하시의 독창적인 경제 정책은 여러 가지가 있지만 여기에 전부 소개하기는 어렵고, 그중 한 가지만 소개하고자 한다.

바로 국채를 발행하는 방법이다. 정부가 재정 지출을 하기 위해서는 재원이 필요하고, 재원은 세금으로 마련하거나 세금이 부족하면 국채를 발행한다. 그런데 정부가 발행한 국채를 시중의 금융 기관이 인수하면, 원래는 금융 기관에서 민간으로 공급될 자금을 정부가 흡수하는 꼴이 된다. 이러면 정부 지출의 확대가 오히려 민간의 투자를 축소시키는 효과가 발생하게 된다. 이러한 부작용을 막기 위해 다카하시는 정부가 발행한 국채를 시중 은행을 거치지 않고 일본은행이 직접 인수하도록 했다. 이렇게 하면 중앙은행이 국채 매입을 통해 유동성을 시중에 직접 푸는 오늘날의 양적 완화와 동일한 효과가 발생하게 된다.

2013년에 발표된 아베노믹스 안에는 엔저 정책, 저금리 정책, 적극적인 재정 정책이 포함되었다. 80년 전 다카하시의 경제 정책인 엔저 정책, 저금리 정책, 적극적인 재정 정책과 겹치는 것은 결코 우연이 아니다. 가쿠슈인대학 명예 교수인 이와타 기쿠오岩田規久男는 오랫동안 다카하시의 경제 정책을 연구해 왔다. 그는 다카하시의 경제 쟁책에서 힌트를 얻어 리플레이션파*에 이론적 백그라운드를 제공했고, 2013년 4월부터 2018년 3월까지 5년간은 일본은행 부총재를 역임하면서 본인의 아이디어를 아베노믹스에 녹여 내었다. 이와타는 아베노믹스의 설계자이고, 설계도의 밑그림이 된 것은 바로 다카하시의 아이디어였던 셈이다. 아베노믹스라는 경제 정책은 80년 전 일본을 장기 불황의 수렁에서 구해 낸 다카하시 고레키요의 성공을 다시금 기대한 것이다.

* 리플레이션파(reflationist, リフレ派)란, 일본 경제를 장기 디플레이션 상태에서 벗어나게 하기 위해 양적 완화, 중앙은행의 국채 매입, 제로 금리 정책의 지속 등 물가 안정 목표를 달성하기 위해 다양한 거시 정책을 추진해야 한다는 입장을 견지한 경제학자들이다. 대표적인 인물로는 이와타 기쿠오岩田規久男, 하마다 고이치浜田宏一, 혼다 에쓰로本田悦朗, 하라다 유타카原田泰, 와카타베 마사즈미若田部昌澄, 노구치 아사히野口旭, 아다치 세이지安達誠司, 이다 야스유키飯田泰之, 가타오카 고시片岡剛士, 무라카미 나오키村上尚己, 나카하라 노부유키中原伸之 등이 있다.

7장
일본의 질주를 막은 '게임의 룰'

라스트 히어로, 제로센

　　　　1941년 12월 7일 일본의 하와이 진주만 공습으로 시작된 태평양 전쟁은 수많은 인명과 재산의 피해를 남기고 1945년 8월 15일 일본의 항복으로 끝났다. 군사력과 경제력 측면에서 일본은 처음부터 미국의 적수가 되지 못했다. 그러나 개전 초기 얼마 동안은 일본군이 우위를 점하기도 했는데, 1942년 6월의 미드웨이 해전에서 패배할 때까지 일본군은 진주만 공습 이후 6개월간 크고 작은 전투에서 승리를 거두었다. 그리고 전투를 승리로 이끈 주역은 바로 일본 해군의 함상 전투기, 일명 제로센零戰이었다.

　제로센의 공식 명칭은 영식 함상 전투기零式艦上戰鬪機로 미쓰비

그림 1-15 **제로센**

시중공업三菱重工業이 개발하고 나카지마항공中島飛行機이 생산하였
으며, 중일 전쟁부터 본격적으로 투입되기 시작하였다. 제로센의
설계자인 호리코시 지로堀越二郎는 미야자키 하야오宮崎駿 감독의
애니메이션 〈바람이 분다風立ちぬ〉의 주인공으로도 우리에게 많이
알려져 있다. 제로센은 뛰어난 기동성, 빠른 상승 속도, 긴 항속
거리 등 당시 미군의 주력 전투기인 와일드캣F4F의 성능을 압도했
다. 와일드캣은 제로센과의 공중전에서 열세를 면치 못했고, 급
기야 미군이 '제로센과 일대일로 교전하는 상황을 피하라.'는 교
전 수칙을 하달하기에 이르렀다.

일본군의 장점은 추구해야 할 목표가 정해지면, 그 목표를 달
성하기 위해 궁극의 수준까지 연마하는 것이었는데, 제로센의 첫

번째 목표는 기동성이었다. 당시 전투기의 교전 방식은 일명 도그파이트Dog fight라고 하는 꼬리 물기 싸움으로, 빠른 속도로 선회해 적기의 후미를 공격하여 격추시키는 방식이었다. 그래서 누가 더 빠른 속도로 선회를 할 수 있는지가 공중전 승리를 위한 관건이었는데, 일본군은 제로센의 공중전 성능을 극대화하기 위해 최대한 기체를 가볍게 하고 궁극의 수준까지 선회 반경을 단축하여 기동성을 높였다.* 제로센이 90도로 회전하는 데는 200m면 충분했지만 미군 전투기는 그 두 배인 400m가 필요했다.

제로센의 두 번째 목표는 조종술이었다. 일본의 전투기 조종사들은 중일 전쟁을 거치면서 풍부한 실전 경험을 쌓은 일류 파일럿들로 구성되어 있었다. 일본군은 이러한 일류 파일럿들을 대상으로 전투기 조종과 사격의 정확성을 높이기 위해 또다시 엄청난 강도의 훈련을 반복했다. 말 그대로 '전쟁의 달인'을 양성한 것이다. 전투기 파일럿은 망망대해에 떠 있는 적군의 항공 모함을 육안으로 확인해야 했는데, 강도 높은 훈련을 받은 이 전쟁의 달인들은 한밤중에 8,000m 밖에서도 적함의 움직임을 읽을 수가 있었다. 항공 학교를 막 졸업한 신예들로 구성된 미군 파일럿들에게 제로센을 타고 종횡무진하는 일본군 파일럿은 공포의 대상이 아닐 수 없었다.

---

* 자체 중량이 2,226kg이었던 와일드캣에 비해 제로센의 자체 중량은 1,754kg밖에 되지 않았다.

소니를 추락시킨 과잉 기술에의 집착

목표가 정해지면 궁극의 수준까지 연마하는 일본군의 특기는 일본인들의 DNA로 깊이 각인되어 있다가, 전후 고도성장기에 수많은 일본 기업들의 성공 신화로 재탄생했다. 대표적인 기업이 워크맨으로 한 시대를 풍미한 소니이다. 전쟁이 끝나고, 모리타 아키오盛田昭夫와 이부카 마사루井深大라는 두 명의 엔지니어가 의기투합하여 설립한 소니는 세상에 없는 새로운 물건을 만들겠다는 정신으로 1979년 7월 워크맨을 발매하였다. 처음에는 판매가 저조하였지만, '걸으면서 음악을 듣는 새로운 라이프 스타일'이 유행처럼 번지면서 워크맨은 1980년대에 전 세계적인 히트 상품이 되었다.

그림 1-16 **초대 워크맨** TPS-L2

그리고 이때부터 소니 워크맨이 추구하는 목표는 소형화가 되었다. 구체적으로는 'Just Cassette Size'라는 목표가 제시되었다. 워크맨의 크기를 카세트테이프 크기까지 줄여 보겠다는 것인데, 이러한 목표가 정해지자 소니는 궁극의 수준까지 소형화를 위한 다양한 기술을 개발하게 되었다. 이 과정에서 일명 '껌전지'라고 불리는 츄잉 껌 형태의 얇은 충전지가 발명되었고, 초소형 · 초절전 모터도 등장하였다.

이 밖에도 오토리버스, 방수, 리모컨 등 최첨단 기능을 카세트테이프 크기의 워크맨에 담아내기 위한 기술의 고도화가 계속되었다. 그 결과 초소형 워크맨 WM-20이 개발되었고 소니의 목표는 달성되었다. 그러나 궁극의 수준까지 소형화를 달성하겠다는 소니의 노력은 거기서 멈추지 않았다. 이번에는 카세트테이프를 기존의 1/4 수준까지 축소한 미니 카세트테이프를 개발하고, 거기에 맞는 크기의 초소형 워크맨을 개발하는 작업에 돌입했다.

그런데 이러한 소니의 노력이 무용지물이 되는 사건이 발생했다. 컴팩트디스크CD라는 새로운 매체가 등장한 것이다. 커다랗고 둥근 LP판이 작고 네모난 카세트테이프의 등장으로 순식간에 자취를 감추었듯이, CD의 등장은 카세트테이프 시대의 종말을 예고하는 사건이었다. 소니는 워크맨의 소형화에 더는 집착하지 않고 부랴부랴 새롭게 개발한 CD 플레이어를 시장에 내놓았다. 그런데 시장이 변하는 속도는 너무나 빨라서 소니가 적응할 틈을 주지 않았다. CD라는 새로운 매체가 등장한 지 얼마 되지 않아, 이번에는 음악을 파일로 만들어 재생하는 새로운 매체인 MP3가 등장한 것이다. 결국 소니는 급변하는 시장에 맞추어 빠르게 새로운 제품을 내놓을 수 없었고, 한 시대를 풍미한 워크맨은 이제 추억의 물건으로 남게 되었다.

소니는 여전히 일본 굴지의 다국적 기업이기는 하지만 더 이상 최첨단 가전제품을 주력으로 생산하지는 않는다. 현재 소니가 힘을 쏟고 있는 사업 분야는 은행업, 보험업, 부동산업, 게임, 엔터테인먼트 등으로 바뀌었다.

비단 소니뿐만이 아니라 한때 전 세계를 호령했던 일본의 전자제품 기업들 중에서 현재도 그 위상을 유지하고 있는 기업은 한곳도 없다. 1980년대까지 전 세계를 주름잡던 일본 전자제품 기업들의 몰락을 설명하는 중요한 원인 중 하나가 바로 과잉 기술, 과잉 품질 문제이다. 소니가 그랬듯이 많은 일본 기업들은 목표가 정해지면 궁극의 수준까지 연마하는, 일종의 장인 정신으로 물건을 만들어 왔다. 일본어로 모노즈쿠리ものづくり라고 하는 '장인 정신을 기반으로 한 제조 문화'는 일본 기업들을 품질 제일주의의 세계적인 기업들로 키워 냈지만, 반대로 우물 안 개구리 같은 기업들로 변질시키기도 하였다.

일본 기업들은 10년 동안 품질을 보증하는 반도체를 만들었지만 시장은 품질보다 값이 싼 반도체를 원했고, 100년이 가도 고장이 나지 않는 튼튼한 컴퓨터를 만들었지만 5년 지난 컴퓨터는 성능 문제로 쓸 수가 없었다. 장인 정신에 매몰되어 자신이 세운 목표를 달성하기 위해 앞만 보고 달려갔건만 정작 시장의 요구에는 둔감했던 것이다.

다시, 게임 체인저가 될 수 있을까?

다시 태평양 전쟁 얘기로 돌아가서, 그 후 제로센은 어떻게 되었을까? 연전연패하던 미군은 우연한 기회에 불시착한 제로센을 발견하게 되었고, 본토로 싣고 가서 분해한 뒤 철저히 연구했다.* 그리고 제로센을 무력화할 수 있는 몇 가지 방안을 생각해 냈다. 가장 먼저 전투기의 방어력을 높이는 것이 시급해 보였다. 제로센에게 유리한 기동성으로 겨루어서는 제로센을 이길 수가 없었다. 그 대신 쉽게 격추되지 않도록 방어 설비를 든든히 갖추었다. 새로 개발한 전투기 헬캣F6F은 속도는 느리지만 웬만한 공격으로는 쉽사리 격추되지 않았다. 그 결과, 공중전에서 제로센의 집요한 공격을 받으면서도 얼마간은 시간을 끌 수가 있었고, 한 대가 꼬리에 붙은 제로센을 유인하는 사이에 다른 한

---

* 다만 미국이 제로센을 노획하기 이전에 헬캣의 설계는 이미 끝나 있었다.

대가 제로센을 공격하는 협공 방식Thach Weave을 통해 제로센을 격추시킬 수 있었다. 싸움의 방식이 바뀌자 전세는 서서히 역전되기 시작했다.

또 한 가지, 레이더의 개발은 전쟁을 완전히 새로운 양상으로 변화시켰다. 미군의 입장에서 보면 파일럿의 숙련도 차이는 단기간에 좁힐 수 있는 목표가 될 수 없었다. 한밤중에 8,000m 밖에서도 적군의 항공 모함을 찾아내는 일본군 파일럿들을 무력화시킬 방법은 기술적으로 우위에 서는 길밖에 없었다. 레이더 개발에 박차를 가한 미국은 결국 개발 중이던 레이더를 조기에 전투에 투입하게 되었고, 100km 밖에서도 적군의 움직임을 파악할 수 있었던 레이더 덕에 전세는 완전히 미군 쪽으로 기울었다. 결국 제로센의 기동성과 파일럿의 숙련도를 궁극의 수준까지 끌어올린 일본군이 전쟁 초기에는 승기를 잡았지만, 철저한 연구를 통해 전투하는 방식을 바꾼 덕에 미군은 상대방의 능력을 무력화시키고 전쟁에서도 승리할 수 있었다.

이제 현재로 눈을 돌려 보자. 4차 산업 혁명 시대를 맞이해 디지털 기술 패권을 둘러싸고 미국(GAFA: 구글, 애플, 페이스북, 아마존)과 중국(BATH: 바이두, 알리바바, 텐센트, 화웨이)의 거대 플랫폼 기업들은 더욱 치열한 경쟁을 벌이고 있다. 이러한 기업들은 제품이나 서비스를 제공하는 생산자 그룹과 이를 필요로 하는 소비자 그룹을 서로 연결하는, 예전에는 존재하지 않았던 새로운 형태의 비즈니스 모델을 통해 수익을 창출하고 있다. 그런데 어지러울 정도로 빠르게 진화하고 있는 비즈니스 생태계 속에서 일본 기업의 존재감은 더욱 희미해져 가고 있다. 여전히 좋은 물건을 만드는 일본 기업들은 많이 있지만, 소위 말하는 게임 체인저가 될 수 있는 기업은 찾아보기 어렵다.

게임에서 이기는 확률을 높이기 위해서는 훌륭한 전략을 세우고 많은 연습을 해야 한다. 하지만 게임의 룰을 자신에게 유리하게 바꿀 수만 있다면 이길 수 있는 확률을 기하급수적으로 올릴 수 있다. 반대로 말하면, 게임의 룰이 바뀌었는데도 여전히 전략과 연습을 고집하는 것은 이길 수 없는 싸움을 준비하는 것과 마찬가지다. 마치 개전 초기에 혁혁한 전과를 올렸던 제로센이 시간이 지나면서 무기력하게 패배한 것처럼, 그리고 한때 세계적인 히트 상품이었던 소니의 워크맨이 역사의 뒤안길로 홀연히 사라진 것처럼.

8장
성공이 실패를 만드는 아이러니

실패보다 무서운 '성공의 덫'

세계적인 경영학자 노나카 이쿠지로野中郁次郎를 포함한 6명의 연구자들은 1984년 5월 공동 연구의 성과를 한 권의 책으로 출간하였다. 제목은 《실패의 본질失敗の本質》이었고, 내용은 '태평양 전쟁에서 일본군은 왜 패배할 수밖에 없었나?'에 대한 경영학적(좀 더 정확히는 조직론적 관점의) 분석이었다. 책을 출간한 다이아몬드출판사는 제목이 너무 어둡다며 처음 얼마간은 출판을 주저했고, 학계의 반응도 별로 신통치 않았다. 그도 그럴 것이 태평양 전쟁 패배의 원인은 굳이 고민할 것도 없이 미국과의 엄청난 군사력과 경제력 차이로 인한 결과라는 것이 널리 알려져 있었고, 거기에 더해 'Japan as Number One'이라는 전 세계의 칭

송에 잔뜩 취해 있던 당시의 사회적 분위기 속에서 굳이 수십 년 전 패배한 전쟁에 대해 언급한다는 것 자체가 거북했기 때문이었다.

그러나 책을 읽어 본 독자들은 하나같이 통찰이 대단하다며 감탄을 했고 이러한 입소문이 퍼져 나중에는 관련 분야 연구자는 물론이고 회사를 경영하는 사람이라면 반드시 읽어야 하는 필독서가 되었다. 그리고 1990년대에 일본이 장기 불황에 빠지면서 《실패의 본질》에 대한 본격적인 재평가가 새롭게 이루어지기 시작했다. "일본이 패배할 수밖에 없었던 이유는 일본군 조직의 실패이며 (중략) 그럼에도 불구하고 일본인은 패배한 전쟁에서 아무것도 배우지 못했다."는 책의 구절은 마치 장기 불황을 예언이나 한 것처럼 들어맞았고, 때마침 1991년 쥬코문고에서 재출간된 책이 베스트셀러가 되면서 현재까지 70만 부 이상 판매되었다.

2009년에 《일본 제국은 왜 실패하였는가?》라는 제목으로 한국에도 번역된 이 연구서는 노몬한 전투, 미드웨이 해전, 과달카날 전투, 임팔 작전, 레이테만 해전, 오키나와 전투 등 총 여섯 개의 전투를 통해 일본군이 저지른 조직의 실패에 대해 다루고 있다. 사실 책 내용이 별로 친절하지 않아서 소장하고 있는 사람은 많은데, 끝까지 읽은 사람은 드물다는 고전(古典이면서 苦典) 중의 하나이다. 이 장에서는 태평양 전쟁의 처음과 끝을 상징하는 두 개의 전투를 소개하고자 한다.

매몰 비용의 오류에 빠진 노몬한 전투

노몬한 전투는 엄밀히 말해 태평양 전쟁에 포함되지 않는다. 진주만 공습 직전인 1939년 5월에서 9월 사이에 소련과 벌인 전투이기 때문이다. 노몬한 전투를 이해하려면 우선 관동군과 만주국의 관계에 대해 간단히 이해할 필요가 있다. 관동군은 일본 제국 육군 참모 본부 직속 부대로 관동주關東州*를 담당하고 있었는데, 때때로 중앙의 통제를 벗어나 독단적인 행동을 하기도 했다. 대표적으로 관동군은 1931년에 만주 사변을 일으켜, 청나라의 마지막 황제 푸이溥儀를 옹립하고 일본의 위성국인 만주국滿州国**을 세워 내정에 간섭하게 된다. 이후 일본의 위성국인 만주국의 군대와 소련의 위성국인 외몽골의 군대는 국경에서 수시로 충돌하게 되었는데, 만주국과 외몽골 간의 국경선 분쟁이 점차 격화되면서 일본과 소련이 가세한 전면전으로 확대된 전쟁이 노몬한 전투이다.

노몬한 전투는 종종 '최신식 소련군 전차를 향해 화염병과 삽을 들고 달려든 일본군'으로 묘사된다. 한국과 일본을 대표하는 두 미남 배우 장동건과 오다기리 조オダギリジョー가 주인공을 맡아 화제가 되었던 영화 〈마이웨이〉에 바로 이 노몬한 전투 장면이 등

* 오늘날 랴오둥辽东반도의 다이렌大连과 뤼순旅順 일대이다.
** 지금의 동북 3성과 내몽골 자치구 일부 영토에 걸쳐 1932~1945년 동안 존재했다.

그림 1-17 **영화 〈마이웨이〉 포스터**

장하는데, 밀려오는 소련군 전차 앞에서 오직 정신력으로 돌파를 감행하는 무모한 일본군의 모습이 그려진다. 결과적으로 노몬한 전투에서 일본군은 1만 8,000명에 가까운 병력을 잃었고, 지휘관급 장교들도 상당수 전사하였다. 살아남은 부대장들은 진지를 포기하고 후퇴한 것에 대해 엄청난 비난에 시달리며 자결을 강요받기도 하였다. 그러나 더 큰 문제는 일본군이 이 전투에서 아무런 교훈을 얻지 못했다는 데에 있었다. 근대화된 적군에 맞서서 무모하게 달려드는 이른바 총검 백병전의 한계가 여실히 드러났음에도 불구하고, 소련군보다 더 강한 병력과 화력을 자랑하는 미국과의 태평양 전쟁에서도 일본군은 총검 백병전을 고집하였다. 일본군은 왜 실패한 총검 백병전을 끝까지 버리지 못했을까?

사실 일본은 러시아를 격파한 적이 있었다. 러일 전쟁(1904~ 1905년)에서 일본은 모든 이들의 예상을 깨고 러시아에게 승리를 거두었다. 그리고 이 무렵부터 총검 백병전은 일본군의 전투 방식으로 자리 잡게 되었다. 이후 노몬한 전투를 경험할 때까지 35년 동안 일본군은 중국 군벌과 크고 작은 전투에서 승리를 거두면서 총검 백병전에 적합한 전투 매뉴얼을 더욱 공고히 다듬어 갔다. 예컨대, 중전차 중심의 미국과 달리 일본은 백병전에 적합한 경전차를 개발했고, 자동 소총을 사용한 미군과 달리 백병전을 대비해 수동 연발 소총을 사용했다. 총검 백병전에서 용맹을 떨친 병사들을 영웅시하였고, 부대를 평가할 때도 승패와 상관없이 가장 용맹하게 총검 백병전에 임한 부대가 높은 점수를 받았다. 그야말로 모든 시스템이 총검 백병전을 가장 잘 할 수 있는 병사를 육성하는 데에 맞춰져 있었다.

노몬한 전투는 일본군이 겪은 최초의 현대적 전투였다. 1930년대 산업화를 거치면서 소련의 붉은 군대는 장갑차, 전차, 항공기로 무장한 현대적 군대로 탈바꿈하였다. 35년 전 러일 전쟁에서의 승리만을 기억하고 있던 일본군에게 소련군 전차 부대는 말 그대로 충격과 공포였을 것이다. 하지만 처절한 패배 뒤에도 일본군은 과거의 전투 방식을 바꾸지 못했다. 거대한 매몰 비용에 집착했기 때문이었다. 총검 백병전을 조금 더 잘하기 위해 수십 년간 전술, 조직, 제도를 운용해 왔는데 이제 와서 전투 방식을 바꿔 버리면 지금까지 투자한 것이 너무 아깝게 느껴진다. 그러나 이미 지불한 비용은 회수할 수 없는 매몰 비용이기 때문에 합리적으로 생각한다면 전력 차이가 명백한 미국과 전쟁을 벌이지 않거나, 적어도 현대적인 전투 방식으로 변경하기 위한 새로운 투자를 했어야 했다. 물론 전쟁을 통해 얻는 효용이 훨씬 크다는 전제하에 그렇다. 그러나 대부분의 사람들 그리고 기업들이 그렇듯 매몰 비용에 집착하면서 일본군은 결단을 내리지 못하고 결국에는 패배가 예정된 전쟁에 돌입하게 되었다.

'합리적인 의사 결정'이란 그때그때 해야 할 최선의 판단이다. 예컨대 많은 비용을 투입해서 신규 마케팅 프로젝트를 시작했다고 하자. 힘들게 론칭한 신규 프로젝트이지만 고객의 요구를 잘못 파악했거나, 완전하게 채산성이 낮은 사업으로 판단되었다면 어떻게 해야 할까? 이 경우 합리적인 의사 결정은 바로 그 순간에 사업에서 철수해야 하는 것이다. 하지만 많은 기업들이 그동안 들어간 비용, 시간, 노력을 생각하면서 쉽사리 철수 결정을 못 내리고 오히려 추가 투자를 결정하기도 한다. 머리로는 알고 있지만, 냉정하고 합리적인 판단으로 매몰 비용임을 인정하는 것은 좀처럼 쉽지 않다.

아무도 No라고 말할 수 없었다

노몬한 전투가 태평양 전쟁의 서막을 알리는 전투였다면, 임팔 전투는 태평양 전쟁의 끝을 암시하는 전투였다.

일본이 연합국에 항복을 선언하기 1년 전인 1944년 3월에서 7월 사이에 버마(지금의 미얀마)와 인도의 국경 지역인 임팔Imphal에서 일본군과 영국군은 충돌하게 된다. 당시 버마를 점령한 일본군은 중국의 장제스 정권을 굴복시키고, 인도로 진출해 영국군을 섬멸하면 태평양 전쟁을 끝낼 수 있다고 선전하였다. 그러나 실상은 미드웨이 해전 이후 패배를 거듭하면서 미국의 항공 모함 부대가 장악하고 있는 태평양 쪽으로는 더 이상 진출할 방법이 없었고, 남아 있는 선택지는 인도 쪽으로 침공을 감행해 미국과의 휴전 회담을 유리하게 이끌어 가는 방법뿐이었다.

참고로 오래전 영화인 〈콰이강의 다리〉를 보면 일본군 포로수용소에 끌려온 영국군이 콰이강에 다리를 건설하는 내용이 나오는데, 영화의 배경이 바로 이 버마 전선이다. 버마 전선은 악명 높은 정글 지역이었으며, 특히 임팔은 해발 2,000m급의 산맥으로 둘러싸여 있어서 접근하려면 산악 지대와 정글을 넘어 100km 이상 지옥의 행군이 필요했다. 진작에 버마를 식민지로 점령하고 있으면서도 2년간이나 임팔로 진격하지 못한 데에는 그만한 이유가 있었던 것이다.

이렇듯 현실적인 문제에 막혀서 선뜻 인도 진출을 결정하지 못하는 상황에서 독불장군 무타구치 렌야牟田口廉也 사령관이 등장하게 된다. 무타구치 사령관은 부하들에게 자신의 신념을 강요하는 전형적인 일방통행형 리더십을 소유한 군인이었다. 지금도 회자

그림 1-18 **무타구치 렌야 사령관**

되고 있는 그의 유명한 어록 중에는 다음과 같은 것들이 있다.

"식량이 없어도, 탄약이 없어도, 정신력만 있다면 얼마든지 싸울 수 있다."

"일본인은 원래 초식 동물이다. 주위에 풀은 널려 있으니 식량 보급은 걱정하지 않아도 된다."

"무기는 필요 없다. 무기가 없으면 적군의 것을 뺏어서 싸우면 된다."

작전 회의에서 그가 처음 인도 진공론을 들고 나왔을 때 부하들은 아연실색했다. 버마의 자연환경을 잘 아는 사람이라면 도저히 찬성할 수 없는 작전이었다. 길도 없는 정글에서 병참 보급선도 없이 한 사람이 먹을 식량만 간신히 짊어지고 100km가 넘는 행군을 해야 한다. 겨우 임팔에 도착하더라도 식량은 이미 바닥날 테고, 지칠 대로 지친 병사들이 무더위 속에서 제대로 싸울 리는 만무했다.

누구나 예상할 수 있는 상황이었지만, 모두들 눈치만 보면서 반대 의견을 내지 못했고, 결국 울며 겨자 먹기 식으로 작전 계획은 통과되었다. 일본군 대본영에서도 "무타구치 군이 심혈을 기울여

계획한 작전이라 허가를 안 할 수 없다."는 이해하기 힘든 이유로 작전 허가가 떨어졌다. 군사적 합리성과는 상관없이 인간관계와 조직 내 융화를 중시하는 일본군 조직의 단점이 그대로 드러난 순간이었다. 결국 3주치 식량으로 4개월을 버틴 일본군은 제대로 된 전투도 치러 보지 못하고 영국군에게 패배하게 된다. 전투 참가자 10만 명 중 3만 명이 사망하고, 2만 명이 후방으로 후송됐는데 결과적으로 전사자보다 아사자가 더 많이 나온 전쟁으로 알려져 있다.

일본에서는 흔히 구키空気, 즉 공기를 읽어야 한다는 말이 있다. 눈치 없이 굴지 말고 분위기 파악을 잘 하라는 뜻이다. 어느 집단에 속하더라도 먼저 공기를 읽어야 하는 탓에 모두가 Yes라고 할 때 No를 외치는 사람을 찾아보기란 쉽지 않다.

2015년 도시바東芝에서 1조 5,000억 원 이상의 분식 회계가 탄로되었고, 그다음 해인 2016년에는 미쓰비시자동차三菱自動車에서 62만 5,000대에 이르는 연비 실험 데이터 조작 사건이 발각되었다. 당시 기준으로 종합 전기 메이커 2위인 도시바와 자동차 회사 6위인 미쓰비시자동차는 둘 다 150년이 넘는 역사를 자랑하는 일본의 대표 기업이었다. 매년 일본 유수의 명문 대학을 졸업한 인재들이 가장 많이 입사하는 회사이기도 했다. 유능한 인재들이 모인 회사에서 그동안 분식 회계와 실험 데이터 부정을 아무도 눈치채지 못했을 리가 없다. 나중에 밝혀진 바로는 오랫동안 내부의 암묵적 동조가 있었음은 물론, 발각된 이후에는 구성원들의 조직적인 은폐 시도까지 있었다.

No라고 말할 수 없는 경직된 조직 문화 그리고 인적 네트워크를 지나치게 중시하는 조직 문화는 비단 일본만의 문제는 아니다. 기업체 강연을 다니다 보면, 많은 기업의 중간 관리자들이 현재 자신이 속한 조직의 문제점 중에 하나를 No라고 할 수 없는 분위기라고 답한다. 합리적인 사고가 아닌 분위기가 조직을 지배하면 눈치 보고 적당히 행동하는 보신주의가 만연하게 된다.

또 인적 네트워크를 지나치게 중시하는 조직 구조는 비공식적인 인간관계에 의한 의사 결정이 작동하게 되는 빌미를 제공한다. 경직된 조직 문화와 인적 네트워크를 중시하는 조직 문화는 눈치채지 못하는 사이에 조금씩 조금씩 기업이라는 거목의 밑둥치부터 갉아먹기 시작해 결국에는 풀썩 쓰러지게 만든다. 분식 회계 이후 핵심 사업을 전부 매각한 도시바와 데이터 조작 이후 르노-닛산 계열에 인수된 미쓰비시자동차의 사례가 무겁게 다가온다.

현대의 일본을
어떻게 이해할
것인가?

9장

왕년의 일본

경제 호황에 대한 추억

2007년 일본에서는 〈버블로 GO!!バブルへGo!!〉라는 코미디 영화가 개봉해 큰 인기를 끌었다. 유학 생활에 적응하면서 언어에서 오는 불편감이 거의 사라졌을 무렵에 영화관에서 본 첫 번째 영화였기 때문에 15년이 지난 지금도 영화의 내용과 영상이 꽤 선명하게 뇌리에 남아 있다. 책을 통해 알고 있었던 버블 경제 시기의 모습들과 영화 속의 재현 상황을 맞춰 보는 재미도 있었고, 무엇보다도 내가 살고 있던 2007년 도쿄의 당시 모습과 역사상 가장 풍요로웠던 버블 붕괴 직전 도쿄의 모습을 비교해 볼 수 있어서 매우 흥미로웠다. 영화의 시작은 일본의 국채 발행액이 800조 엔을 돌파해 곧 재정 파탄에 빠질 것이라는 예상과

걱정으로 시작된다. 실제로 2007년에는 국채 발행액을 포함한 일반 정부의 총 채무액(국채, 지방채, 사회 보장 기금 등)이 932조 엔 정도였는데, 같은 해 명목 GDP가 539조 엔 정도였으니 곧 나라 빚이 GDP의 두 배가 넘을 것이라는 공포감이 일본 사회의 곳곳에서 감지될 때였다. 결과적인 이야기이지만, 총 채무액이 1,500조 엔에 육박하는 마당에도 일본 정부가 모라토리엄이나 디폴트를 선언하지는 않았으니, 영화 속에서 주인공들이 걱정하던 상황은 15년이 지난 현재에도 일단 일어나지 않았다.

다시 영화로 돌아가서 영화 속의 주인공인 재무 관료 시모카와지는 이 모든 불행의 원인이 1990년 대장성에 의한 부동산 융자 총량 규제가 버블을 붕괴시킨 탓이라고 생각한다. 실제로 많은 일본인들이 버블 붕괴를 바라보는 시각도 이 영화와 크게 다르지 않다.

시모카와지는 버블 붕괴를 막기 위해, 세탁기형 타임머신을 발명한 옛 연인 마리코를 버블 붕괴 직전의 도쿄로 보낸다. 그러나 그녀와 연락이 두절되고, 실종된 마리코를 찾기 위해 그녀의 딸인 마유미와 함께 1990년 3월의 도쿄로 타임 슬립하면서 영화는 본격적으로 시작된다. 지금도 기억에 선명한 것은 영화의 줄거리보다 영화에 등장하는 소품과 에피소드였다. 네온사인이 어지러운 롯폰기를 활보하는 화려한 여성들과 벽돌 전화기를 든 남성들, 잡히지 않는 택시를 향해 만 엔짜리 지폐 몇 장을 흔드는 사

람들, 선상에서 열리는 졸
업 파티 등 지금 일본의 젊
은이들로서는 상상할 수 없
는 꿈같은 세계가 그곳에서
는 현실로 존재했다. 당시
에는 취업도 어렵지 않았지
만, 면접만 봐도 면접비로
몇 만 엔쯤은 쉽게 벌 수 있
었다. 가지도 않을 회사를
몇 군데 돌면서 면접비를 모
아 하룻밤 유흥비로 탕진했

그림 2-1   영화 〈버블로 GO!!〉 포스터

다는 일화가 결코 과장된 이야기가 아님을 알 수 있었다.

버블의 규모가 얼마나 대단했는지는 경제 전체의 자산과 부
채를 시가로 나타낸 국민 대차 대조표를 보면 알 수 있다. 토지
와 주식의 자본 이득을 살펴보면 1986~1989년 4년 동안 매년 일
본 전체 GDP에 필적하거나 그 이상의 자본 이득이 발생했다. 특
히 1987년에는 주식 84조 엔, 토지 413조 엔, 합계 497조 엔의 자
본 이득이 발생했는데, 이는 당시 일본 GDP의 1.4배에 달하는 엄
청난 규모였다. 플로우flow 통계의 세계에서 우리는 이자율 1~2%
의 변화에도 일희일비한다. 비록 스톡stock 통계의 세계이기는 해
도 매년 GDP 이상의 자본 이득이 4년 동안 발생하는 세상은 분

명 정상 상태라고 할 수는 없었다.

이러한 버블이 발생한 원인은 대체로 다음의 세 가지를 꼽는다. 첫 번째는 경제가 점차 과열 기미를 보이면서 자본 소득이 증가했고 이것이 다시 부동산과 주식 등 자산 투자로 이어졌다. 두 번째는 금리가 하락하면서 금융 기관이 적극적으로 대출을 늘려 갔는데, 특히 1985년 플라자 합의 이후 엔고 불황을 경계한 정부가 금융 기관의 금리 인하 및 대출 확대에 정책적인 협조를 요청했다. 세 번째는 자산 가격이 상승하기 시작하자 향후 가격 상승의 기대감이 자기 실현적으로 가격 상승을 더욱 부채질하였다. 1986년 말부터 시장은 이미 과열되기 시작했지만 당국의 태도는 미온적이었다.

사실 당시 일본 정부는 버블에 대한 티끌만큼의 걱정도 하지 않았다. 1989년 경제 백서를 보면 "경제 확대를 견인하는 수요의 주역이 개인 소비와 민간 설비 투자로 옮겨 가고, 생산의 증가가 고용의 확대를 통해 소득을 높이고, 기업 수익을 증가시키는 등 내수가 내수를 확대하는 자율적 확대의 성장 패턴이 형성되었다." 고 호평하고 있다. 확실히 이 시기 일본 경제의 거시 변수들은 나무랄 데 없이 좋았다. 버블이 아니라 더할 나위 없이 바람직한 시기처럼 느껴졌다. 다만 경기가 좋을 때마다 예외 없이 항간에 떠도는 '하나미자케花見酒 경제'를 경계해야 한다는 이야기가 양치기 소년의 울부짖음처럼 공허하게 떠돌았다.

하나미자케 경제의 빛과 그림자

일본에는 라쿠고라는 공연 예술이 있다. 음악이나 무대 효과 없이 오직 라쿠고카落語家라 불리는 사람만 혼자 방석에 앉아 부채와 손수건을 들고 이야기를 풀어 나가는 방식이다. 에도 시대에 생겨났다고 하니 가부키나 노能와 같은 다른 전통 공연에 비하면 역사가 짧은 편이지만, 전통 공연이 지루하다는 고정 관념을 깨뜨리는 데에는 라쿠고만한 것이 없다.

사실 전통 공연을 보며 외국인이 재미를 느끼는 것은 쉽지 않은 일인데, 라쿠고는 누가 봐도 분명 재미있는 엔터테인먼트였다. 일요일 저녁 5시 반 정도에 닛폰테레비에서 〈쇼텐笑点〉이라는 라쿠고 프로그램을 방영했는데, 유학 시절 나는 종종 쇼텐을 시청하면서 라쿠고카의 재치와 풍자에 매료되었다. 라쿠고의 매력에 빠져 가끔씩 극장에 가서 직접 라쿠고 공연을 관람하기도 했는데, 텔레비전에서처럼 재미만을 극대화한 소재가 아니라 인간의 희로애락을 전부 담아내는 것이 라쿠고라는 사실을 깨닫고 더욱 매력을 느꼈던 기억이 있다.

다양한 라쿠고의 레퍼토리 중에 하나미자케라는 것이 있다. 우리말로 하자면 꽃놀이하면서 마시는 술인데, 매년 봄에 벚꽃을 보는 하나미花見 문화가 있는 일본을 생각해 보면 꽃놀이 술이라는 것이 무엇인지 금방 상상할 수 있을 것이다. 라쿠고 하나미자케의 줄거리는 대강 다음과 같다.

벚꽃이 피는 계절, 같은 마을에 사는 구마熊 씨는 다쓰辰 씨에게 벚꽃을 보기 위해 모여든 상춘객들에게 술을 팔아 한밑천 잡자고 제안한다. 두 사람은 한 통에 천 엔인 술을 열 통 구입해서 각각 다섯 통씩 등에 짊어지고, 꽃놀이로 떠들썩한 공원으로 향했다. 두 사람은 생각했다. "한 됫박에 천 엔씩 팔면 한 통에 만 엔, 열 통이면 모두 십만 엔의 매상을 올릴 수 있다. 매입 비용 만 엔이 열 배가 되는 셈이니 꽤 괜찮은 장사다." 그러나 공원으로 향하는 길은 생각보다 멀었고 무거운 등짐으로 얼굴에서는 땀이 비 오듯 쏟아지기 시작했다. 목이 마른 구마 씨가 잠시 망설이다가 다쓰 씨에게 말했다.

"내가 1천 엔을 줄 테니 자네가 짊어진 술통에서 나한테 술 한 됫박만 팔게."

손해날 것이 없다고 생각한 다쓰 씨는 1천 엔을 받고 등짐을 내려 됫박에 술 한 잔을 담아 구마 씨에게 건넸다. 시원하게 술을 들이키는 구마 씨를 보며 입맛을 다시던 다쓰 씨는 이번에는 반대로 구마 씨에게 똑같은 제안을 했다.

"자, 나도 자네에게 1천 엔을 줄 테니 짊어진 술통에서 나한테 한 됫박만 팔게나."

손해가 나지도 않았고 기분도 좋아진 두 사람은 술 한 됫박과 천 엔을 주거니 받거니 하면서 사이좋게 공원에 도착했다. 그런데 등짐을 내려서 술통을 확인한 두 사람은 깜짝 놀랐다. 술통은 텅 비어 있었고, 수중에는 1천 엔짜리 한 장만 남아 있었기 때문이다. 계획대로라면 술이 다 팔렸으니 분명 10만 엔이 있어야 하는데 왜 천 엔 밖에 없을까? 두 사람은 서로의 얼굴을 멍하니 바라보기만 하였다.

라쿠고 하나미자케를 처음 일본 경제에 비유한 사람은 류 신타로笠信太郎였다. 고도성장기인 1962년《아사히신문》논설 주간이었던 그는 저서《하나미자케 경제花見酒経済》에서 고도성장의 이면에는 하나미자케와 같은 위태로움이 있다고 경고했다. 이후 하나미자케 경제라는 용어는 버블을 경계하라는 의미로 경기가 상승 국면에 접어들 때마다 인구에 회자되었다.

땅값이 상승하면 땅을 담보로 은행이 대출을 더 늘리고, 대출받은 사람은 그 돈으로 땅을 더 구입한다. 수요가 늘어나니 땅값이 더 오르고 은행의 담보 가치는 더 높아진다. 땅값이 더 오르면 대출이 더 늘어나고 앞으로 가격 상승을 예상한 투기 수요까지 몰리면서 땅값은 천정부지로 솟아오른다. 자전 거래로 주식이나 아파트 가격이 상승하는 것과 같이 돈이 오락가락하는 사이에 땅값이 자꾸 오르는 것을 류는 하나미자케에 빗대 허울 좋은 환상이라고 비판한 것이다. 구마 씨와 다쓰 씨가 술을 상춘객에게 모두 팔았다면 수중에는 십만 엔이 남았을 것이고, 이를 밑천 삼아 장사를 계속했다면 더 큰 이득도 얻을 수 있었을지 모른다. 그런데 자기들끼리 사고팔고를 반복하는 사이에 매상은 올라갔지만 수중에는 천 엔밖에 남지 않았다.

다만 엄밀히 말해 하나미자케 경제가 아무런 부가 가치도 창출하지 않은 것은 아니다. 하나미자케를 GDP에 대응시켜 생각해보자. 상춘객들에게 술을 판 것과 둘이서 마셔 없앤 경우 상관없이 양쪽의 GDP는 최종 생산물의 판매 가격인 10만 엔으로 동일하다. 라쿠고 하나미자케에서는 응당 있어야 할 9만 9,000엔이 사라진 것처럼 묘사하고 있지만 두 사람이 술을 마시고 기분이 좋아졌기 때문에 그때 얻은 만족감이야말로 경제학에서 흔히 말하는 효용으로 실현된 것이다. 결국 상춘객들이 만족한 것이냐 두 사람이 만족한 것이냐의 차이는 있지만 십만 엔에 해당하는 부가가치가 창출된 것임에는 틀림없다.

일본의 버블 경제도 마찬가지였다. 부동산과 주식 가격이 상승하는 과정에서 자산 효과로 민간 소비가 늘어나고, 주택 투자도 활성화되었다. 수도권에는 대규모 아파트 단지가 들어서고, 리조트 시설도 여기저기 우후죽순처럼 생겨났다. 기업의 설비 투자도 늘어났다. 지가의 상승으로 기업이 금융 기관으로부터 차입할 수 있는 능력이 커지면서 생산 시설을 늘리고 설비 투자와 고용이 확대되었다. 1986년에 2.8%를 기록한 실업률은 이미 자연 실업률 이하였지만, 1990년에는 2.1%까지 하락하면서 일손 부족으로 도산하는 기업마저 발생했다.

왜소해진 거인의 두려움

　　　　한껏 고무된 일본 경제와는 달리 1980년대 초중반 미국 경제는 위기에 빠져 있었다. 1970년대 두 번의 오일 쇼크를 겪으면서 물가가 천정부지로 뛰는 가운데 경기는 둔화되는 스태그플레이션이 발생했다. 물가를 잡으려면 금리를 올려야 하지만 경기를 살리려면 반대로 금리를 내려야 하는 딜레마에 빠진 것이다. 1979년 8월 미국 연방 준비 제도 의장이 된 폴 볼커Paul Volcker는 두 마리 토끼를 쫓는 대신에 과감하게 물가를 잡는 데만 집중해 '인플레이션 파이터'라는 별명을 얻었는데, 그는 1981년에 미국의 기준 금리를 19세기 남북 전쟁 이후 최고 수준인 21%까지 끌어올렸다. 볼커의 강력한 물가 안정 의지 덕택에 물가 상승률은 1983년에 3.2%까지 떨어졌지만 그 대가는 혹독했다.

　미국 경기는 1982년에 저점을 찍었는데 실업률은 대공황 이후 가장 높은 9.7%까지 치솟았고 총요소 생산성의 상승 속도는 둔화되었다. 쌍둥이 적자(재정 적자와 무역 적자)의 누적 규모는 점점 더 커져 갔다. 1980년대 미국의 GDP 대비 재정 적자 비중은 3~6%, 무역 적자 비중은 1~3%까지 늘어났다. 경제학자 자그디시 바그와티Jagdish Bhagwati는 당시 미국이 처하게 된 상황을 '왜소해진 거인Diminished Giant'으로 표현하였는데, 미국의 지위가 하락하고 있다는 사실은 미국인들에게 우려와 공포를 안겨 주었다.

그림 2-2 　**실질 GDP 배율**(미국/일본)

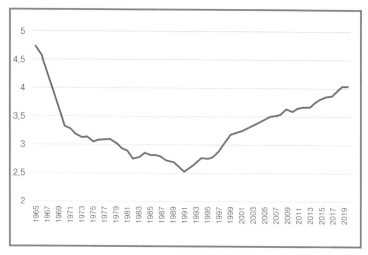

출처: 펜 월드 테이블Penn World Table(기준: 2017년 US$)

　초강대국 미국의 지위를 위협한 것은 일본의 급성장이었다. 1960년대 초반 5배 이상 차이 나던 미일 간 GDP는 30년 뒤인 1991년에 2.5배 수준까지 좁혀졌다(〈그림 2-2〉 참조). 1990년대 초반 인구는 미국(2억 5천만)이 일본(1억 2천만)의 두 배였으므로 1인당 실질 GDP는 큰 차이가 없었고, 1인당 명목 GDP에서는 이미 일본이 미국을 앞서 있었다.

　미국인 입장에서 더 심각하게 받아들인 것은 대일본 무역 수지 적자의 확대였다. 미국의 대일본 무역 수지 적자는 1985년 기준 GDP 대비 1.2% 수준까지 늘어났다. GDP 대비 1.2%라는 숫자가 생각하기에 따라서는 미미하게 느껴질 수도 있지만, 같은 해 미국의 총 무역 수지 적자 비중이 GDP 대비 2.8%임을 감안하면 대일본 무역 수지 적자 규모가 결코 작지 않은 것을 알 수 있다.

1980년대 미국인들이 일본인들에 대해 느꼈던 공포감은 할리우드 영화에도 잘 나타나 있다. 1982년 미국에서 개봉한 영화 〈블레이드 러너〉는 2019년의 LA를 배경으로 하고 있는데 전광판에는 기모노를 입은 여인이 등장하고, 주인공 릭 데커드는 젓가락을 들고 일본풍의 노점에서 우동을 먹는다. 37년 뒤 LA에서는 일본식 옷을 입고, 일본식 식사가 당연한 일상이 되어 있을 것이라는 상상력이 엿보인다.

1988년 개봉한 영화 〈다이 하드〉에서는 주인공 존 매클레인이 일본계 기업 나가토미 코퍼레이션에서 테러범과 전투를 벌이는데, 뉴욕의 마천루를 장악한 일본 자본에 대한 불편함이 은연중에 드러난다. 1993년의 영화 〈로보캅 3〉에서 일본 기업이 악역으로 설정되어 사무라이 로봇이 적으로 나온다든지 〈데몰리션 맨〉에서 미국인들이 기모노를 입고 다니는 장면을 찾아볼 수 있는 등 이러한 흔적은 1990년대 초까지 이어진다. 2020년 5월 넷플릭스에서 공개된 드라마 〈스페이스 포스〉에서는 중국의 테러 위성이 미국 우주군이 발사한 군사 위성을 파괴하고, 1969년 아폴로 11호가 달 표면에 꽂은 성조기를 중국의 월면차가 밀어 버리는 장면이 등장하는데, 지금 중국에 대해 미국인들이 느끼는 적대감 이상으로 당시 일본의 존재에 대한 미국인의 공포심은 상당했다.

최전성기를 이끈 경제 시스템

이제 와서 돌이켜 보면 당시 일본 경제에 버블이 발생했던 것은 어찌 보면 당연한 귀결이었다. 세계 경제의 회복을 위해서는 일본과 서독이 적극적으로 시장에 돈을 풀어 전 세계 경제를 견인해야 한다는 일명 '기관차론'이 당위론으로 받아들여지던 시절이었다.

1986년 4월에 발표된 마에카와前川 리포트에는 내수 확대와 국제 협조를 위해 시장 접근성을 개선하고 제품 수입을 촉진해야 한다는 내용이 담겼는데, 이를 둘러싸고 미국이 일본에 요구한 일방적인 양보가 관철되었다는 평가가 있었다. 그러나 정작 당시 일본에서는 국제 사회의 요구를 수용하고 일본의 경제적 지위에 어울리는 책무를 다할 필요가 있다는 여론이 더 많았다. 그 배경에는 당시 일본인들이 느끼던 자신감과 자부심이 바탕에 깔려 있었다. 1979년 출간된 미국의 사회학자 에즈라 보겔Ezra F. Vogel이 쓴 《Japan as Number One》은 미국에서보다 일본에서 더 인기가 있었는데, 일본인들은 너나 할 것 없이 '전 세계인이 우리를 배우고 싶어 한다.'는 자부심이 가득했다. 시쳇말로 국뽕에 흥건히 취해 있던 시절이었다.

최전성기를 구가하던 당시 일본의 경제 시스템이 언제 어떻게 만들어졌는지에 대해 분석한 연구서가 있다. 바로 1993년에 발간

된 《현대 일본 경제 시스템의 원류現代日本経済システムの源流》이다. 기라성 같은 당대 최고의 경제학자들이 집필에 참여한 이 책에는 종신 고용, 연공서열, 기업별 노조를 축으로 하는 일본적 노사 관계, 기업과 은행 간의 메인 뱅크main bank 시스템, 기업과 기업 간의 게이레쓰, 정부와 기업 간의 행정 지도 등 구미 국가들과 구별되는 일본만의 이질적인 경제 시스템이 언제 만들어졌고, 어떻게 작동되는지를 밝히고 있다. 그리고 이러한 일본의 경제 시스템은 단지 일본의 특수한 사례가 아닌 보편적 원리로서, 언제 어디서든 조건만 맞는다면 발견할 수 있고 가동될 수 있다는 비교 제도 분석의 시점을 제시하고 있다. 쉽게 풀어서 이야기하면, 구미 국가들이 단지 자신들과 다르다는 이유로 일본의 시스템을 폐쇄적이거나 불투명하다고 비판해서는 안 된다는 말이다.

일본인 학자들이 한껏 자신감을 표출한 이 책이 출간된 이후, 아이러니하게도 일본 경제는 장기 불황이라는 늪에 빠졌고 지금도 그 끝이 보이지 않는 터널 속을 헤매고 있다. 책에서 현대 일본의 경제 시스템이 제2차 세계 대전 중에 확립되었다고 했는데, 50년 동안 일본을 세계 초일류 국가로 이끌었던 시스템이 1990년대 들어서 현재까지 30년 동안은 오히려 일본의 발목을 잡고 있는 실정이다. 붕괴로 끝나기는 했지만 버블기는 일본의 전성기였음에 틀림없다. 그리고 일본의 전성기를 가능하게 했던 요인 중 하나는 책에서 설명하고 있는 현대 일본의 경제 시스템이기도 하다. 1부에서 우리는 제2차 세계 대전 이전의 일본을 통해 통찰을 얻고자 했는데, 지금부터는 일본의 전성기를 가능케 한 현대 일본의 경제 시스템에 대해 주목하고자 한다. 물론 버블기 이후에는 오히려 경제 성장에 방해가 되어 버린 시스템으로 전락했지만, 뒤에 이야기할 미래 일본의 모습을 전망하기 위해서라도 반드시 곱씹어 봐야 할 부분이기도 하다.

10장
'답정너' 정책이 위험한 이유

모두의 예상을 깬 주가와 지가의 하락

1989년 12월 29일, 3만 8,915엔이라는 역대 최고 주가를 기록한 도쿄 주식 시장은 흥분과 열기로 가득했다. 1990년 1월 2일 《월스트리트저널》에는 다음과 같은 기사가 실렸다.

"일본의 주식 시장에는 두 종류의 투자자가 있다. 믿음이 있는 투자자와 불신하는 투자자이다. 믿음이 있는 투자자는 돈을 벌었고, 불신하는 투자자는 손해를 보았다. 아무리 보수적으로 예상하더라도 올해 주가는 4만 5,000엔을 돌파할 것으로 보인다."

1990년 신년도 주식 시장이 열렸을 때 일본의 모든 이코노미스트와 애널리스트 중 그 누구도 주가의 하락을 예측하는 사람은 없었다. 모두의 관심사는 과연 언제 주가가 4만 엔을 돌파할까였다. 그러나 막상 뚜껑을 열어 보니 주가는 하락하기 시작했다. 그래도 사람들은 조급해하지 않았다. 과열된 시장에 숨 고르기가 필요하다는 일명 조정장에 들어갔다는 설명이 훨씬 설득적이었다. 하지만 1월이 지나 2월이 되어도 주가가 좀처럼 회복되지 않자 시장에서는 조금씩 불안과 걱정을 토로하는 목소리가 들리기 시작했다. 2월 말 주가는 연초에 비해 5,000엔 이상 하락한 3만 3,000엔대로 내려앉았고, 전문가들 사이에서는 도쿄 주식 시장에 뭔가 심상치 않은 변화가 생긴 것 같다는 이야기가 돌기 시작했다. 1990년 2월 26일 《월스트리트저널》에는 연초와는 전혀 다른 톤의 다음과 같은 기사가 실렸다.

"도쿄 주식 시장에 구조적인 변화가 일어나고 있다. 과거 세계 금융 시장의 든든한 버팀목이었던 거대한 도쿄 증시가 갑자기 가파르게 떨어지고 있다."

결국 1990년 9월 30일 주가는 연중 최저치인 2만 222엔까지 하락했다. 불과 9개월 만에 주가가 말 그대로 반토막(−48%)이 난 것이다. 이후 등락을 거듭하면서도 주가는 추세적으로 하락세를 면치 못하다가 결국 2002년 종가는 1982년 종가 수준인 8,579엔까

그림 2-3 **닛케이 평균 주가의 추이**(단위: 엔)

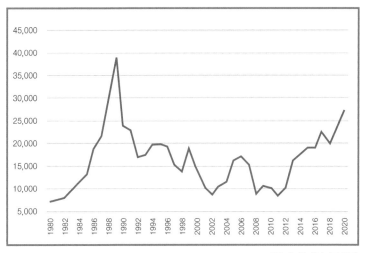

출처:《니혼케이자이신문》

지 떨어졌다(〈그림 2-3〉 참조). 20년간 주가가 제자리걸음을 한 셈
이었다.* 주가가 다시 장기적인 상승 기조로 돌아선 것은 아베 신
조安倍晋三 총리의 경제 정책 패키지, 즉 아베노믹스가 본격 가동
된 2013년부터였다. 더 정확히 말하면 2012년 11월에 중의원 해
산으로 민주당에서 자민당으로 정권 교체가 이루어지고, 동시에
대담한 금융 완화와 디플레이션 탈피, 엔고 시정을 내세운 제2차
아베 내각이 출범하려는 바로 그 시점부터 주식 시장은 꿈틀거리
기 시작했다. 시장의 기대감을 반영하듯 2012년 11월부터 12월까

---

* 2011년 종가도 **8,455**엔을 기록했으니 사실 **30**년 가까이 주가는 제자리걸음을 한 셈이다.

지 한 달 동안 주가는 무려 10%나 폭등했다. 이후 〈그림 2-3〉에서 확인할 수 있는 것처럼 WHO가 코로나19의 팬데믹을 선언한 2020년 3월의 일시적인 하락을 제외하고, 현재까지 일본의 주가는 상승세를 유지해 오고 있다.*

그 사이 일본의 경제 사정이 크게 나아졌다고 보기는 어렵다. 코로나19로 인해 모처럼 찾아온 활황 국면(아베노믹스 경기)은 막을 내렸고, 1년 연기된 도쿄 올림픽은 계획보다 훨씬 축소된 형태로 조용히 치러졌다. 어수선한 가운데 최근 2년 사이에 총리도 두 번이나 교체되었다. 2020년 9월에는 7년 8개월에 걸친 아베 정권이 막을 내리고, 이어서 들어선 스가 정권은 1년 만에 단명으로 끝났다. 이렇게 정치 · 경제적인 상황은 결코 안정적이었다고 말할 수 없지만, 2012년 11월 이후 주가는 현재까지 장기적인 상승 기조를 이어 오고 있다.

이제 지가의 움직임을 살펴보자. 주가 하락으로 시작된 버블 붕괴는 1년여의 시차를 두고 지가 하락으로 이어졌다. 1991년을 기점으로 대도시를 중심으로 본격적으로 지가 하락이 시작되었는데, 〈그림 2-4〉에서 보이듯, 지가의 하락은 상업지에서 주택지로, 대도시에서 지방으로 번져 나갔다. 버블기에는 도쿄를 비롯한 대도시 상업지의 가격 상승이 지방과 주택지의 가격 상승을

---

* 2021년에 닛케이 평균 주가는 버블 붕괴 이후 30년 만에 3만 엔대를 회복했으나, 2022년 1월 현재에는 28,000~29,000엔대에서 보합세를 유지하고 있다.

그림 2-4　**지가 추이**(1980년=100)

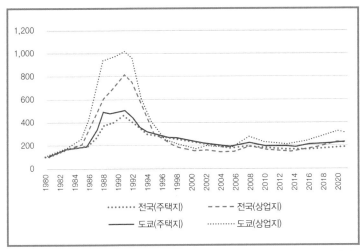

출처: 국토교통성 지가 공시 자료

견인했는데, 버블이 붕괴될 때에도 대도시 상업지의 낙폭이 가장 컸다. 1980년을 기준으로 했을 때 1990년 도쿄 상업지의 지가는 평균 10배, 전국 상업지의 지가는 평균 8배나 상승했는데 1997년까지 7년에 걸쳐 버블 이전 수준(1985년)으로 돌아왔다. 지가가 하락하는 속도는 주가가 하락하는 속도보다 상대적으로 완만했다. 주가가 9개월 만에 절반 수준으로 하락한 것과는 달리 지가가 절반 수준으로 떨어진 것은 1994년의 일이었다. 주가와 지가의 움직임의 차이는 이뿐만이 아니었다. 아베노믹스 실시 이후 주가가 명백한 상승 기조에 접어든 것과 달리, 지가는 도쿄 지역만 상승세를 보였다. 사실 도쿄와 일부 대도시권을 제외한다면, 현재까지 전국 상업지 및 주택지는 버블 이전인 1985년의 지가 수준을 맴돌고 있을 뿐이다.

부동산 버블에 던져진 공급 폭탄

한 세대에 걸친 장기적인 지가의 하락은 일본인들의 부동산에 대한 인식을 바꾸어 놓았다. 한국, 일본 할 것 없이 월급쟁이가 도시에 집을 장만한다는 것은 쉬운 일이 아니다. 장기 모기지론을 이용해야 하는 것은 물론이고, 똘똘한 한 채에 투자하는 것도 비슷하다. 대부분의 사람들에게 있어 내 집 마련은 인생에 있어서 가장 큰 쇼핑 중 하나이다 보니, 집을 구매하기에 앞서 교통은 편리한지, 교육 시설은 잘 갖추어져 있는지, 편의 시설은 많은지, 주변에 유해 환경은 없는지 등을 신중하게 하나하나 따져 보게 된다. 그중에서도 우리나라 사람들이 가장 오래 고민하며 저울질하는 부분은 아무리 거주 목적이라 할지라도 이왕이면 매입 후 집값이 상승할 수 있는 곳을 고르는 것이다.

일본 사람들도 교통, 교육, 편의 시설, 환경을 꼼꼼히 따져 보며 집을 고른다. 그러나 차이점은 매입 후 집값이 오르는 곳이 아니라, 덜 하락할 곳을 고르려고 애쓴다는 점이다. 특히 버블 붕괴 뒤에 사회생활을 시작한 30~40대(1970~1980년대생)들에게 집이란 구입하는 순간이 가장 비싼 재화이다. 시간이 흐르면서 감가상 각이 되는 자동차나 세탁기처럼, 비싼 신축 주택도 시간이 흐르 면서 가치가 하락하는 것은 어찌 보면 자연스러운 현상이다. 부 동산 버블 붕괴를 겪은 일본인들은 부동산 투자에 매력을 느끼지 못한다. 실제로 도쿄의 역세권 신축 아파트 정도를 빼면, 지어진 지가 오래될수록, 역에서 멀수록 집값은 빨리 떨어진다.

일본의 장기적인 집값 하락의 원인은 무엇일까? 버블 붕괴를 겪은 일본인들의 집단 트라우마는 집값 하락의 결과는 될 수 있 어도 원인이 될 수는 없다. 도쿄대학 니시무라 기요히코西村清彦 명예 교수는 부동산 버블 붕괴와 장기적인 집값 하락의 원인을 인구요인으로 설명했다. 니시무라 교수는 생산 가능 인구의 감소 가 일본 부동산의 버블 붕괴로 이어졌고, 앞으로 일본뿐만 아니 라 한국과 중국 같은 동아시아 국가는 물론 미국도 고령화가 진 전됨에 따라 주택 시장이 장기 침체할 것이라고 예상했다. 인구 요인으로 2040년 주택 가격이 2010년에 비해 일본은 46% 폭락하 고, 한국과 중국도 40~50% 이상 떨어질 것이라는 보고서도 나왔 다. 그런데 최근 한국의 집값 상승률만 생각해 봐도 니시무라 교 수가 주장하는 인구 결정론이 예상에서 크게 빗나갔다는 것을 알 수 있다.

한국은 2017년 3,757만 명을 정점으로 생산 가능 인구가 줄어 들고 있지만, 오히려 최근 몇 년간 주택 가격의 상승은 가팔라지고 있다. 일본의 주택 가격 또한 인구 변화로만 설명하기에는 무리가 있다. 일본의 생산 가능 인구는 1995년부터 감소하기 시작했고, 총인구는 2008년부터 감소세로 돌아섰는데, 앞서 언급한 대로 부동산 버블 붕괴가 시작된 것은 1991년부터였다. 인구 감소가 시작되기도 전에 부동산 버블은 붕괴되기 시작한 셈이다. 또 아베노믹스 이후 도쿄와 일부 대도시의 집값이 상승했다는 사실은 인구 감소로 주택 수요가 줄어들 것이라는 예상을 완전히 뒤집는다.

니시무라 교수의 예측이 빗나간 첫 번째 원인은 인구 변화보다 가구 수 변화에 주택 수요가 더 많은 영향을 받기 때문이다. 1993년 일본의 가구 수(4,116만)보다 2018년 가구 수(5,400만)는 30%나 증가했다. 1인 가구나 핵가족 세대가 늘어났기 때문이다. 그런데 가구 수가 늘어났다면 주택 수요가 증가했을 테니 수요·공급의 원리를 생각하면 당연히 주택 가격은 장기적으로 상승해야 하는데 일본의 부동산 가격은 그렇지 않았다.

그래서 생각해야 하는 것이 두 번째 원인인 부동산 정책이다. 부동산만큼 정부 정책에 많은 영향을 받는 재화도 없다. 1980년대 후반 주가와 지가가 천정부지로 뛰자, 일본 사회는 자산이 많은 사람들과 그렇지 못한 사람들 사이에 갈등이 심해졌다. 당시 여론도 부동산 가격을 잡기 위해 정부의 적극적인 시장 개입을 반기는 분위기였다. 정부는 "월급쟁이 5년 치 연봉으로 집을 살

그림 2-5 **주택 수와 가구 수**(단위: 천 호, 천 세대)

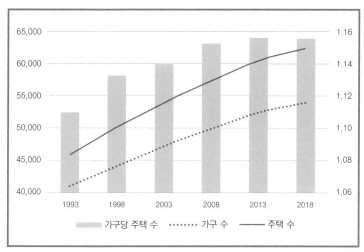

출처: 국토교통성 주택 경제 관련 데이터

수 있는 사회를 만들겠다."고 공약했다. 그리고 공약을 지키기 위해 수요를 억제하는 정책을 펼쳤다. 금융권의 부동산 융자에 대한 상한선을 정한 이른바 총량 규제를 실시하면서 부동산 버블이 붕괴되기 시작했다. 여기까지는 많은 일본인들 그리고 우리나라 사람들도 알고 있는 대략적인 버블 붕괴의 스토리이다.

　그러나 부동산 가격의 장기적인 하락 추세를 가져온 것은 총량 규제라는 수요 억제책이 아닌 신축 주택의 공급 폭탄이었다. 1990년대 초반 일본은 매년 170만 호의 신축 주택을 공급했는데, 당시 인구가 두 배 많았던 미국이 매년 150만 호 정도의 신축 주택을 공급한 것을 생각해 보면 가히 공급 폭탄이라 할 만하다.

공급의 규모는 이후에도 크게 줄지 않았다. 2000년대에는 매년 100~120만 호의 신축 주택이 공급되었고, 2010년대에는 약간 줄어들기는 했지만 매년 80~90만 호가 공급되면서 〈그림 2-5〉에서 보듯이, 신축 주택의 증가 속도가 가구 수의 증가 속도를 웃돌았다. 결과적으로 가구당 주택 수는 1993년에 1.11채에서 2018년에 1.16채로 오히려 상승했으며, 2018년 기준 인구 1,000명당 착공 주택 수는 7.5가구로 미국(3.8가구)과 영국(2.9가구)의 2~3배에 달한다. 일본의 인구 1,000명당 주택 수(494채)는 한국(412채)과 미국(421채)보다도 많다.

규제가 만병통치약은 아니다

한국의 부동산 시장은 어떠한가? 문재인 정부 들어 강남을 중심으로 한 수도권 집값이 걷잡을 수 없이 몇 년간 상승해 왔다. 집값을 잡기 위해 취득세, 종부세, 양도 소득세 등 각종 세금 폭탄에 토지 거래 허가 구역 지정까지 스무 차례가 넘는 부동산 안정화 대책을 내놓고 있지만 백약이 무효한 상태이다. 정부는 부동산 투기꾼을 근절하겠다며, 각종 규제로 대출을 꽁꽁 틀어막았지만 정작 피해를 본 사람들은 겨우 내 집 한 칸을 장만하려던 서민들이었다. 집값을 잡기 위한 규제를 강화하면 할 수록 마치 비웃기라도 하듯이 집값은 더욱 뛰어올랐다. 서울의 중위 아파트 가격이 10억을 넘어선 마당에 사회 초년생이 집을 장만하려면 로또 복권이라도 당첨되지 않으면 불가능한 현실이 되었고, 별다른 소득 없이 본인 소유의 아파트에 거주하고 있는 고령자는 세금을 내기 위해 집을 팔아야 할 판이다.

　특히 서울의 경우, 박원순 전 시장이 집권한 9년간 주택 공급 정책이 퇴행을 겪었다. 서울의 주택 수는 2010년에 344만 호에서 2019년에 374만 호로 10년간 30만 호 늘어나는데 그쳤다.* 이는 아파트만이 아니라 단독 주택, 연립 주택, 다가구 주택은 물론 반지하, 옥탑방까지 모두 포함한 수치이다. 박원순 전 시장 시절의 강력한 주택 재개발·재건축 억제 정책의 영향 때문이었다. 반면 서울의 가구 수는 2010년에 365만에서 2019년에 400만 가구까지 늘었다. 단순 계산으로도 주택이 20만 호 넘게 부족하다는 뜻이다. 그나마 서울에 있는 주택 중 상당수는 노후화되어 있다. 준공 30년이 넘은 주택은 60만 호, 지은 지 20년 이상 된 주택도 80만 호가 넘는다. 그러나 신규 주택은 지난 10년간 연평균 7만 7,000여 호 정도만 늘어났고, 멸실 주택을 고려하면 매년 늘어난 주택 수는 연간 5만여 호에 그친다. 이런 상황에서 세금 폭탄으로 주택 가격 상승이 억제되길 기대한다면, 오답을 적어 내고도 운 좋게

---

*　박원순 전 시장이 취임한 2011년 이후 2019년까지 9년간 증가한 주택 수는 24만 호에 그쳤다.

맞기를 바라는 것과 같다.

인구가 줄어드는데 무턱대고 공급 폭탄을 주장하는 것이 근시안적이라는 비판도 있다. 물론 장기적으로 부동산 시장에서 인구 감소의 영향을 무시할 수는 없다. 빈집이 늘어나고 있는 일본이 그것을 말해 준다. 그러나 빈집이 문제가 되는 지역은 대도시의 신축 아파트가 아니라 지방의 오래된 목조 가옥이다. 집이 남아도는 일본이지만, 도쿄나 오사카의 역세권 신축 아파트에 대한 수요는 줄어들지 않는다. 지진이 자주 발생하는 탓에 우리나라에는 없는 내진 설계가 잘된 집을 찾는 신축 수요도 존재한다.

우리나라도 마찬가지다. 인구가 감소하는 지방에서는 노후화된 빈집이 발생하겠지만, 인구가 몰리는 서울에서 신축 주택이 미분양될 가능성은 높지 않다. 결국, 부동산 가격 안정화를 위해서는 시장이 깜짝 놀랄 수준의 공급 폭탄을 장기에 걸쳐 투하하는 방법밖에 없다. 집 지을 땅이 없으니 재개발과 재건축을 활성화하는 것이 일단은 유력한 방법이다. 옛말에 빈대 잡으려다 초가삼간 다 태운다는 말이 있다. 더 이상 투기꾼 잡으려다 집 없는 서민 울리는 정책이 반복되어서는 안 되겠다.

11장

11장

사내 실업자

사무실 창가에 앉아 있는 아저씨

일본에는 '사내社內 실업자'란 말이 있다. 말 그대로 회사에 다니고는 있지만 사실상 실업 상태에 있다는 뜻이다. 처음 이 단어를 접하면 '일본에는 이지메 문화가 심하다더니, 회사 동료들이 일부러 일감을 주지 않는 경우가 있나 보구나?'라고 오해할 수도 있겠지만, 직장 내 따돌림과는 관계가 없다. 사내 실업은 '정규 사원으로 기업에 재직하고는 있지만, 할 일이 없거나 하던 일을 잃게 된 상태'를 가리킨다. 2011년 내각부에서 실시한 조사에 의하면, 전국의 노동자 중에서 약 8.5%에 해당하는 465만 명이 사내 실업 상태에 있는 것으로 나타나 큰 충격을 주었다. 최근에 실시된 또 다른 조사에 따르면, 2025년까지 사내 실업자가

500만 명 이상이 될 것이라는 발표도 있어서, 사내 실업 문제는 결코 간과할 수 없는 일본 사회의 중요한 문제 중에 하나라고 할 수 있다.

종업원 규모가 1,000명 이상인 대기업, 연령별로는 50대 남성, 직군별로는 기획 또는 영업 부서에 가장 많은 사내 실업자가 존재하는 것으로 알려져 있는데, 대부분의 일본 기업들은 사내 실업자의 존재를 인지하고 있으면서도 해고가 어려운 일본 특유의 고용 시스템으로 인해 별다른 손을 못 쓰고 있는 실정이다.

사실 사내 실업 문제가 어제오늘의 일은 아니다. 1970년대에는 '창가족窓際族'이라고 해서 사내 실업과 내용상 동일한 의미의 용어가 유행했었다. 1977년 6월《홋카이도신문》칼럼에 처음 소개된 '창가 아저씨窓際おじさん'는 딱히 일도 없이 회사에 출근해 창가(구석) 자리에 앉아 신문을 보거나 창밖을 멍하니 바라보다가 퇴근한다고 해서 붙여진 별명이었다. 당시는 고도성장이 끝나고 엔의 가치가 지속적으로 상승하는 엔고 불황이 우려되던 시기라 기업들이 제조 라인을 축소하던 때인데, 종업원을 함부로 해고할 수 없는 고용 시스템 때문에 불가피하게 창가족들이 대량으로 탄생하게 된 것이다. 그러나 이후 1980년대에 들어서면서 경기가 회복되자 언론에서 창가족을 걱정하던 논조는 더 이상 찾아볼 수 없게 되었다. 그때만 해도 경기 변동에 따른 일시적인 노동 수급의 불균형이 창가족 탄생의 원인으로 여겨졌는데, 지금 일본에

서는 경기가 좋아지든 나빠지든 상관없이 사내 실업 문제가 점점 더 확대되고 있는 상황이다.

사내 실업은 경기 변동보다는 일종의 미스매치의 문제이다. 기업과 노동자 간에는 여러 종류의 미스매치가 있을 수 있는데, 예를 들면 연령의 미스매치일 경우, 기업은 젊은 신입 사원을 원하는데 시장에는 정년 이후 재취업을 원하는 고령자가 대부분인 상황이 그러하다.

직능의 미스매치도 있을 수 있다. 간호나 복지 인력이 부족한 실정인데도 급여 수준이나 노동 강도 때문에 일손 부족 현상이 심각하다는 뉴스를 접할 때가 많다. 지역의 미스매치는 구직난을 겪는 대도시와는 반대로 구인난을 겪는 지방의 사례를 생각해 보면 간단히 이해할 수 있다. 산업의 미스매치도 있다. 코딩 인력은 더 필요하지만, 은행 창구 직원은 줄어들고 있다. 산업의 변화에 따라 더 필요한 인력과 더 줄여야 할 인력이 있지만 직업 재훈련과 자기 개발의 속도가 여기에 미치지 못할 경우가 많다. 사내 실업도 결국 기업과 노동자 사이의 미스매치 결과로 볼 수 있다. 물론 입사 초기부터 미스매치의 문제가 있었던 것은 아니다. 그러나 세월이 흐르면서 점점 회사가 필요로 하는 인재상과 개인의 능력에 차이가 발생하고, 일본 특유의 고용 시스템은 이 간극을 더욱 공고히 하고 있다.

고도성장을 만든 종신 고용과 연공서열

일본 특유의 고용 시스템 중에서도 가장 널리 알려져 있는 것이 종신 고용과 연공서열 제도이다. 그런데 우리나라에서 이 두 가지 제도에 대해 제대로 이해하고 있는 사람들은 의외로 많지 않다. 먼저 종신 고용은 말 그대로 죽을 때까지 고용한다는 뜻은 아니다. 정확히 말하자면 신입 사원으로 선발한 직원을 정년 때까지 특별한 사정이 없는 한 계속 고용하는 제도이다. 뒤집어 말해 회사가 도산 위기에 처했다든지, 직원이 회사의 공금을 횡령했다든지 하는 특별한 사정이 발생하면 당연히 해고를 할 수도 있다.

연공서열은 근속 연수를 바탕으로 개인적인 인사 고과를 반영해서 승급과 승진이 이루어지는 제도이다. 대체적으로 연령이 높아지면 승급과 승진을 하게 되지만, 개인의 인사 고과를 무시하고 일괄적으로 나이에 따라 임금이 상승하는 시스템은 아니다. 흔히들 연공서열 임금 제도를 성과주의의 반대 개념으로 이해하는데, 일본 기업들은 오히려 성과주의의 폐해를 극복하기 위해 연공서열 제도를 도입한 측면이 크다. 이 부분은 뒤에서 다시 한번 설명하겠다.

종신 고용이나 연공서열과 관련한 또 다른 오해는 이러한 일본 특유의 제도들이 일본의 문화에 뿌리를 두고 있다는 식의 설명이

그림 2-6 **일본과 미국의 월간 이직률 비교**

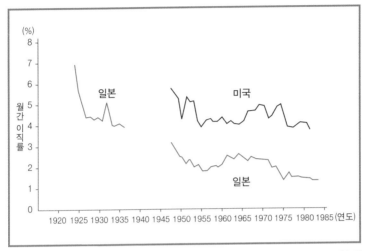

출처: 제이콥 민서Jacob Mincer와 히구치 요시오樋口美雄의 논문
〈미국과 일본의 임금 구조 및 노동 회전율〉(1988)

다. 예전에 어떤 일본 문화 전공자의 강연을 들은 적이 있는데,
"사무라이가 목숨을 바쳐 주군을 섬기고, 주군은 사무라이의 생
활을 평생 책임지는 일본의 전통적인 문화가 종신 고용의 뿌리"
라는 식의 설명을 듣고 깜짝 놀랐다. 〈그림 2-6〉은 장기에 걸친
미국과 일본의 이직률을 비교한 그래프이다. 여기서 명확히 확인
할 수 있는 점은 제2차 세계 대전 이전의 일본은 미국만큼이나 이
직률이 높았다는 사실이다. 한 직장에 평생 뼈를 묻는다고 해서,
일견 주군과 사무라이의 관계로도 오해할 수 있는 종신 고용은
고도성장기에 정착되었다는 것이 정설이다. 물론 1920~1930년대

일부 대기업을 중심으로 종신 고용과 연공서열 관행이 관찰되기는 하지만 전쟁을 거치면서 제도화되었고, 고도성장기에 일본의 거의 모든 기업들에게 퍼져 나갔다고 봐야 한다. 적어도 사무라이가 존재했던 에도 시대까지 거슬러 올라갈 일은 없다.

사실 가장 놀라운 이야기는 이 두 가지 제도가 명문화된 규정으로 존재하지 않는다는 점이다. 회사와 직원 간의 근로 계약서의 조항들을 눈 씻고 찾아봐도 종신 고용이나 연공서열이라는 단어는 등장하지 않는다. 아직까지 종신 고용과 연공서열의 관행이 남아 있는 일본의 회사 중에는 근로 계약서가 아예 없거나 있더라도 계약 기간이 명시되어 있지 않고, 급여 수준 또한 명시되지 않은 곳이 많다. 명시적인 계약이 아닌 이러한 암묵적인 계약의 형태를 관계적 계약relational contract이라고 부른다. 계약서 그 어디에도 종신 고용과 연공서열이라는 단어를 찾아볼 수는 없지만, 직원은 으레 회사가 자신을 정년 때까지 고용하며, 나이가 들면서 임금이 자연히 늘어날 것이라 믿고, 기업도 직원이 중간에 이직하지 않고 정년을 채울 것이며 근속 연수가 길어지면서 승급, 승진할 것이라 기대한다.

종신 고용, 연공서열, 직장 내 교육 훈련 제도OJT, 기업 특수 기능 등 일본 고용 시스템을 구성하는 여러 요소들은 톱니바퀴처럼 맞물려 돌아가면서 하나의 제도로서 기능한다. 이것을 상호 보완성이라고 하는데 이 중에 한두 개만 빠져도 제도 전체가 기능하지 않게 된다.

수업 시간에 내가 예시로 자주 사용하는 가상의 젓가락 회사가 있다. 보통의 젓가락이 아니라 질 좋은 대나무를 일일이 장인이 깎고 다듬어서, 젓가락 손잡이 부분에는 정교하게 용이나 코끼리를 조각한 고급 선물용 젓가락을 만드는 회사이다. 다행히 제품이 해외에 알려지면서 매출이 크게 늘고, 작업장을 확장하면서 새로이 직원을 뽑을 필요가 생겼다고 하자. 신입 사원 모집 요강에는 다음과 같은 내용이 등장한다. "입사 후 10년은 기술을 전수받는 과정이라 급여가 50%만 지급되지만, 완전한 한 명의 장인으로 인정받게 되면 급여가 400% 이상 인상됩니다." 수업 때 학생들에게 이러한 상황을 제시했더니 대부분의 학생들이 그런 회사에는 입사하기 싫다고 답했다. 젓가락 깎는 훈련을 10년이나 받아야 하는 게 싫다고 답한 학생도 있었지만, 개중에는 10년이나 훈련받고 겨우 장인이 되었는데 회사가 망하거나 해고되면 어떡하냐는 걱정을 하는 학생도 있었다.

회사가 망하거나 해고될 걱정을 전문 용어로는 홀드 업holdup 문제라고 한다. 회사를 믿고 젓가락 깎는 기술만 10년을 익혔는데, 일자리를 잃게 되면 그야말로 낭패다. 해고까지는 아니더라도, 회사가 처음 약속과 달리 "최근 회사 사정이 어려워졌으니 급여 400% 인상은 사실상 힘들다. 100% 인상으로 하자." 이렇게 일방적인 제안을 할 경우에도 억울하겠지만 받아들일 수밖에 없다.

어느새 나이는 들었고 할 줄 아는 건 젓가락 깎는 기술밖에 없으니 부당한 제안이라도 수용할 수밖에 없다. 그야말로 "꼼짝 마, 손 들어!"라는 의미의 홀드 업 상태가 된 셈이다. 여기서 젓가락 깎는 기술을 전문 용어로 기업 특수 기능이라고 한다. 쉽게 말하면 그 기업에서 일할 때만 빛을 발하는 기능이라는 뜻이다. 비슷한 사례는 우리 주변에 많이 있다. 제약 회사 영업 사원의 거래처 정보나 군대에서 배운 장갑차 운전 기술은 그 조직을 벗어나면 쓸 곳이 없다. 기업 특수 기능의 성격이 강하기 때문이다. 이러한 성격이 강하면 강할수록 홀드 업 문제가 발생하기 쉽고, 필요한 만큼 생산할 수가 없다. 이를테면 예시로 든 고급 젓가락을 만드는 가상의 회사는 매출이 늘어나도 직원 뽑기가 어려워서 결국 문을 닫아야 할 지경에 이르게 된다.

젓가락 회사의 도산을 막기 위한 묘안은 없을까? 먼저 직원들이 안심할 수 있도록 장기 고용을 보장하는 방법이 있을 수 있다. 10년이 아니라 20년, 30년 장기근속이 유리한 환경을 만들면 된다. 처음 10년 동안 급여 수준이 만족스럽지 못하더라도 근속 연수가 길어질수록 급여의 상승 폭이 커진다면 직원들은 처음 10년을 인내하며 버틸 수 있을 것이다.

이제 일본 기업 이야기에 적용시켜 보자. 고도성장기 일본의 기업들은 졸업을 앞둔 인재들을 앞다퉈 확보하여 자기 기업에 딱 맞는 특수한 인재로 키워 냈다. 자연히 직장 내 훈련 제도가 발달하게 되었고, 숙련과 노하우는 기업 내에 축적되었다. 스미토모 그룹 같은 기업들은 전공에 딱히 구애받지 않고 잠재력 있는(좋은 대학을 나온) 젊은 친구들을 확보한 후, 잡 로테이션을 통해 여러 부서를 두루두루 경험한 제너럴한 인재를 양성했다.

이렇게 확보된 인재들은 기업 특수성 때문에 중간에 이직하기도 어렵고 이직할 유인도 적었다. "나는 회사에서 법무, 회계, 인사 등 여러 부서에서 일했지만 역시 내 정체성은 스미토모 인간이라는 것이다."라는 식의 대답을 하는 일본 샐러리맨은 지금도 꽤 많다. 또 연공서열에 따라 회사를 오래 다닐수록 급여가 상승하고 퇴직금도 적립되니 웬만하면 버티는 게 정답이다. 시간과 비용을 들여 직원들을 훈련시켜 온 기업 입장에서도 직원들이 이직을 하지 않는 것이 유리했다.

잡 로테이션을 통한 제너럴리스트를 양성하다 보니, 업무의 경계가 애매해지거나 멀티태스킹 문제가 발생하기도 하였다. 1부 3장에서 이미 설명하였지만 멀티태스킹 문제가 있는 경우, 성과주의를 도입하면 인센티브 문제가 발생한다. 당장에 성과가 보이지 않는 연구 개발 부서에 단기 평가를 중시하는 성과주의를 적용하면 열심히 일할 사람은 아무도 없다. 이 경우, 기업은 오랜 관찰을 통해 직원의 승급과 승진을 결정하는 연공서열 임금 제도를 통해 멀티태스킹 문제를 극복할 수 있다. 이렇듯 종신 고용, 연공서열, 직장 내 교육 훈련 제도, 기업 특수 기능은 서로 맞물

려 돌아가며 하나의 제도로 기능하게 되었고, 고도성장기 일본의
경제 성장을 뒷받침하였다.

고용 시스템은 일본인의 생활 양식과 기업 문화에도 영향을 미
쳤다. 입사하면 30년 이상 일할 수 있는 직장이 생겼으니, 인생
계획을 세우는 것이 가능해졌다. 결혼을 하고, 아이를 낳고, 30년
장기 대출을 받아 집도 장만한다. 나이가 들면서 자연히 수입이
늘어날 것이 예상되고, 퇴직 이후에도 퇴직금과 연금이 있으니
큰 걱정 없이 나이에 맞게 소비 규모를 결정한다. 일본형 고용 시
스템은 팀워크로 일하는 방식에 유리한데, 그렇다 보니 직원들은
회사에 대한 귀속 의식이 강하다. 선배에게서 후배로 경험과 훈
련에 의해 몸에 쌓인 암묵적 지식이 전수되고, 회사 내 동료들과
의 관계는 물론 거래처와의 의사소통도 중요하다 보니 회식도 많
고 직원 행사도 많다. 많은 직원들이 회사와 운명 공동체라는 생
각을 하게 되고, 회사의 이익과 직원들의 이익이 일치하는 경향
이 강하다 보니 노사 관계 또한 안정적인 경우가 많다.

40세 정년제는 해법이 될 수 있을까?

2020년 초 일본경제단체연합회의 나카니시 히로
아키中西宏明 회장이 "한 회사에서 커리어를 쌓아 가는 일본형 고

용을 전면 재검토해야 한다."고 발언해 큰 화제가 되었다. 지금까지 일본형 고용을 추진해 온 게이단렌에서 이런 제언이 등장한 것 자체가 대단히 상징적인 사건으로 여겨졌다. 사실 일본형 고용 시스템이 시대에 맞지 않다는 지적은 이미 30년 전부터 있어 왔다.

버블 붕괴 이후 장기 불황을 겪으면서 일본 기업들은 필사적으로 경영 합리화를 추구해 왔다. 그런데 일시 해고가 가능해 인건비가 가변 비용인 미국 기업과 비교했을 때, 해고가 어려운 일본 기업들은 인건비가 고정 비용에 가까워 불황기에 기업 경영을 압박하는 요소로 작동했다. 게다가 고령화 비율이 높은 탓에, 종신 고용과 연공서열 제도가 임금 비용의 상승을 견인하는 효과가 컸다. 일본 기업은 회사가 어려워지면 먼저 잔업 시간을 줄여 노동 시간을 조절하고, 그래도 안 되면 비정규직 노동자와 계약 연장을 포기하며, 마지막 수단으로 장기 고용 정규 사원의 배치 전환이나 출향出向*을 고민한다. 이렇게 정규 사원의 해고가 어려운 탓에 장기 불황 속에서 사내 실업자가 구조적으로 양산될 수밖에 없는 시스템이 만들어졌다.

일본 기업의 체질 변화도 중요한 요소이다. 현재 일본 제조 기업 전체가 생산하는 제품의 25% 이상을 해외에서 생산하고 있으

---

* 출향은 일종의 파견이다. 파견하는 기업과 고용 계약을 유지한 채 다른 기업에서 일하는 형태로, 기업 간 인사 이동이라고도 한다.

며, 75% 이상의 기업이 해외에 생산 거점을 가지고 있다. 아시아, 북미, 유럽 지역에 각각의 목적에 맞게 생산 거점을 확보하여 기업 경영의 글로벌화가 진전되다 보니, 현지 공장에서까지 일본형 고용 시스템을 적용하는 것은 어려워졌다. 게다가 IT 혁명 이후 최근 20년 동안 기술 혁신의 템포가 이전과 비교할 수 없을 만큼 빨라져서 한 회사 또는 공정에서의 근무 경험과 숙달이 중요한 일본형 고용 시스템으로 인재를 양성하는 방식은 시대의 흐름을 쫓아가지 못하게 되었다. 결국 국내에 남아 있는 과잉 인력들과 기술 변화에 적응하지 못한 도태된 인력들이 사내 실업자로 전락하게 된 셈이다.

일본 국민들의 가치관의 변화도 더 이상 일본형 고용 시스템의 유지가 어렵게 된 이유의 하나이다. 일본형 고용 시스템은 필연적으로 노동 시간의 장기화를 가져온다. 일본 기업은 회사가 어려울 때 직원을 함부로 줄일 수 없지만, 잘 나갈 때에도 직원을 무턱대고 늘리지 않는다. 회사의 실적이 개선되면 당장 인력을 보강하기보다 당분간 지켜보며 기존 직원들의 잔업 시간을 늘리는 것으로 대응한다.

그뿐만 아니라 직장 내와 거래처 등과의 의사소통을 중시하는 일본형 고용 시스템은 접대, 단체 여행, 연회 등의 행사도 많아서 업무 이외에도 회사에 얽매이는 시간이 많다. 회사와 내가 운명 공동체라고 생각했던 시대에는 별 문제 없이 기능하던 시스템이었지만 지금은 상황이 명백히 다르다. 우리와 마찬가지로 일본의 MZ세대들도 워라밸을 중시하며 장래의 막연한 소득보다 현재의 확실한 소득을 선호한다. 게다가 일본의 비정규직 노동자 비율이 40%에 육박하는 상황에서 과거와 달리 시간 선택이 자유롭고 일본형 고용 시스템이 적용되지 않는 파트타임 노동을 선

그림 2-7 사내 실업 문제의 해결책을 제시한 《일본 성장 전략 40세 정년제》의 표지

택하는 사람들도 많이 늘어났다.

사내 실업 문제의 해결책으로 도쿄대학 경제학부의 야나가와 노리유키柳川範之 교수는 그의 저서에서 '40세 정년제'라는 해법을 제시한다. 40세 정년제의 아이디어를 소개하면 다음과 같다. 일단 모든 기업들이 무기 계약직(장기 고용 정규 사원)을 20년 계약직으로 변경한다. 계약은 필요에 따라 10년, 20년, 30년, 40년으로 할 수도 있지만 20년 정도로 하면 인생의 3모작이 가능하다. 즉, 처음 들어간 회사에서 20년 일하고, 재교육을 받고 다른 회사에 들어가서 다시 20년을 일하고, 또다시 재교육을 받고 세 번째 회사에 들어가는 식이다. 물론 한 회사에서 두 번 다 계약을 갱신해

도 상관없다. 지금 추세대로라면 (일본에서 후기 고령자로 구분되는) 75세 정도까지는 일을 하게 될 테니, 대학을 졸업하고 첫 직장에 들어가 40세를 전후해 두 번째 직장, 60대 이후에 세 번째 직장을 다니게 된다.

인구가 감소하는 속에서 고령화 비율이 세계에서 가장 높은 일본에서 사회 보장 시스템의 붕괴를 막고, 빠른 기술 변화와 산업 구조의 변화에 대응해 가며 모두가 건강하게 일할 수 있는 사회를 만들 수 있다는 그의 주장은 충분히 검토해 볼 가치가 있다. 그러나 야나가와 교수가 처음 일본 정부 산하 국가 전략 회의에서 40세 정년제를 주장했을 때, 다른 전문가와 관련 부서 공무원들이 손사래를 치며 반대한 데에는 그만큼 이 파격적인 주장이 일본 사회에 뿌리내리기 어려울 것이라 예상했기 때문이었다. 나 또한 정부 및 산하 여러 기관에서 전문가로 참여해 회의를 할 때가 많은데, 이러한 주장을 했을 때 다른 전문가와 공무원들이 어떤 반응을 보일지 상상이 된다. 아마도 대학에 있다 보니 현장에 대한 이해가 부족한 이상주의자로 비쳐질 것이다.

대학원 수업에서 야나가와 교수의 40세 정년제를 소개하고 학생들의 의견을 물었는데, 전혀 생각지도 못한 대답을 듣고서 무릎을 쳤던 기억이 있다. 학생들은 "75세까지 평생 일만 해야 하는 제도는 싫어요!"라고 입을 모아 말했다. 듣고 보니 그렇다. 40세 정년제는 평생 건강하게 일할 수 있다는 것이 세일즈 포인트인데,

MZ세대들은 그게 대체 무슨 장점이냐고 되묻는 것이었다. 파이어족*을 꿈꾸는 젊은 친구들에게 40세 정년제는 사회 시스템을 유지하기 위해 개인의 워라밸 따위는 안중에도 없는 시대에 뒤떨어진 캐치프레이즈로 들렸을지도 모르겠다. 과제 선진국으로 불리는 일본의 어깨가 더욱 무거워 보이는 이유이다.

---

* 경제적 독립, 조기 은퇴Financial Independence, Retire Early의 앞 글자를 딴 파이어족은 경제적 자립을 통해 40대 초반 전후에 은퇴한 이들을 일컫는다.

12장
백조의 발

삼성전자 한 개 vs 중소기업 천 개

경제산업성에 따르면 1986년 일본의 전체 기업 수는 535만 개에 달했지만 2016년에는 358만 개로 30년 동안 180만 개나 감소했다. 글로벌 시가 총액 상위 30대 기업에 오른 일본 기업 또한 1989년에는 21개나 있었지만, 마찬가지로 30년 뒤인 2019년에는 단 한 개의 기업도 순위에 들지 못했다. 지난 30년 동안 일본 경제가 퇴보하고 있다는 사실을 부정하는 사람은 아무도 없을 것이다.

일본 경제의 몰락을 이야기하는 사람들이 워낙 많으니, 여기에서는 거꾸로 이런 질문을 던져 보자. 일본 경제가 이렇게 고전을 면치 못하고 있는 와중에도 세계 3위의 경제 규모를 유지할 수 있는 비결은 무엇일까? 부자가 망해도 3대는 간다는 속담처럼 워낙 모아 둔 재산이 많다 보니 망하는 데도 시간이 걸리는 것일까? 아니면 백조가 우아한 자태로 물 위에 떠 있기 위해 수면 아래서 열심히 물갈퀴질을 하는 것처럼 우리 눈에는 잘 안 띄는 누군가가 열심히 발을 젓고 있는 것일까? 결론부터 말하면 두 가지 요소가 다 있다고 볼 수 있다. 전자에 대해서는 뒤에 나오는 18장에서 자세히 설명하기로 하고, 여기에서는 후자 백조의 발이 과연 누구인지 살펴보자.

많은 일본 경제 전문가들이 꼽는 '일본을 지탱하는 백조의 발'은 소위 말하는 소부장(소재, 부품, 장비) 분야의 기업들이다. 경제산업성 자료에 따르면 일본이 세계 시장 점유율 60% 이상을 유지하고 있는 270개 제품 중 212개 제품이 소부장 기업의 제품이다. 소니, 샤프, 파나소닉과 같이 우리가 익히 알고 있던 일본의 전자 기업들은 화려했던 과거의 영광을 뒤로하고 이제는 애플이나 삼성과 같은 글로벌 기업에게 세계 시장의 주도권을 내주었지만, 이러한 애플과 삼성조차도 부품만큼은 여전히 많은 일본 기업들에게 의존하고 있다. 2019년 7월 일본의 대한국 수출 규제 당시의 상황을 생각해 보면 이러한 구도는 쉽게 이해할 수 있다. 반도체 자체는 삼성전자나 SK하이닉스가 만들지만, 그러한 반도체를 생산하는 데 필요한 소재는 일본 기업들이 생산하고 있었기 때문에 수출 규제가 공급망의 불확실성을 증대시킬 것이라는 우려가 있었다.

수면 위로 드러난 일본 경제는 빙산의 일각이고, 우리가 잘 모르는 거대한 빙산의 아랫부분에는 수많은 소부장 기업들이 존재한다.

> "우리는 삼성, LG, 현대와 같은 세계적인 기업들이 즐비한데, 일본은 지금 토요타 말고 어떤 기업이 있는지 잘 모르겠다."
> "심지어 일본에서 가장 큰 토요타도 우리나라의 삼성전자하고는 그 크기가 비교도 안 된다."

세간에서 이런 식의 이야기들이 오가는 것을 심심치 않게 목격한다. 특히 구매력 평가 기준 1인당 GDP에서 한국이 일본을 추월하고, 그 밖의 다양한 분야에서도 한국이 일본을 따라잡거나 역전했다는 수치들이 발표되면서 많은 사람들이 필요 이상으로 일본의 경제력을 과소평가하는 분위기가 형성된 것 같다.

하지만 데이터를 조금 냉정하게 바라볼 필요도 있다. 〈그림 2-8〉은 2021년 11월 1일 기준 시가 총액 순으로 한일 기업을 1위부터 30위까지 나열한 것이다. 환율과 주가가 시시각각 변하고, 일본이 10년 가까이 대규모 돈 풀기를 해 온 데다가, 특히 코로나19 이후 자산 가격이 급등했다는 점 등을 고려하면, 한 시점의 시가 총액으로 한일 기업 간 크기 비교를 한다는 것이 큰 의미를 가지기는 어렵다. 그러나 한일 기업의 상대적 규모를 비교하는 데

그림 2-8 **한일 기업의 시가 총액 순위**(단위: 조원, 100엔=1000원으로 계산)

	기업	액		기업	액		기업	액
🇰🇷	삼성전자	428	●	퍼스트리테일링	84	●	덴소	65
●	토요타 자동차	334	●	KDDI	79	●	호야	65
●	소니 그룹	175	🇰🇷	SK하이닉스	78	●	닌텐도	65
●	키엔스	168	●	니혼덴산	78	●	혼다	63
●	리쿠르트 홀딩스	132	●	소프트뱅크	76	🇰🇷	LG화학	59
●	일본전신전화	126	●	다이킨공업	75	🇰🇷	삼성바이오로직스	58
●	소프트뱅크 그룹	109	●	츄가이제약	72	●	무라타제작소	57
●	미쓰비시UFJ 파이낸셜그룹	87	🇰🇷	네이버	67	🇰🇷	카카오	57
●	도쿄엘렉트론	87	●	히타치제작소	66	●	Z홀딩스	56
●	신에쓰화학	85	●	오리엔탈랜드	65	●	다이이치산쿄	56

에 있어서는 충분히 의미 있는 자료이기도 하다.

〈그림 2-8〉을 보면, 삼성전자의 시가 총액이 한일 기업 중에서는 압도적인 1위를 기록하고 있는 것을 확인할 수 있다. 글로벌 회계 컨설팅업체 프라이스워터하우스쿠퍼스PwC가 최근 공개한 '2021년 글로벌 시가 총액 100대 기업' 명단에서 삼성전자는 15위에 올랐다. 아시아에서 삼성전자는 아람코, 텐센트, 알리바바, TSMC에 이어 5번째로 큰 시장 가치를 가지고 있다. 현 시점에서 한일 양국을 통틀어 세계 15위, 아시아 5위인 삼성전자를 따라 올 기업은 없어 보인다. 그런데 삼성전자를 빼고 나면 이야기는 달라진다. 30개 기업 중에 한국 기업은 6개에 불과하고, 일본

기업이 우리보다 4배(24개) 더 많다. IMF 자료를 보면, 2020년 기준 일본의 GDP(5조 451억 달러)는 한국의 GDP(1조 6,383억 달러)보다 3배 정도 더 큰데, 경제 규모가 3배 더 크다는 말은 비슷한 규모의 기업들도 3배 정도 더 많다는 이야기이다. 만약 시가 총액 30위 안에 우리 기업이 1~2개 정도만 더 포함된다면, 3배 차이 나는 한일 간 경제 규모와 시가 총액 30위권 안의 기업 숫자가 대략적으로 일치한다고 볼 수 있다.

경제 규모가 3배 차이난다는 것을 다르게 표현하면, 〈그림 2-8〉에서 SK하이닉스, 네이버, LG화학, 삼성바이오로직스, 카카오와 같은 우리나라의 초우량 기업들이 일본에는 3배 정도 더 있다는 뜻이 된다. 그 안에는 키엔스キーエンス, 신에쓰화학信越化学, 다이킨공업ダイキン工業과 같이 일반인들이 잘 들어보지 못한 기업들도 많다.

오사카에 본사를 둔 키엔스는 자동 제어 기기, 계측 기기, 광학 현미경 등을 만드는 회사이다. 도쿄에 본사가 있는 신에쓰화학은 셀룰로스 유도체, 반도체 재료, 실리콘 수지, 불소 제품 등을 생산한다. 본사가 오사카에 있는 다이킨공업은 불소 제품, 유압 기기, 에어컨, IT 솔루션 등을 만든다. 이들 기업의 공통점은 일반 소비자와는 접점이 없어서 우리에게는 낯설지만 전 세계의 기업들을 대상으로 활발히 비즈니스를 전개하는 세계적인 소부장 기업이라는 것이다.

시가 총액 30위 안에는 들어가지 않지만, 또 다른 기업 사례를 하나 들어보자. 화낙ファナック이라는 회사가 있다. 이름도 생소한 화낙은 공작 기계용 CNC 장치 분야에서 일본 국내 시장의 50%, 전 세계 시장의 70%를 점유하고 있다. 화낙은 산업용 로봇을 생산하는 회사로도 유명한데, 전 세계 시장의 20%를 점유하고 있으며, 세계 4대 산업용 로봇 메이커 중 하나이다. 작지만 기술력으로 승부하는 조그만 중소기업 이야기가 아니다. 화낙의 자본금은 690억 엔, 연 매출은 6,300억 엔, 영업 이익은 1,600억 엔, 직원 수는 8,000명 정도 되는 회사이다. 만약 화낙이 한국 기업이라면, 현대자동차를 누르고 단숨에 시가 총액 9위로 뛰어오를 수 있는 대기업이다. 일본에는 화낙처럼 우리에게는 별로 알려지지 않았지만, 전 세계를 주름잡고 있는 기업들이 여전히 꽤 많다는 이야기이다.

이제 중소기업 이야기로 넘어가 보자. 일본의 힘은 시가 총액 상위에 위치한 대기업들보다 기술력만으로 전 세계 시장을 석권한 작은 기업들에서 나온다. 경제산업성이 발표한 자료에 따르면 점유율 세계 1위를 자랑하는 일본의 중소기업은 1,000개 가까이 된다. 금융 기관 등이 파악하고 있는 세계 최고 수준의 기술력을 보유한 중소기업들을 포함하면 1,000개가 훨씬 넘는다. 리히터 규모 7 이상의 지진에도 견디는 세토대교나 일본에서 가장 높은 건물인 도쿄 스카이트리 등에 사용된 '절대 느슨해지지 않는 나

사'를 개발한 하드록ハードロック공업은 전 직원이 50명에 지나지 않는다. 100만 분의 1그램의 톱니바퀴를 만든 주켄樹研공업은 70명, 아프지 않은 주사 바늘을 개발한 오카노岡野공업은 종업원이 단 6명뿐이다. 이 밖에도 각자의 분야에서 세계 최고 수준의 기술력을 자랑하는 일본의 중소기업을 소개하려면 끝이 없다. 이를 반영하듯 일본의 저력 있는 중소기업을 소개하는 책자나 기획 기사는 무수히 많다. 대체 이러한 일본 중소기업의 힘은 어디에서 나오는 것일까?

을이 되지 않는 중소기업

과거 서울 청계천 일대는 '설계도만 있으면 탱크도 만든다.'는 농담이 있을 정도로 없는 부품이 없고, 실력 있는 장인들도 많았다. 비슷하게 일본에는 '로켓도 쏘아 올릴 수 있다.'는 농담이 통하는 동네들이 있다. 예를 들면 도쿄 오타구大田区가 대표적인데, 이 동네에는 마치코바町工場라고 불리는 동네 공장이 수천 개나 밀집해 있다. 직원이 평균 10명도 되지 않지만 만드는 제품은 로봇, 배터리, 태양 전지 등 첨단 분야에서부터 금형, 기계, 금속에 이르기까지 다양하다. 대기업과의 거래에 있어서도 동네 공장들은 단순한 을의 위치에서 착취당하는 존재가 아니라 대등한 관계에서 협상력을 발휘한다.

일본에서 대기업과 중소기업이 제조업의 생태계를 어떻게 만들어 가는지 잘 보여 주는 드라마가 있다. 2015년 TBS에서 방영한 10부작 드라마 〈시타마치下町 로켓〉은 쓰쿠다제작소라는 조그만 동네 공장을 운영하는 쓰쿠다 사장과 그의 직원들이 고군분투하는 이야기를 그리고 있다.

드라마 내용을 소개하면 다음과 같다. 대기업인 데이코쿠중공업은 국산 로켓 개발 계획을 추진하는 과정에서 핵심 기술이라고 할 수 있는 밸브 시스템의 특허를 어느 조그만 동네 공장이 보유하고 있다는 사실을 알게 된다. 데이코쿠중공업의 자이젠 부장은 동네 공장에 대해 장인 정신에 매몰되어 기업 경영 마인드가 부족하다는 부정적인 인식을 가지고 있는 인물이다. 그는 핵심 기술에 대한 특허 따위는 돈만 있으면 해결될 문제라 생각하고 쓰쿠다 사장을 만나 20억 엔이라는 거액을 제안한다. 쓰쿠다제작소가 재무 위기에 처해 있다는 정보를 사전에 입수한 자이젠 부장은 쓰쿠다 사장이 이러한 제안을 흔쾌히 수락할 것으로 생각했지만, 예상과 달리 쓰쿠다 사장은 데이코쿠중공업의 제안을 단번에 거절한다.

하나부터 열까지 모든 부품을 자사에서 생산한 국산 로켓을 쏘아 올리는 것이 프로젝트의 목표였던 데이코쿠중공업은 어떻게 해서든지 쓰쿠다 사장을 설득하려고 한다. 특허를 팔 수 없다면 사용료를 낼 테니 특허 사용 계약을 맺자고 다시 제안하지만 쓰쿠다 사장은 두 번째 제안 역시 거절한다. 시간이 흐르면서 자이젠 부장은 초조해졌고, 이때를 놓치지 않고 쓰쿠다 사장은 자신들이 직접 데이코쿠중공업의 서플라이어(부품 공급업자)가 되어 핵심 부품을 납품하고 싶다는 역제안을 하게 된다. 자이젠 부장은 이 제안을 두고 깊은 고민에 빠진다. 쓰쿠다의 제안을 받아들이면 목표로 했던 100% 부품 내제화를 포기하는 것이 되고, 받아들이지 않으면 핵심 부품을 못 구해 로켓 프로젝트 자체가 좌초될 수 있기 때문이다. 고심 끝에 데이코쿠중공업은 쓰쿠다제작소를 서플라이어로 받아들이는 계약을 맺게 된다.

이 드라마가 대단한 것은 지루할 것 같은 소재로 전혀 지루하지 않게 스토리를 전개해 나간다는 것이다. 그리고 그 과정에서 일본 대기업과 중소기업이 공존하고 있는 생태계의 모습을 잘 그려낸다. 예컨대, 중소기업인 쓰쿠다제작소가 대기업인 데이코쿠중공업을 상대로 선택할 수 있는 옵션은 세 개가 주어진다. 대기업에 특허를 팔거나, 대기업과 특허 사용 계약을 맺거나, 서플라이어로 부품을 납품하는 세 가지 방식이다.

쓰쿠다는 세 번째인 부품 서플라이어로 직접 부품을 생산해서 대기업에 납품하는 길을 선택했다. 이 방법은 중소기업의 독자적인 기술을 그대로 유지하면서 가장 수익을 극대화할 수 있는 길이지만, 그만큼 험난한 검증의 과정이 기다리고 있다. 드라마에서도 잘 그려 내고 있지만 대기업의 서플라이어가 되기 위해서는 제대로 품질 관리를 하고 있는지, 납기는 정확히 지킬 수 있는지, 단가는 적절한지 등에 대해 대기업의 철저한 심사를 통과해야 한다.

기술력으로 대기업과 협상하기

드라마에서는 극적인 요소가 좀 더 부각되기는 했지만, 대기업과의 관계에서 일본 중소기업의 협상력은 상당히 높은 편이다. 그리고 이러한 중소기업의 강력한 협상력 뒤에는 게이레쓰라고 하는 일본 특유의 생산 시스템이 존재한다. 게이레쓰를 살펴보기에 앞서서 잠시 시장과 조직에 대한 설명을 하고 넘어가야 할 것 같다.

기업이 부품을 조달하는 방법에는 시장을 통해 조달하는 방법과 조직을 통해 조달하는 방법이 있다. 가상의 기업 A가 필요로 하는 삼각 머리 나사를 기업 B가 생산하고 있다고 하자. 기업 A가 제품 생산을 위해 기업 B로부터 삼각 머리 나사를 구매해서 사용한다면 이는 시장을 통해 부품을 조달하는 방법이다. 반면, 기업 A가 기업 B를 인수 합병해서 같은 기업 내에서 부품을 생산해서 사용한다면 이는 조직을 통해 부품을 조달하는 방법이다. 정리하면, 기업 A는 시장을 통해 부품을 조달하는 방법과 조직을 통해 부품을 조달하는 방법 중에서 생산 비용(엄밀하게는 거래 비용)이 더 저렴한 방법을 선택하면 된다.

그런데 일본에는 시장도 조직도 아닌 중간 형태가 하나 더 존재한다. 바로 기업 A와 기업 B가 장기적인 거래 관계를 유지하는 것이다. 기업 A가 기업 B로부터 부품을 구매한다는 점에서는 시장적인 성격이 강하지만, 마치 하나의 기업처럼 기업 A가 고정적으로 기업 B로부터 부품을 조달받는다는 점에서는 조직적인 성격이 강하다. 기업 A가 기업 B를 인수 합병하는 경우를 보통 수직적 통합Vertical Integration이라고 하는데, 기업 A와 기업 B가 일본에서처럼 장기적 거래 관계를 유지하는 경우에는 가상적 통합Virtual Integration이라고 부른다. 서로 다른 기업임에도 불구하고, 여러 측면에서 하나의 기업처럼 보이는 요소들이 존재하기 때문이다. 일본의 대기업 메이커와 중소기업 서플라이어 사이에는 이러한 가상적 통합 관계, 즉 장기적 거래 관계를 유지하는 경우가 상당히 많다.

장기적 거래 관계는 몇 가지 재미있는 특징을 가지고 있다. 일단 대기업 메이커 입장에서는 장기적이고 안정적인 하청업체(중소기업 서플라이어)를 확보할 수 있으니 수요가 한정적인 특수한 부품도 주문 생산이 가능하다. 다품종 생산이 특징인 토요타 생산 시스템은 수많은 부품을 생산·납품하는 다양한 하청업체가 있기에 가능하다. 그러나 이러한 관계에는 단점도 있다. 대기업이

그림 2-9 **부품 종류에 따른 중소기업의 사업성 변화**

주문 부품		시판 부품
대여도 부품	승인도 부품	

작다 ← 기술적인 주도성 / 정보의 비대칭성 / 개발·설계 능력 / 중소기업의 이윤 → 크다

하청업체가 제대로 품질 관리를 하고 있는지, 단가는 적절한 것인지에 대한 정확한 정보를 얻는 데 어려움이 있다는 점이다. 대기업은 이러한 문제를 해결하기 위해 논스위칭non-switching이라는 관행을 이용한다. 논스위칭이란 한번 결정된 거래 기업과는 특별한 사유가 발생하지 않는 한 지속적으로 거래를 유지하는 관행인데, 대기업 메이커는 하청업체들을 거래 후보자 풀pool에 넣어 경쟁적인 환경을 조성한다. 한번 거래 후보자 풀에 들어간 중소기업이 품질, 단가, 납기 등의 계약 조건을 달성하면 계속해서 다음 거래에도 우선 협상 대상자가 될 수 있지만 품질에 문제가 생긴다든지, 납기일을 못 맞춘다든지 하는 상황이 반복되면 결국 거래 후보자 풀에서 제외된다.

이렇게 보면 중소기업이 대기업에게 속박되어 착취당하고 있는 듯한 인상을 받을 수도 있지만, 장기적 거래 관계는 중소기업 입장에서도 결코 불리한 관행이 아니다. 〈그림 2-9〉처럼 중소기업

은 대기업으로부터 특정 부품을 주문받아서 생산(주문 부품)할 수도 있고, 자신들의 제품이 소개된 카탈로그를 보내서 대기업이 (시판 부품을) 선택하도록 할 수도 있다. 특정 부품을 주문 제작하는 주문 부품의 경우에는 대기업의 설계도를 빌려 제품을 생산하는 경우(대여도 부품)와 자신들이 제작한 설계도를 대기업에게 승인받아 제품을 생산하는 경우(승인도 부품)가 있다. 토요타 자동차의 특정 모델에만 필요한 대여도 부품이라면, 토요타 자동차가 모델 변경을 하기 전까지 지속적으로 부품을 구매하겠다는 약속을 해야지만 생산이 가능하고, 이러한 장기 거래 관계가 성립될 경우 중소기업의 입장에서는 확실한 고정적 이윤을 가져다주는 부품을 확보할 수 있다는 이점이 있다.

부품의 성격에 따라 정확하게 분류하기는 어려워도 중소기업이 생산하는 부품들은 대략적으로 대여도 부품, 승인도 부품, 그리고 시판 부품의 어딘가에 위치하게 된다. 왼쪽으로 갈수록 중소기업의 개발·설계 능력이 별로 중요하지 않고, 기술적인 주도성이 낮다 보니 이윤율도 크지 않은 경우가 많다. 반면, 오른쪽으로 갈수록 중소기업의 개발·설계 능력이 중요해지기에 기술적인 주도성이 높으며 이윤율도 커진다. 당연히 중소기업의 목표는 자사에서 생산하는 부품들이 점차 오른쪽에 위치할 수 있도록 노력하는 것이고, 오른쪽에 위치한 부품들이 많을수록 대기업과의 거래에 있어서도 높은 협상력을 발휘할 수 있다. 일본 중소기업의

2부 현대의 일본을 어떻게 이해할 것인가?

저력은 바로 이러한 높은 기술력에 기반을 둔 강력한 협상력에서 비롯된다.

일본 전체 기업의 99.7%, 고용의 68.8%, 부가 가치액의 52.9%를 차지하는 일본의 중소기업은 일본 경제를 지탱하는 뿌리와도 같다. 일본에는 기술력으로 승부하는 글로벌 중소기업이 즐비하지만 그렇다고 해서 전혀 문제점이 없는 것은 아니다. 중소기업청에서 매년 발간하는《중소기업 백서》를 보면, 인력 부족, 생산성 하락, 사업 계승 단절은 항상 지적되는 단골 문제들이다. 대기업에 취업하고 싶어 하는 것은 한일 청년 모두 마찬가지인데 인구 감소 문제가 심각해지면서 일본 중소기업의 인력난은 더욱 심해졌다. IT 자본의 확충이 전반적으로 뒤처진 일본이지만, 특히 중소기업의 IT 도입이 늦어지면서 대기업과의 생산성 격차는 더욱 크게 벌어지고 있다. 그나마 유지해 온 세계적인 기술과 기능도 계승할 사람이 없어서 사장될 위기에 처해 있다. 이러한 한계들을 일본의 중소기업들이 어떻게 극복할 수 있을지 귀추가 주목된다. 비슷한 문제로 고민하고 있는 우리의 중소기업들도 관심을 가지고 지켜봐야 할 대목이다.

13장

그때는 맞고
지금은 틀리다

은행이 기업 CEO를 자른다?

　　　　　　지금이야 세계적인 경쟁력을 갖춘 재밌는 한국 드라마가 많아서 굳이 일본 드라마를 찾아보는 사람이 많이 없지만, 예전에는 일본 드라마 마니아층이 꽤 두꺼웠다. 일본 드라마의 장점 중 한 가지는 소재의 다양성인데, 2013년 TBS '일요극장'에서 방영된 드라마 〈한자와 나오키半沢直樹〉는 은행을 배경으로 벌어지는 각종 부패와 욕망 그리고 갈등을 다룬 '경제 드라마'이다. 경제 드라마라는 장르가 우리에게는 굉장히 생소하고 지루한 느낌마저 들지만, 놀랍게도 이 드라마는 최고 시청률 42%를 기록하며 헤이세이 시대(1989~2019년) 최고의 드라마라는 대기록을 세웠다. 2020년에는 시즌 2가 방영되었는데 시즌 2마저도 최고 시청

164

률 44%를 기록하며 역대 시청률 기록을 또 한 번 갈아 치웠다. 대체 얼마나 재미있기에 두 시즌 모두 40%가 넘는 시청률을 달성할 수 있었을까? 궁금한 독자들은 꼭 한번 보기를 권한다. 단, 주의할 점은 주말을 이용해 시간을 충분히 확보한 후 드라마를 볼 것. 한번 보기 시작하면 끊을 수가 없어서 주중에 보다가는 다음날 출근과 등교에 지장이 생길 수 있다.

　매년 '일본 기업과 경영'이라는 수업에서 나는 드라마 〈한자와 나오키〉를 보고 감상문 제출하기를 과제로 내준다. 100시간 수업을 듣는 것보다 1시간 드라마를 보는 것이 일본 특유의 기업 금융 시스템을 이해하는 데 도움이 된다고 생각하기 때문이다. 몇몇 장면은 아주 좋은 사례를 제공한다. 예를 들자면 도쿄중앙은행의 한자와 차장이 120억 엔의 운용 손실을 낸 이세시마 호텔의 재건을 위해 고군분투하는 장면이 있다. 사실 이세시마 호텔이 재무 위기에 빠진 것은 도쿄중앙은행과 이세시마 호텔을 둘러싼 인물들 사이의 권력 투쟁 그리고 사익 추구 때문이었다. 기업과 은

그림 2-10 〈한자와 나오키〉 포스터

행을 둘러싼 권력 투쟁과 사익 추구? 조금은 이해하기 어려운 관계이므로 약간의 추가 설명이 필요하다.

이세시마 호텔의 유아사 사장은 선대로부터 가업을 물려받은 젊은 경영인이었다. 유아사 사장을 인정할 수 없었던 하네 전무는 호텔의 경영권을 빼앗기 위해 주거래 은행인 도쿄중앙은행의 오와다 상무와 공모하여 일부러 이세시마 호텔을 재무 위기에 처하게 한다. 도쿄중앙은행 오와다 상무는 이세시마 호텔을 도산 위기에 빠뜨린 책임을 물어 유아사 사장을 경질하고 대신 그 자리에 하네 전무를 임명하려 했지만, 한자와 차장이 기지를 발휘해 위기를 극복하게 된다. 이세시마 호텔의 유아사 사장과 도쿄중앙은행의 한자와 차장 대 이세시마 호텔의 하네 전무와 도쿄중앙은행의 오와다 상무가 대결 구도를 형성하고 있는 셈이다. 재미있는 포인트는 은행이 도산 위기에 빠진 회사의 경영자를 교체하려 했다는 것이다. 은행이 기업의 CEO를 경질한다? 이걸 대체 어떻게 이해해야 할까?

흔들리는 메인 뱅크의 위상

주거래 은행을 일본에서는 메인 뱅크라고 한다. 메인 뱅크 시스템은 일본에서 은행과 기업 사이의 장기적이고 암묵적인 거래 관계의 전형으로, 특히 고도성장기에 일본 기업의 자금 조달에 있어서 중요한 역할을 담당하였다. 11장에서 살펴본 고용 시스템, 12장에서 살펴본 게이레쓰와 마찬가지로 메인 뱅크 시스템에도 명문화된 계약이 존재하지 않기 때문에 구체적인 권리와 의무 관계 또한 명확하지 않다. 사실 메인 뱅크에 대한 엄밀한 정의조차 없어서 학자마다 사용하는 의미 또한 조금씩 다르다.

아오키 마사히코靑木昌彦와 휴 패트릭Hugh Patrick은 일본의 메인 뱅크를 관찰한 후, 다음과 같은 몇 가지 공통적인 특징을 발견하였다. 첫 번째, 기업은 여러 금융 기관 중에서 가장 많은 금액을 메인 뱅크로부터 조달한다. 두 번째, 메인 뱅크는 기업의 채권 발행 업무를 담당한다. 세 번째, 기업과 메인 뱅크는 상호 간 주식을 보유하는데 이때 기업이 보유한 은행 주식보다 은행이 보유한 기업 주식이 더 많다. 네 번째, 메인 뱅크는 기업의 제반 지출에 대한 결제 은행의 역할을 담당한다. 다섯 번째, 메인 뱅크는 필요할 경우 기업에 이사나 감사를 파견하여 경영을 감시한다.

이 중에서 가장 핵심적인 특징은 마지막 다섯 번째인데, 이를 전문 용어로는 상태 의존형state-dependent 거버넌스라고 한다. 상태에 의존한다는 것은 기업의 재무 상태가 양호할 때는 자율적인 경영에 맡기지만, 기업의 재무 상태가 악화되면 경영에 깊숙이 관여하여 임원을 파견하거나 경영자를 교체할 수도 있다는 것이다. 드라마 〈한자와 나오키〉에서 이세시마 호텔의 메인 뱅크인 도쿄중앙은행 오와다 상무가 부실 경영에 대한 책임을 물어 유아사 사장을 경질하고 그 자리에 하네 전무를 대신 임명하려 한 것이 바로 상태 의존형 거버넌스이다. 이러한 메인 뱅크의 막중한 권력은 다른 나라에서는 볼 수 없는 모습이다.

메인 뱅크뿐만이 아니라 나라마다 기업 금융의 형태는 모두 다른데, 이는 금융 제도의 발전 과정이 조금씩 다르기 때문이다. 일찍부터 자본 시장이 발달한 미국과 영국은 주식과 채권 등 직접 금융을 중심으로 한 시장 중심형 금융 제도가 발전해 온 반면, 독일과 일본은 은행을 중심으로 한 간접 금융 우위의 은행 중심형 금융 제도가 발전해 온 것으로 알려져 있다.

일본의 기업 금융에서 은행 차입이 중심이 된 데에는 전후 자본 시장의 발전이 더딘 상황에서도 가계 저축률만큼은 높았던 환경에서 기인한다. 정부와 중앙은행은 풍부한 가계 저축을 산업 정책으로 연결시켜 고도성장기 기업의 왕성한 자금 수요에 대응하고자 하였다. 국내 자금이 해외로 유출되지 않도록 엄격하게 외환 관리를 하고, 인위적으로 낮은 금리 수준을 유지하며, 은행에 집중된 자금을 효율적으로 배분하기 위해 신용 할당과 창구 규제를 시행하였다. 그 결과 일본 정부는 중앙은행을 통해 민간의 시중 은행을 통제하고, 더 나아가 시중 은행을 메인 뱅크로 하고 있는 기업에 이르기까지 피라미드 구조 전체를 효율적으로 통제할 수가 있었다. 재무, 통화, 금융 사무를 관장하던 대장성이 무소불위의 권력을 자랑할 수 있었던 것도 이 때문이었다.

하지만 1990년대 버블 붕괴와 그 이후의 장기 침체는 견고했던 메인 뱅크 시스템에 균열을 가져왔다. 우선 1980년대 후반부터 시작된 금융 부문의 글로벌화는 기업들에게 다양한 경로로 자금을 조달할 수 있는 선택지를 제공하였다. 그런데 그 와중에 버블이 붕괴되면서 자산 가격이 폭락하자 대량의 부실 채권을 껴안은 은행들의 대출 포트폴리오가 질적으로 악화되었다. 독자들의 이해를 돕기 위해 대출 포트폴리오의 질적 악화를 쉽게 설명하면 다음과 같은 이야기가 된다. A기업의 메인 뱅크를 B은행이라고 하자. 은행 차입을 바탕으로 적극적으로 투자를 확대해 나가던 A기업은 어느 날 버블 붕괴(자산 가격 폭락)로 인해 총부채가 총자산을 초과하는 상태가 되어 버린다.

하루아침에 영업 이익으로 이자도 갚지 못하는 부실기업이 되어버린 A. 원래대로라면 메인 뱅크인 B은행이 나서서 청산 절차를 밟아야 하지만 A기업이 도산하게 되면 대량의 부실 채권을 껴안게 되는 B은행도 무사하지 못하다는 것은 불을 보듯 뻔하다. 결국 B은행은 A기업이 이자라도 낼 수 있도록 추가 대출을 단행한다. 한편 우량 기업인 C기업은 신규 투자를 위해 B은행에게 대출을 신청한다. 그렇지만 B은행은 이미 A기업에게 추가 대출을 승인했기 때문에 C기업의 요구에는 응할 수가 없다. 대출액 규모는 한정된 자원이기 때문이다. 결국 B은행의 입장에서 보면 부실한 A기업에 대한 대출 비율은 늘고, 우량한 C기업에 대한 대출 비율은 줄어드는 상황이 발생한다. 대출 포트폴리오의 질이 악화된 것이다.

합리적인 투자 계획서를 제출했음에도 불구하고 대출이 거절된 C기업은 앞으로 절대 은행에 의존하지 않겠다고 결심할 것이다. 실제로 1990년대 버블 붕괴, 2008년 글로벌 금융 위기를 거치면서 유동성 고갈을 경험한 많은 일본의 기업들이 은행에 의존하지 않기 위해 내부 유보를 늘리기 시작했다. 부문별 자금 과부족 데이터를 보면 일본 기업은 이제 더 이상 자금 부족 문제를 겪는 주체가 아니다. 오히려 글로벌 금융 위기 이후에는 잉여 자금이 계속 늘어나 돈이 남아돌아 주체를 못할 정도가 되었다. 이뿐만 아니라 직접 금융 시장의 발달도 기업의 긴코바나레銀行離れ(은행에 의존하지 않는 것)를 가속화하고 있다. 특히 금융 빅뱅* 이후 대기업을 중심으로 주식과 채권을 통한 자금 조달 비중이 급격히 커지고 있다.

예전 일본 드라마를 보면 도산 위기에 빠진 기업의 목숨 줄을 쥐고 흔드는 메인 뱅크의 갑질 장면이 종종 등장했다. 정부와 일본 은행이 컨트롤하는 시중 은행, 시중 은행과 메인 뱅크 시스템으로

---

* 1996~2001년 사이에 일어난 대규모 금융 제도 개혁이다.

결합된 기업 그리고 그 사이에서 형성된 먹이 사슬 구조……. 드라마는 이런 현실 세계의 부조리를 풍자했다. 그런데 비교적 최근에 만들어진 드라마를 보면 예전과는 다른 풍자가 하나 더 추가되었다. 기업이 메인 뱅크를 변경하겠다며 역으로 은행에게 으름장을 놓는 장면이다. 까딱하면 큰 고객을 잃을 수도 있는 은행 입장에서 기업의 비위를 거스르지 않으려고 노력하는 장면이 매우 흥미로웠다. 생각해 보면 한때 '나는 새도 떨어뜨린다.'는 권력의 중심에 있던 대장성이 2001년에 해체되고, 은행들도 기업과의 관계를 새롭게 정립하면서 예전 메인 뱅크의 위상은 찾아보기 힘들어졌다. 요코하마 은행에 취직해 신입 사원 연수를 마친 일본인 제자가 인사를 와서 교육 중에 들은 이야기를 말해 준 적이 있다.

"옛날 좋았던 시절의 메인 뱅크를 생각하시면 안 됩니다. 이제는 갑을 관계가 바뀌었습니다. 그때는 맞던 이야기도 지금은 틀린 이야기가 될 수 있습니다."

은행법 개정과 기관 은행의 부활

일본의 금융 시스템을 이야기할 때 그때는 맞고 지금은 틀린 사례는 한두 개가 아니다. 세월이 흐르면서 금융 환경처럼 급변하는 것도 없기 때문이다. 기관 은행을 둘러싼 이야기도 그 대표적인 사례이다. 기관 은행은 특정 산업 기업을 위해 자금 조달의 도구로 이용되는 은행을 뜻하는데, 제2차 세계 대전 이전 일본의 많은 은행들은 기관 은행의 성격을 띠고 있었다. 예를 들면 미쓰이물산, 미쓰이광산 등을 보유한 미쓰이 재벌은 미쓰이은행을 통해 자금을 조달했고, 미쓰비시상사, 미쓰비시전기 등을 보유한 미쓰비시 재벌은 미쓰비시은행을 통해 자금을 조달했다. 잘 와닿지 않을 수도 있으니 한국 기업들로 사례를 바꿔 보자. 삼성전자는 삼성은행을 통해 자금을 조달하고, LG화학은 LG은행에서, 현대자동차는 현대은행에서 자금을 조달한다고 상상해 보자. 어떤 문제들이 발생할지 예상하는 것은 그리 어렵지 않다. 금융 자본과 산업 자본에 차단벽을 설치한 금산 분리법이 존재하는 데에는 다 이유가 있다.

그러나 안타깝게도 제2차 세계 대전 이전의 일본에는 금산 분리법이 존재하지 않았다. 당연히 은행의 임원들은 각기 은행 이외의 다른 사업에도 깊이 관여하고 있었다. 은행의 임원들은 은행을 자신들의 투자나 사업체의 자금 조달 기관으로 이용했다. 오카자키 데쓰지岡崎哲二, 사와다 미치루澤田充, 요코야마 가즈키横山和輝의 연구에 의하면 1926년 1,007개의 일본 시중 은행 중에서 836개의 은행에서 임원들의 비은행 기업 겸직이 관찰되었는데, 임원들의 겸직이 많으면 많을수록 은행의 수익성에는 부정적인 영향이 나타났다. 사적 이익을 추구하기 위해 은행을 도구로 이용하면서 빚어진 당연한 결과였다. 은행 경영진들의 도덕적 해이는 결국 반복되는 금융 위기를 일으켰으며, 1927년 금융 공황을 불러온 중요한 원인이 되기도 하였다.

일본의 기관 은행은 패전 이후 미군정하에서 실시된 재벌 해체 과정을 통해 모두 사라지게 된다. 독점 금지법에 근거한 기업 분할로 미쓰이은행, 미쓰비시은행, 스미토모은행 등 재벌계 기관 은행들은 모두 독립하게 된다. 이후 구재벌 출신 기업들이 집단을 형성하면서 미쓰이은행, 미쓰비시은행, 스미토모은행은 이들 각 집단의 메인 뱅크로 기능하게 되지만 앞서 살펴보았듯이 메인 뱅크와 기업과의 관계는 이전의 기관 은행의 그것과는 하늘과 땅 차이였다. 예를 들어 기관 은행 시절에는 그룹의 오너가 기관 은행의 예금을 마음대로 계열 기업에 투입할 수 있었지만, 메인 뱅크 시스템에서는 전체를 조율할 오너도 없을 뿐더러, 관계 기업

그림 2-11 라쿠텐은행과 소니은행의 로고

에 대한 은행의 지위가 압도적으로 강했다. 말하자면 갑을 관계가 뒤바뀐 것이다. 물론 앞서 살펴본 대로 1990년대 이후 메인 뱅크의 힘이 많이 약해지면서 갑을 관계는 다시 뒤바뀌었다.

그런데 독점 금지법으로 사라졌던 기관 은행이 최근에 다시 부활하고 있다. 좀 더 정확히 말하면 금산 분리법을 시대에 맞게 조정한 것이다. 금융과 IT 산업이 융합된 핀테크 산업이 등장하면서 금산 분리 규제는 모순을 드러내게 되었는데, 일본은 1990년대 후반부터 금융 빅뱅을 거치면서 비금융 기관이 20% 이상 은행 지분을 소유할 수 있도록 은행법을 개정했다. 이러한 규제 완화를 발판으로 라쿠텐그룹, 소니그룹, 이온그룹 등이 각각 라쿠텐은행, 소니은행, 이온은행을 설립할 수 있게 되었다. 독점 금지법으로 막혀 있던 기관 은행이 50년 만에 되살아난 셈이다.

의외로 잘 알려져 있지 않지만, 일본은 한국보다 앞서 인터넷 전문 은행을 도입한 인터넷 은행 강국이다. 우리의 경우 2017년부터 영업을 시작한 카카오뱅크와 K뱅크가 인터넷 전문 은행의 효시이지만, 일본은 2000년에 재팬넷은행(현재의 PayPay은행)을 시작으로 현재까지 10개 가까운 인터넷 전문 은행이 성업 중이다. 남들보다 조금 일찍 금융 제도 개혁을 통해 체질 개선을 할 수 있었으니 잃어버린 10년 동안 나쁜 일만 있었던 것은 아니었다.

2021년 8월 8일 《조선일보》에는 "'메기'라더니 '상어'였다…금산 분리 뒤흔든 카카오뱅크"라는 기사가 보도되었다. 8월 6일에 상장한 카카오뱅크는 시가 총액이 무려 33조 1,620억 원을 기록하면서 기존의 1등 금융사인 KB금융(21조 7,052억 원)을 단숨에 뛰어넘었다. 158개 계열사를 보유한 카카오는 플랫폼 사업과 콘텐츠 사업을 중심으로 매출이 10년 만에 100만 배나 성장하면서 거대한 공룡 기업이 되었다.

원래 비금융 기업이 은행 지분을 10% 넘게(의결권은 4%) 보유하지 못하는 것이 금산 분리 규제이지만, 카카오는 인터넷 전문 은행법의 적용을 받기 때문에 금산 분리 규제를 피할 수 있었다. 애초 의도는 규제 완화를 통해 정체된 금융 산업에 활력을 불어넣는 것이었지만, 막상 뚜껑을 열어 보니 IT 재벌에게 1등 금융사가 되는 길을 열어 준 셈이 되었다. 금산 분리 규제에 묶여 금융 당국의 눈치를 보는 시중 은행들이 역차별 논란을 제기하는 것도 무리는 아니다. 그렇다고 다시 규제를 강화해서 핀테크 산업을 억제하는 것은 말이 안 되고, 반대로 금산 분리 규제 장벽을 아예 없애는 것도 새로운 문제를 야기할 수 있으니 이래저래 고민이 많아지는 상황이다. 그때는 맞고 지금은 틀릴 수도 있는 것이 금융 제도라는 점에서 어느 때보다 유연한 사고가 필요한 시점이다.

14장
수출 규제는
돈의 흐름을 막지 못한다

미국의 자동차 수출 규제

　　　　　1990년대 일본이 장기 불황을 겪고 있는 것이 확실시되기까지, 미국과 일본은 40년 가까이 통상 마찰을 빚어 왔다. 1950년대에 섬유로 시작해서 1960년대에는 철강, 1970년대에는 자동차와 전자 제품을 거쳐 1980년대 반도체에 이르기까지 실로 오랜 기간 동안 다양한 산업과 제품에 걸쳐 긴장 관계를 형성한 셈이다. 그중에서도 특히 자동차는 미일 통상 마찰을 상징하는 대표적인 분야였다. 세계 최대 자동차 생산국이면서 동시에 소비 시장이었던 미국은 처음에는 일본 자동차 메이커들을 대수롭지 않게 여겼다. 미국 소비자들은 대형차를 선호했기 때문에 소형차 중심의 일본 자동차는 저렴하다는 것 이외에 큰 장점이 없었기 때문이었다.

그러던 와중에 두 번의 석유 위기를 거치면서 가솔린 가격이 급등하자 미국 소비자들 사이에 연비가 좋은 일본차에 대한 인식이 바뀌기 시작했다. 혼다를 선두로 닛산, 마쓰다, 토요타가 미국 수출에 본격적으로 뛰어들고, 가성비가 좋다는 소문이 나면서 혼다의 시빅, 토요타의 코롤라가 날개 돋친 듯 팔리기 시작했다. 결국 미국 자동차 산업의 생산과 고용이 감소하고 기업들과 노동조합의 반발이 거세지자 미국 정부는 일본의 자동차 수입을 억제하는 보호 조치를 발동하였다.

다만, 전 세계를 향해 자유 무역의 확대를 주장하던 미국이 갑자기 관세를 올려 수입 장벽을 높이는 식의 방법은 선택할 수 없었다. 그래서 선택한 방법이 일본이 자발적으로 자동차 수출을 제한하도록 압력을 행사하는 것이었다. 이것이 1981년부터 1994년까지 시행된 자동차 수출 자주 규제이다. 이 규제의 주요 내용은 아주 간단하다. 일본 정부가 책임지고 미국에 수출하는 일본산 자동차의 대수를 연간 168만 대로 제한하는 것이다. 1년에 168만 대만 수출할 수 있다는 물량 제한 규정은 나중에 230만 대까지 늘어나기는 했지만, 수출 물량을 반강제적으로 규제하는 정책은 자유 무역 확대 노선과는 정반대의 길이다.

만약 미국이 우리에게 "1년에 반도체는 10만 개만 수출하도록 한국 정부가 물량을 관리하라."고 하면 어떤 일이 벌어질까? 일단 정부는 삼성전자와 SK하이닉스가 각각 1년에 몇 개씩 반도체를 생산할지 할당을 해야 할 것이다. 삼성전자와 SK하이닉스는 정부로부터 좀 더 많은 할당량을 받아 내기 위해 치열한 경쟁을 하면서도, 한편으로는 수출 규제를 벗어나기 위한 각종 꼼수도 생각해 낼 것이다. 실제로 일본에서도 이와 같은 일이 벌어졌다.

연간 최대 수출 물량이 168만 대로 정해져 있으니 기업들은 고급화 전략으로 위기를 돌파하려고 했다. 똑같은 한 대를 팔더라도 가격이 비싼 고급차를 파는 것이 마진율을 높이는 방법이기 때문이다. 토요타 자동차의 프리미엄 브랜드 렉서스는 일본 국내보다 6년이나 앞선 1989년부터 미국 시장에서 판매되기 시작했다. 이때부터 일본 차에 대한 미국 소비자들의 인식도 기존의 가성비 좋은 저렴한 자동차에서 비싼 럭셔리 브랜드로 바뀌기 시작하였다. 또 기업들은 한국을 통한 우회 수출이라는 방법을 찾아냈다. 사실 자동차를 온전한 제품의 형태로 수출할 필요는 없었다. 이웃 한국의 자동차 산업은 아직 걸음마 단계이니, 내용물을 일본 자동차 부품으로 채우고 껍질만 '메이드 인 코리아'로 하면 미국에 수출하는 데 아무런 지장이 없었다. 미쓰비시자동차의 부품을 가득 채운 현대자동차가 미국 시장에 진출할 수 있었던 것도 이 덕분이었다.

제 살 깎아 먹기식의 과당 경쟁도 발생했다. 그해의 수출 실적을 바탕으로 다음 해의 수출 물량이 할당되는 탓에 연말이 되면

그림 2-12 **혼다의 오하이오 공장**

한 대라도 더 팔기 위한 자동차 메이커들의 출혈 경쟁이 시작되었다. 결국, 과당 경쟁을 견디지 못한 혼다는 다른 돌파구를 찾아냈다. 바로 미국 현지에 생산 시설을 이전하는 것이었다. 미국 현지 공장에서 생산하면 수출 규제를 적용받지 않게 된다. 궁지에 몰린 혼다가 기발한 해결책을 찾아낸 셈이었다. 급기야 다른 자동차 메이커들도 혼다의 뒤를 따라 하나둘 미국으로 진출했고 이때부터 일본 자동차 산업의 해외 생산 거점이 일반화되었다. 일본 자동차 메이커들의 미국 현지 생산이 확대되자 수출 자주 규제는 사실상 유명무실해졌다. 1985년 이후 큰 효과를 발휘하지 못하게 된 수출 자주 규제는 1994년까지 형태만 남아 유지되다가 소리 소문 없이 철폐되었다.

중국의 희토류 수출 규제

2010년 9월 7일 일본은 하루 종일 센카쿠尖閣 열도에서 발생한 중국 어선 충돌 사건으로 시끄러웠다. 일본명 센카쿠 또는 중국명 댜오위다오는 동중국해 남서부에 위치한 다섯 개의 무인도와 세 개의 암초로 구성된 군도로, 대만과 류큐 제도 사이에 있다. 중국, 대만, 일본이 서로 영유권을 주장하고 있지만 현재 일본이 실효 지배를 하고 있다. 이날 근방에서 조업을 하던 중국 어선이 일본 순시선의 퇴각 명령을 어기고 조업을 이어가다가, 결국 순시선과 어선이 충돌하면서 중국인 선장이 구속되는 사건이 발생했다. 이 사건을 계기로 일본과 중국 간의 영유권 분쟁이 표면화되면서 양국 정부 간 갈등은 극에 달했다.

이 사건이 중요한 것은 단지 외교적 분쟁으로 끝나지 않았다는 데에 있다. 중국은 일본에 대한 무역 보복을 단행했고, 속절없이 당할 수밖에 없었던 일본은 복수의 칼날을 갈게 된다. 이러한 중일 갈등의 에피소드를 제대로 이해하기 위해서는 국제 무역을 둘러싼 역사적 맥락을 조금 자세히 들여다볼 필요가 있다.

제2차 세계 대전 이후 성립된 브레튼 우즈 체제 속에서 국제 무역을 위한 새로운 질서는 관세 및 무역에 관한 일반 협정GATT에 담기게 되었다. GATT는 국가와 국가 간 교역의 기틀이 되는 관세와 무역에 관한 조항들을 담은 법률인데, 이러한 GATT를 기반으로 구체적인 자유 무역의 틀을 만들기 위한 다자간 협상, 즉 라운드round가 진행되었다. 1947~1986년까지 여덟 차례에 걸친 라운드를 통해 전 세계에 자유 무역이 확산되었고, 그 결과 GATT는 전후 50년 동안 상품 무역의 시대를 견인한 국제 무역 질서로 자리 잡게 되었다. 일본은 1955년에 GATT의 정식 가맹국이 되었는데, 앞서 언급한 대로 1970년대 두 차례 오일 쇼크 이후 가성비 좋은 일본산 전기 전자 제품과 자동차가 각광을 받으면서, 결과적으로 GATT 체제의 최대 수혜국이 되었다.

그런데 이러한 GATT 체제는 숱한 예외 규정으로 인해 불공정한 무역 행위를 제지하지 못하는 한계에 부딪혔다. 미국이 일본에 요구한 자동차 수출 자주 규제도 이러한 문제점이 드러난 사례 중 하나였다. 결국, 7년 이상 협상을 지속한 우루과이라운드(1986~1994년) 끝에 GATT의 문제점을 개선한 새로운 국제기구가 탄생하였는데, 이것이 바로 1995년 1월 1일에 출범한 세계 무역 기구wto이다.

GATT 체제의 최대 수혜국이 일본이라면, WTO 체제의 최대 수혜국은 중국이었다. WTO 체제하에서 중국은 세계의 공장이자 수출 기지로 자리매김하였다. 2001년에 중국이 WTO에 가입하면서 기존의 상품 무역 시대는 막을 내리고 본격적인 글로벌 밸류 체인Global Value Chain, GVC 무역 시대가 시작되었다. 최종재 무역이 중심인 GATT 체제하의 상품 무역 시대와 달리, WTO 체제하의 GVC 무역 시대에는 운송 비용과 거래 비용의 절감을 위해 상품의 생산 프로세스를 세분화해서 각각의 생산 공정을 여러 나라에 걸쳐 행할 수 있도록 했기 때문에, 중간재 무역이 활발해지면서 전 세계가 중국을 중심으로 한 GVC를 형성했다. 일본 역시 중국 중심 GVC를 이용해서 전 세계에 일본산 소재, 부품, 장비를 수출할 수 있었다.

그러던 와중에 2010년 센카쿠 열도에서 일본 순시선과 중국 어선의 충돌 사건이 발생한 것이다. 중국 정부의 강력한 문제 제기로 일본 정부는 결국 구속 중인 중국인 선장을 석방했는데, 중국 정부는 풀려난 선장을 위해 전세기를 급파하고 마치 전쟁 영웅이 귀환한 것과 같은 분위기를 연출했다. 더 이상 영토 분쟁 문제를 방치할 수 없다고 생각한 일본 정부는 센카쿠 열도의 국유화를 발표했고, 이에 중국 정부는 보복 조치의 일환으로 일본에 대한 희토류 수출을 금지했다. 희토류란 전자 제품, IT 산업, 스마트폰 산업 등에 반드시 필요한 희귀 금속인데, 희토류의 90%를 중국에서 수입하던 일본은 중국의 수출 규제 조치로 인해 막대한 타격을 입게 되었다. 중국에 의존해 온 GVC 무역 구조의 취약성이 드러나는 순간이었다.

일본 정부는 WTO에 중국을 제소하는 한편, 수입처를 다변화하여 희토류의 중국 의존도를 55%까지 낮추었다. 그 결과 희토류의 국제 가격이 하락하면서 중국은 2015년에 수출 규제를 철회하였다. 그러나 5년 동안의 피해는 고스란히 일본 기업이 감당해야 했다. 결국 이 사건을 계기로 일본 정부는 경제 안보 측면에서 반중국이라는 명확한 입장을 정리할 수 있었으며, 일본 기업들의 탈중국도 본격화되었다.

현재 미국과 중국의 기술 패권 경쟁이 치열해지면서 일본은 미국, 인도, 호주와 함께 쿼드로 불리는 반중국 동맹의 중심 국가가 되었다. 중국의 희토류 수출 규제에 속절없이 당했던 일본은 절치부심하며 복수의 기회를 노렸는지 모른다. 석탄 수입 금지를 단행한 중국과 무역 전쟁을 치르고 있는 호주는 미국, 영국과 함께 앵글로색슨 동맹인 오커스AUKUS를 통해 중국을 궁지로 몰고 있다. 여기에 캐나다, 뉴질랜드까지 더한 영미권 정보 동맹인 파이브 아이즈Five Eyes와 일본은 2022년 베이징 동계 올림픽에 외교적 보이콧을 선언했다. GATT-WTO로 이어지는 자유 무역 시스템이 더 이상 기능하지 않는 시대가 가까워지고 있는 느낌이다.

일본의 첨단 소재 3품목 수출 규제

2019년 7월 1일 일본 정부의 갑작스러운 수출 규제 발표는 우리 정부와 시민들을 당혹스럽게 했다. 앞으로 일본 기업이 첨단 소재 3품목을 한국에 수출할 때는 반드시 개별 허가가 필요할 뿐만 아니라 각개의 의견 수렴 과정을 거쳐 한국을 화이트 리스트에서 배제할 가능성도 언급했다. 수출 관리 강화 차원이라는 일본 측의 설명과는 달리, 이 소식을 접한 한국 정부와 언론은 일본이 한국을 상대로 노골적인 보복 조치를 취했다며 강한 어조로 비판했다. 이후 수출 규제의 영향과 전망을 예상하는 기사들이 연일 쏟아졌지만, 당시에는 전문가조차 수출 규제의 정확한 의미와 성격을 이해하고 있는 사람이 많지 않았다. 그 결과 과도한 우려와 억측이 확대 재생산되기도 하였다.

당시 일본 정부의 공식 입장은 한국 정부의 전략 물자 관리가 부실했다는 것이었다. 직접적으로 문제를 제기한 것은 아니었지만, 행간을 읽어 보면 일본에서 한국으로 수출한 첨단 소재가 북한으로 흘러들어 가서 무기 제조에 사용된 것이 아닌가 하는 강한 의구심을 드러냈다. 하지만 이는 어디까지나 표면적인 이유에 불과했다. 짐작할 수 있듯이 이번 수출 규제는 일제 강제 동원 피해자들이 일본 기업을 상대로 한 손해 배상 청구 사건에서 2018년 10월과 11월 한국 대법원이 내린 일련의 판결로 인해 일본 기업의 배상 책임이 확정되자 일본 정부가 노골적으로 불만을 표시한 것이었다. 일본인들이 흔히 말하는 혼네本音(마음속의 본심)와 다테마에建前(체면치레를 위한 겉마음)가 제대로 드러난 사례였다.

조금 복잡하게 느껴질 수 있지만 수출 규제의 내용과 의미를 간단히 살펴보자. 이 수출 규제 조치로 인해 변하는 것은 크게 세

가지이다. 첫 번째는 리스트 규제 대상인 비민감 품목의 수출이 번거로워졌다는 것이다. 이번 조치로 허가 기간이 단축되고, 필요한 서류 종류가 많아지며, 처리 기간이 장기화될 수 있다. 두 번째는 비전략 물자를 상황에 따라 규제하는 캐치올Catch-All(무기 개발과 제조 가능성이 있는 국가에 이와 관련한 물자를 수출할 수 없도록 통제하는 제도) 규제가 적용된다. 화이트 리스트에 포함될 때는 면제되던 캐치올 규제가 화이트 리스트에서 배제되면서 상황에 따라 적용될 수도 있게 되었다. 세 번째는 첨단 소재 3품목이 개별 허가로 변경되었다는 것이다. 지금까지는 일반 포괄 허가라는 제도를 이용해 편리하게 수출하던 첨단 소재 3품목이 이제는 건별로 개별 허가가 필요하게 되었다. 종합하면 이 수출 규제 조치로 인해 일본에서 한국에 해당 제품을 수출할 때 예전보다 좀 더 귀찮고 불편한 과정이 많아졌다고 볼 수 있다.

일본산 제품을 수입할 때 불확실성이 조금 증대한 정도라면, 당시에 우리가 그렇게까지 호들갑스럽게 반응할 필요가 있었을까 하는 생각도 든다. 그렇지만 실제 피해가 발생했다면 문제는 달라진다. 수출 규제 실시 이후 2년이 흐른 2021년 7월부터 수출 규제의 효과를 분석한 보고서들이 발표되기 시작했다. 먼저 우리나라의 산업통상자원부는 《소재·부품·장비 경쟁력 강화 2년 성과 대국민 보고》를 통해 우리나라가 일본의 수출 규제를 극복하고 첨단 소재 3품목에 대한 공급망 안정을 달성했다고 주장했다. 그러나 비슷한 시기에 일본 언론들은 수출 규제의 영향은 거의 없었으며, 한국의 탈일본화는 실패했다고 보도했다. 같은 사안을 두고 정반대의 평가가 내려진 것이다. 결국, 2021년 7월 7일《한국경제》에서는 '수출 규제 2년, 한·일 누가 거짓말하나'라는 칼럼이 실리기도 했는데, 산업통상자원부가 다음 날인 7월 8일 이를 반박하는 보도 자료를 배포하면서 불편한 심기를 드러내기도 했다.

한국과 일본의 주장이 엇갈리는 이유를 상세히 설명하기에는 지면이 부족하기 때문에, 궁금한 독자들은 관련 논문을 읽어 보면 좋을 것 같다.* 여기에서는 직관적인 이해를 돕기 위해, 다음과 같이 비유해 보겠다. 지금 A국이 B국을 상대로 "밀가루의 수출을 규제하겠다."는 선언을 했다고 하자. A국과 B국 사이에 밀가루 무역량 통계가 있다면 수출 규제로 밀가루의 수출량(또는 수입량)이 얼마나 줄어들었는지 간단히 파악할 수 있을 것이다. 하지만 불행하게도 그런 통계가 없다고 하자. 대신 A국에서는 B국에 수출하는 밀가루가 포함된 과자류, 면류, 빵류의 수출 통계를 구할 수 있다. 반면 B국에서는 A국에서 수입하는 (밀가루가 포함된 좀 더 세분화된) 초코 과자, 막대 과자, 소면, 국수, 식빵, 팥빵의 수입 통계를 구할 수 있다. 결국, 양국의 통계로는 대강의 밀가루

---

* 오석진·이창민(2021), 〈수출규제 3품목 수입동향 분석〉,《인문사회21》 vol. 12, 사단법인 아시아문화학술원, 1563~1574쪽

무역량을 추계해 볼 수는 있지만 정확한 밀가루 무역량은 알 수가 없다. 여기에서 A국은 일본이고, B국은 한국에 해당한다. 일본은 9자리 HS코드, 한국은 10자리 HS코드를 기준으로 무역 통계를 작성하는데, HS코드로는 수출 규제 품목의 정확한 무역량을 알기 어렵기 때문에, 일본은 일본대로 한국은 한국대로 자국에 유리한 방식으로 통계를 해석할 여지가 있다.

주목하고 싶은 것은 수출 규제 이후 한일 기업들이 보여 준 전략적 대응이다. 규제 이후 2년 동안 한국과 일본의 기업들은 글로벌 공급망의 불확실성을 극복하기 위해 역동적인 움직임을 보여 주고 있다. 한국 대기업에 반도체 소재를 납품하던 도쿄오카東京応化와 스미토모住友는 이번 기회에 아예 한국에 공장을 신설했

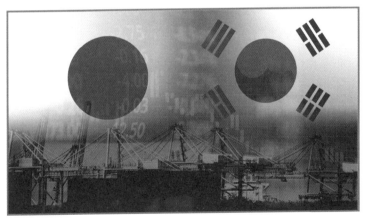

그림 2-13 일본의 수출 규제에 한국은 불매 운동으로 맞서 양국의 갈등이 고조되었다.

다. 자동차 수출 자주 규제를 피해 일본의 자동차 기업들이 미국에 현지 공장을 건설한 것과 비슷한 맥락이다. 불화 수소 전문 업체 스텔라케미파ステラケミファ나 모리타화학森田化学은 한국도 일본도 아닌 제3국으로 생산 시설을 옮겨 수출 규제를 우회하는 길을 택했다. 물론 솔브레인, SK이노베이션, 후성, 코오롱처럼 첨단 소재의 국산화에 성공한 기업도 등장했다. 한일 갈등으로 벌어진 틈을 노려 한국 시장에 새롭게 진출한 미국의 다국적 기업 듀폰Dupont 같은 곳도 등장했다.

세 가지 수출 규제 사례를 소개한 이유는 역사적으로 규제가 시장을 이긴 적은 없었다는 것을 강조하기 위함이다. 미국이 일본산 자동차를 수출하지 못하도록 한 자동차 수출 자주 규제는 일본의 자동차 기업들이 현지 생산을 늘리면서 유명무실해졌다. 일본에 대한 중국의 희토류 수출 금지는 일본 기업들의 수입처 다변화 노력으로 희토류 가격이 폭락하면서 슬그머니 철회되었다. 한국에 대한 일본의 첨단 소재 3품목 수출 규제 역시 양국 기업들의 노력으로 사실상 무력화가 진행되고 있다. 자본주의의 가장 큰 장점은 실험 정신이다. 특히 시장이 적절하게 작동하지 않을 때 기업들은 기꺼이 실험하고 환경에 적응하려는 의지로 위기를 극복한다. 자본주의 사회에서 돈을 벌려는 의지는 아무리 강력한 규제로 옭아매더라도 가둬 둘 수 없다는 뜻이다.

15장

격차 사회,
어떻게 극복할 것인가?

1억 총중류 사회

1958년 일본 내각부에서는 제1회 '국민 생활에 관한 여론 조사'를 실시했다. 여러 가지 설문 항목 중에서 "당신의 생활 수준은 어느 정도라고 생각하십니까?" 라는 질문이 있었는데, 응답자들이 상, 중상, 중중, 중하, 하의 5단계 중에서 하나를 고르는 방식이었다. 5단계 중에서도 중상, 중중, 중하를 고른 사람들의 합계를 중류층으로 분류했는데, 제1회 조사에서 이러한 중류층의 비율은 70%에 달했다. 이후 일본이 세계 2위의 경제 대국으로 올라선 1968년 무렵에 중류층이라고 답한 비율은 80%에 도달하였고, 1970년에 이르러서 이 비율은 무려 90%에 이르게 된다. 1950~1960년대 고도성장기에 일본 국민 10명 중 9명이 스스로를 중류층 내지는 중산층이라고 인식하고 있었다는 뜻인데, 이는 일본을 제외한 세계 어느 곳에서도 좀처럼 관찰하기 힘든 현상이었다. 1967년에 일본의 총인구가 1억을 돌파하면서 '1억 총중류 사회'라는 용어는 현대 일본인의 정체성을 설명하는 하나의 키워드로 자리 잡게 되었다.

그런데 대부분의 일본 사람들이 스스로를 중류층이라고 인식하던 1950~1960년대의 주관적 계층 의식은 당시 실제 계층 분포와 조금 차이가 있었다. 흔히 소득의 불평등도를 나타낼 때 지니 계수라는 것이 사용된다. 소득 분배 지표인 지니 계수는 0에서 1 사이의 값을 갖는데, 0에 가까울수록 소득 분배가 평등하고 1에 가까울수록 불평등하다고 해석한다.

일본에는 우리의 도道에 해당하는 47개의 현県이 있는데* 1인당 현민 소득의 지니 계수를 구해 보면 1960년대까지 상위 현과 하위 현의 소득 격차가 벌어지면서 지니 계수가 상승하다가, 1970년대에 접어들어 소득 격차가 줄어들고 지니 계수도 하락한다. 실제로 소득 불평등이 개선되는 시점은 고도성장기(1950~1960년대)가 아니라, 그보다 10년 정도 늦은 안정 성장기(1970~1980년대)의 일이란 뜻이다. 결과적으로 1억 총중류 사회라는 주관적 계층

* 엄밀하게는 도쿄도東京都, 홋카이도北海道, 오사카부大阪府, 교토부京都府와 43개의 현県이 존재한다.

의식은 거대한 중류층 집단이 탄생하기도 전에 이미 만들어진 셈이다.

　고도성장기 일본 사람들은 왜 실제보다 더 평등하다고 느꼈을까? 고도성장기 동안 일본의 실질 GDP는 매년 10% 전후로 성장했는데, 평범한 사람들의 입장에서 경제 성장을 체감하는 부분은 아마도 고용과 급여였을 것이다. 일자리를 쉽게 구할 수 있고, 급여가 매년 상승한다면 누구나 밝은 미래를 꿈꾸며 사회는 긍정적인 에너지로 넘친다. 어제보다는 오늘이, 오늘보다는 내일이 더 나아질 것으로 기대하는 사람들이 많아지면 소비와 투자가 자연히 늘어난다.

　고도성장기에는 3종의 신기神器라고 해서 각 가정마다 흑백텔레비전, 세탁기, 냉장고가 빠른 속도로 보급되었는데 이 정도 가전제품쯤은 누구나 갖추고 있어야 한다는 분위기가 팽배해 있었다. 일종의 밴드웨건 효과bandwagan effect(다른 사람들이 소비하는 것을 따라 소비 확산세가 증가하는 현상)가 작용한 것이다. 결국, 고도성장기에는 소득과 소비의 고성장으로 실제 소득 격차와는 관계없이 스스로가 중류층으로 편입되었다는 일종의 착시 현상이 일어나면서 1억 총중류 사회라는 주관적 계층 의식이 탄생한 것이다.

양극화 사회가 된 일본

2021년 10월 4일에 출범한 기시다 정권은 '새로운 일본형 자본주의'라는 슬로건을 내걸고 아베노믹스의 신자유주의와 결별하겠다고 선언하였다. 또 아베노믹스의 성과가 일본 사회에 고르게 분배되지 못했다는 문제를 제기하면서, '레이와 소득 배증'이라는 신조어를 제시하기도 했다. 1억 총중류 사회로까지 불렸던 일본 사회가 이제는 경기 침체의 극복을 위한 최우선 과제로 양극화와 소득 불평등 문제를 꼽을 정도로, 두터웠던 중류층이 붕괴했다(라고 주장하는 사람들이 많아졌다). 그런데 기시다 총리가 국민들에게 정책 목표를 알기 쉽게 전달하기 위해 고안한 소득 배증이라는 용어는 사실 만든 사람이 따로 있었다.

소득 배증이라는 용어의 원조는 이케다 하야토池田勇人 총리였다. 소득 배증 계획所得倍增計画은 1961년부터 향후 10년 동안 실질 GDP를 두 배로 만들겠다는 계획이었는데, 10년이 지난 뒤 이 목표는 초과 달성되었다. 1억 총중류 사회라

그림 2-14 '새로운 일본형 자본주의'를 주창하는 기시다 총리

는 주관적 계층 의식이 탄생한 시기는 이케다 총리의 소득 배증 계획이 실시되었던 시기와 정확히 일치한다. 이케다 총리가 결성한 파벌인 굉지회宏池会의 현재 수장인 기시다 총리가 60년 전 이케다 총리의 소득 배증 계획을 본떠 레이와 소득 배증이라는 아이디어를 떠올린 것은 의식의 흐름상 자연스러워 보인다. 더 중요한 것은 기시다의 경제 정책이 많은 일본인들이 그리워하는 고도성장기의 향수를 자극하고 있다는 사실이다. "지금의 일본은 빈부 격차로 많은 사람들이 고통을 겪고 있다.", "역사상 가장 행복했던 시절은 빈부 격차가 없었던 고도성장기였다." 실제로 이런 이야기를 하는 일본인들이 적지 않으며, 정치권도 이를 적극적으로 이용하고 있다. 기시다의 레이와 소득 배증은 이러한 배경에서 등장한 노스탤지어 전략이라고 볼 수 있다.

과연 고이즈미가 범인일까?

소득 격차의 장기적 추이를 관찰해 보면, 경제 발전 초기 단계에서는 소득 격차가 확대되지만, 어느 시점을 통과한 이후에는 오히려 소득 격차가 축소되는데, 이를 가리켜 쿠즈네츠의 역U자 가설이라고 한다. 본격적인 공업화가 시작되면 생산성이 높은 분야와 그렇지 못한 분야 사이에 명암이 드러나면서 소득 격차가 확대된다. 그러나 시간이 지나면서 생산성이 낮은 분야에서 높은 분야로 노동력이 이동한다. 산업화 시기에 농촌에서 많은 사람들이 도시로 상경해서 노동자로 변모하는 과정이 대표적인 예다. 또 민주화가 진전되어 노동 운동이 활발해지면 소득 불평등을 줄이려는 각종 법과 제도가 정비되면서 소득 격차는 줄어들게 된다. 역사적으로 미국과 유럽 그리고 일본과 우리나라 모두 이와 비슷한 과정을 밟아 왔다.

그런데 최근 이러한 역사적 흐름을 거스르는 변화가 발생했다는 주장이 주목받고 있다. 예를 들면 1980년대 이후 미국과 유럽에서 지니 계수가 상승하고, 빈부 격차가 다시 확대되기 시작했다는 주장이 대표적이다. 우리나라에도 소개된 적이 있는 프랑스의 경제학자 토마 피케티Thomas Piketty는 그의 저서 《21세기 자본》에서 부의 축적에 따라 자본 소득률이 경제 성장률보다 높아지면서 불평등도 더욱 심화되었다고 주장했다. 피케티의 저서가 전 세계적으로 화제가 되면서 그의 주장에 반론을 제기하는 경제학자들도 많았지만, 그가 주장한 복지 제도의 강화, 글로벌 부유세의 도입, 누진적 소득세 및 상속제의 강화 등 정책의 방향성에는 동의하는 사람도 많다.

일본에서 불평등 문제가 처음 주목받기 시작한 것은 1990년대 말이었다. 1998년 출판된 다치바나키 도시아키橘木俊詔의 《일본의 경제 격차日本の経済格差》는 출간되자마자 단숨에 화제작이 되었다.

그에 따르면 1980년대에 부동산과 주식 가격이 급등하면서 급여 소득은 정체한 반면 금융 소득이 급격히 늘어나게 되었고, 그 결과 1억 총중류 사회로 표현되던 일본인의 안정적인 평등 의식도 흔들리게 되었다. 일본이 다른 선진국보다 훨씬 불평등한 나라가 되었다는 그의 주장은 지금까지 전 세계에서 일본만큼 빈부 격차가 작은 선진국은 없다고 믿어 왔던 사람들에게 커다란 충격을 안겨 주었다.

그러나 일본을 격차 사회로 만든 장본인으로 대부분의 일본인들은 고이즈미 준이치로小泉純一郎 전 총리를 꼽는 데 주저하지 않는다. 사실 일본에서 '격차 사회=고이즈미'라는 공식은 공통의 인식이라고 해도 과언이 아닐 정도로 고이즈미 총리는 '공공의 적'으로 통한다.

2001년 4월부터 2006년 9월까지 재임한 고이즈미 총리의 최대 업적으로 전문가들은 불량 채권 처리와 연금 제도 개혁 등을 거론하지만, 일반인들에게 있어 고이즈미 총리는 시장 메커니즘을 강화한 성역 없는 구조 개혁론자로 더 유명하다. 고이즈미 정권의 마지막 해인 2006년 1월 정기 국회에서 빈부 격차 문제를 둘러싼 격론이 벌어졌을 때, 야당인 민주당은 "최근 심각해진 일본의 빈부 격차는 시장 원리를 극단적으로 추구한 고이즈미 정권 탓이다."라며 여당을 압박했고, 시민들 사이에서도 시장 경쟁의 강화로 약자는 더욱 불리한 상황에 놓이게 되었다는 비판이 비등했다. 실제로 빈부 격차가 확대되었는지에 대한 사실 여부를 떠나, 이러한 격차 사회 논쟁 자체가 집권 여당인 자민당에게 불리하게 작용하였고, 결국 몇 년 뒤에는 민주당에게 정권을 넘겨주게 된다.

고이즈미가 일본을 격차 사회로 만들었다는 주장은 사실일까? 많은 사람들이 고이즈미 시절에 빈부 격차와 불평등이 확대되었다고 생각하지만, 정작 경제학자들은 고이즈미가 일본을 격차 사회로 만들었다는 주장에 동의하지 않는다. 다만 "고이즈미가 일본을 격차 사회로 만든 것은 아니다."라는 주장에는 몇 가지 복합적인 의미가 혼재되어 있다. 첫 번째는 사람들이 생각하는 것만큼 일본이 격차 사회는 아니라는 것이다. 두 번째는 고이즈미가 시장 원리를 강화한 덕에 빈부 격차는 오히려 감소했다는 것이다. 세 번째는 그럼에도 불구하고 많은 사람들이 격차 사회라는 정치적 레토릭에 고개를 끄덕일 수밖에 없었던 것은 명목 임금이 감소했기 때문이다.

첫 번째 의미는 뒤에서 다시 살펴보기로 하고, 두 번째 의미부터 자세히 들여다보자. 실제로 고이즈미 시절에는 택시 대수의 제한을 풀어 새롭게 택시업에 뛰어든 사람이 1만 명 이상 늘어났고, 1,000명으로 제한하던 사법 시험 합격자 수도 3,000명까지 늘어났다. 당시 택시업계에서는 과당 경쟁으로 생존권이 위협받는 것은 물론 교통사고가 급격히 늘어날 것이라는 불만을 제기하였고, 변호사 집단은 법률 서비스의 질적 저하를 막기 위해 단체 행동도 불사하겠다며 강력히 항의했다. 그러나 진입 장벽을 낮추고 시장 경쟁을 촉진시킨 결과, 교통사고가 증가했거나 법률 서비스의 질이 저하되었다는 증거는 발견되지 않았고, 오히려 서비스를 누리는 시민들의 만족도는 전반적으로 상승했다.

고이즈미 정권하에서 노동 시장의 규제 완화로 비정규직 노동자가 대폭 증가했다는 주장도 오해이다. 이러한 주장을 하는 사람들은 처음부터 기업의 총고용량이 정해져 있고, 정규직 노동자와 비정규직 노동자가 완전히 대체 관계에 있는 상황을 전제한다. 그러나 실제로 일본 기업들은 장기 침체 속에서 고정 비용 성격이 강한 정규직 직원 숫자를 크게 늘리지도 줄이지도 않았다. 장기 고용의 관행이 여전한 가운데 정책적으로 비정규직 일자리를 없앤다고 기업이 정규직 직원을 더 뽑는 일은 일어나지 않는다. 오히려 파트타임이나 아르바이트와 같은 비정규직 일자리마저 없었다면 잃어버린 20년 동안 일본은 훨씬 높은 실업률에 시달렸을 것이다. 2003년에 5.5%를 정점으로 하락하기 시작한 실업률은 이후 글로벌 금융 위기 이전까지 3%대의 낮은 수준을 유지했다.

정규직과 비정규직 일자리의 임금 격차를 이야기하는 사람들도 많다. 일단 임금 격차는 취업자를 대상으로 조사한다는 사실에 주의하자. 예를 들어 현재 노동 시장에 A, B, C 세 사람 중에서

A, B만 취업한 상태이고 한 달에 100만 원씩을 벌고 있으며, C는 실업 상태에 있다고 하자. 이 경우 평균 임금은 100만 원이고 임금 격차는 없다. 그런데 만약 C가 비정규직 일자리를 얻어 70만 원의 월급을 받게 되었다고 하자. 이렇게 되면 평균 임금은 90만 원으로 감소하고, 임금 격차도 발생하게 된다. 내각부 발표에 따르면 실업자까지 포함한 노동력 인구 전체를 대상으로 할 경우, 비정규직 노동자가 증가한 2002년 이후 지니 계수는 오히려 감소했다. 질 낮은 비정규직 일자리이므로 C에게 차라리 일하지 않는 것이 더 낫다라고 이야기할 수 있을까? 최고의 복지는 일자리라는 말을 굳이 하지 않더라도 실업의 고통은 임금 격차에서 느끼는 고통과 비교할 수 없다.

세 번째, 그럼에도 불구하고 당시에 많은 사람들이 일본이 격차 사회라는 주장에 수긍할 수밖에 없었던 이유는 명목 임금이 감소했기 때문이다. 명목 임금은 1998년부터 2004년까지 7년 동안 계속 감소했는데, 그 결과 2005년의 임금 수준은 1997년에 비해 9.7%나 낮아졌다. 재미있는 점은 전체적으로 소득이 감소했음에도 불구하고 많은 사람들이 자기 소득만 감소했다고 오인한다는 것이다. 만약 내 월급이 7년 동안 10%나 줄어들었다고 상상해 보자. 일반적으로 명목 임금이 하락하는 일은 좀처럼 일어나기 어렵다. 그렇기 때문에 더더욱 내 월급만 매년 쪼그라든다는 오해에서 벗어나기가 쉽지 않다.

앞서 실제로 소득 불평등이 개선되는 시점은 고도성장기가 아니라 안정 성장기였음에도 불구하고 고도성장기에 소득 불평등이 해소되어 누구나 중류층이 되었다는 착시 현상이 발생했다고 했는데, 이번에는 그 반대로 내 소득만 줄어들어 격차 사회가 되고 말았다는 착시 현상이 일어났다고 볼 수 있다. 데이터상으로는 딱히 소득 불평등이 확대되었다는 증거는 없지만, 그럼에도 불구하고 내 월급이 조금씩 줄어들고 텔레비전에서는 하루가 멀다 하고 격차 사회의 심각성을 고발하는 뉴스가 흘러나오면, 어느새 빈부 격차가 확대되었음이 분명하다는 확신을 갖는 사람들이 점차 늘어나게 된다.

소득세보다 소비세가 공평한 이유

이제 뒤로 미뤄 두었던 첫 번째 의미, 사람들이 생각하는 것만큼 일본이 격차 사회는 아니라는 사실에 대해 살펴보도록 하자. 다음 페이지의 〈그림 2-15〉에서 위쪽 그래프는 1960년부터 장기에 걸쳐 후생노동성에서 발표한 지니 계수이다. 당초 소득을 보면 1980년대 이후 지니 계수가 상승하면서 소득 격차가 점차 확대되고 있다는 것을 알 수 있다. 그러나 세금과 사회 보장 등으로 조정된 재분배 소득을 보면 당초 소득보다 지

그림 2-15 **지니 계수로 본 소득 격차**

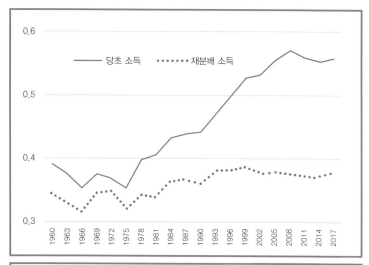

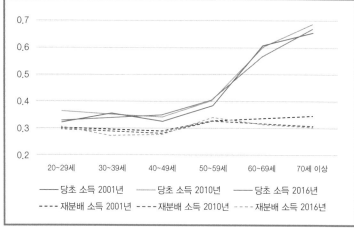

출처: 소득 재분배 조사 보고서, 후생노동성

니 계수가 훨씬 낮으며, 1990년대 말에 최고점을 기록한 이후에
는 감소세로 돌아섰다는 것을 알 수 있다. 재분배 정책에 의한 소

득 보정 효과의 내역을 살펴보면 연금의 공헌도가 가장 크며, 의료, 개호와 같은 현물 급부가 그다음이고, 세금의 역할은 생각보다 미미한 것으로 알려져 있다. 정리하면 일본 또한 다른 선진국들과 마찬가지로 1980년대 이후 소득 격차가 확대되었으나, 사회 보장 정책으로 보정된 재분배 소득이 그 격차를 메워 주고 있으며, 최근 20년간 그 격차는 더욱 줄어들고 있다.

한편 소득 격차가 확대되었다는 사실 그 자체보다 소득 격차가 확대된 이유를 파악하는 것이 정책적으로는 더 중요하다. 많은 연구자들이 밝혀낸 바에 의하면 일본에서 당초 소득의 격차가 확대된 이유는 다름 아닌 고령화 때문이다. 자영업이나 일부 전문 직종과 같이 나이가 들어서도 계속 일할 수 있는 분야에 종사하고 있는 고령자도 있지만, 대부분의 고령자는 은퇴한 이후 소득이 급격히 줄어든다. 〈그림 2-15〉의 아래쪽 그래프는 열 살 단위로 구분한 세대별 소득 격차인데, 당초 소득의 지니 계수는 정년을 맞이하는 60대부터 급격하게 증가하기 시작한다는 것을 알수 있다. 그리고 위쪽 그래프와 마찬가지로 사회 보장 정책, 즉연금, 의료, 개호 등으로 보정된 재분배 소득에서는 일하고 있는 현역 세대와 비슷한 정도로 소득 격차가 줄어든다는 것을 알수있다.

당초 소득의 불평등을 연금, 의료, 개호와 같은 사회 보장 지출로 메우고 있는 일본의 재분배 정책은 아이러니하게 또 다른 형태의 불평등 문제를 야기했다. 예상할 수 있듯이 일본의 사회 보장 비용은 매년 천문학적 규모로 불어나고 있다. 2021년도 당초 예산 106조 6,097억 엔 중에서 사회 보장 비용은 36조(33.6%)로 가장 큰 비중을 차지한다. 사회 보장비의 GDP 비중은 현재 21.5% 정도인데 2040년이 되면 25% 수준까지 상승한다. 비중은 3.5% 늘어나지만, 매년 GDP가 늘어난다는 전제하에 추계한 것이기 때문에 금액은 121조 엔에서 190조 엔으로 57%나 늘어난다. 현재 20~30대가 감당해야 할 사회 보장 비용 부담이 앞으로 눈덩이처럼 불어나는 것은 불을 보듯 뻔하다는 이야기다.

게다가 현재 20대의 경우 과거에 비해 재분배 소득의 격차도 조금씩 증가하고 있다. 〈그림 2-15〉 아래쪽 그래프를 보면 20~29세의 2001년 재분배 소득 지니 계수(0.299)보다 2016년 재분배 소득 지니 계수(0.306)가 조금 더 높아졌다. 청년층의 소득 격차가 증가한 배경으로 지적되는 것은 비정규직 노동자의 증가이다. 고용 인구 중에서 25~34세 남성의 비정규직 비율은 1990년대 말에 3%에 불과했지만, 최근에는 15% 정도까지 상승했다.* 현재 20~30대는 각종 세금과 사회 보장 비용의 무거운 부담을 지고 있지만, 그 혜택은 대부분 고령층에게 돌아가다 보니 젊은 층의 불만은 누적되고 있다. 게다가 지금의 인구 감소 추세가 이어진다

---

* 비정규직 비율이 높은 여성의 경우, 2000년대 초반까지 고용 인구 중에서 40% 정도가 비정규직이었으나 최근에는 30% 정도로 감소하였다.

면 이들이 고령층에 편입되는 시점에 젊은 시절 부담한 만큼의 혜택을 누릴 가능성은 거의 희박하다.

소득 불평등이 아닌 자산 불평등까지 고려해보면 젊은 층의 박탈감은 한층 더 깊어진다. 버블 붕괴 이후 장기간 부동산 가격 하락을 경험한 일본에서 부동산 자산의 불평등은 큰 문제로 인식되지 않는다. 대신 금융 자산의 불평등은 매우 심각한 문제로 지적된다. 세대주가 20대인 경우 예적금, 주식 등 금융 자산이 100만 엔도 채 되지 않는 세대가 51%나 되고, 30대의 경우에도 30%에 육박한다. 반면, 금융 자산이 1억 엔 이상 되는 부유층의 경우, 세대주가 60대 이상인 세대 비율이 76%에 이른다. 나이가 들면서 금융 자산이 늘어나는 것은 자연스러운 현상이기는 하지만, 문제는 장기 저성장 시대를 살아가는 현재 일본의 젊은이들은 선배 세대만큼 금융 자산을 축적할 수 없다는 점이다.

이러한 문제의식은 세금을 둘러싼 논쟁에도 불을 붙였다. 2014년 4월에 5%이던 소비세를 8%로 끌어올리고, 또다시 5년 뒤인 2019년 10월에 10%로 상승시켰을 때 많은 사람들이 소비세 인상에 따른 경기 침체를 걱정했지만, 조세 부담의 형평성에 대한 불만은 거의 없었다. 소비세는 소득이 많은 사람도 적은 사람도 동일한 세율을 부담하기 때문에 역진적인 성격이 강하다. 따라서 소득 불평등을 시정하기 위해서는 누진적 성격을 갖는 소득세 중심의 세제가 더 바람직하다는 것이 조세론 교과서에 나와 있는 결론이다. 하지만 현재 일본에서는 소득세보다 소비세를 더 공평하게 여기는 사람들이 많다.

일본과 같은 고령 사회에서는 현역 세대를 타깃으로 하는 소득세가 오히려 소득 재분배에 왜곡을 초래할 가능성이 크다. 소득이 적거나 아예 없어서 소득세 부담이 적은 고령층이 상당한 금융 자산까지 보유하고 있는 일본의 경우, 소득세는 낮추고 소비세와 재산세를 높이는 방향으로 세대 간 자산 불평등 문제를 해소해야 한다. 세계 최고령 국가로서 일본이 앞으로 마주할 문제들은 기존의 경제학 교과서에 나와 있는 해법으로는 대응하기 어려울 가능성이 크다. 무엇을 선택하던 전대미문, 전인미답의 해결책을 제시해야 하는 상황에 놓여 있는 일본이다.

16장

아베노믹스,
성공인가 실패인가?

일본형 장기 불황을 둘러싼 논쟁

일본형 장기 불황은 1990년대 초반 자산 가격의 폭락으로 시작되었다. 1985년 플라자 합의와 그에 따른 엔고 불황에 대한 과잉 대응이 만들어 낸 버블이 1990~1991년을 기점으로 붕괴되었다. 그 결과 1인당 GDP 증가율은 1992년에 0.3%로 떨어졌고, 1993년에는 오일 쇼크 이후 처음으로 성장률이 마이너스(−0.2%)로 떨어졌다. 1992년부터 아베노믹스가 등장하는 2012년 12월까지 20년간 일본의 1인당 GDP 증가율은 0.6%로 일본은 기나긴 장기 불황의 터널을 지나게 된다. 다만 주의해야 할 점은 같은 기간 프랑스(1.0%), 독일(1.1%), 미국(1.6%) 등 다른 선진국들의 성장률도 그리 높지 않았다는 사실이다. 즉 성장률만 놓고 보면 다른 선진국에 비해 일본이 특별히 낮은 성장률을 기록했다고는 볼 수 없다.

일본형 장기 불황이 주목을 끈 이유는 낮은 성장률 때문이 아니라 성장률의 급격한 변화 때문이었다. 제1차 오일 쇼크에서 회복한 1975년부터 1991년까지 일본은 3.6% 성장한 반면, 같은 기간 프랑스는 1.9%, 독일은 2.5%, 미국은 1.9% 성장했다. 1992년부터 2012년까지 성장률과 비교하면 일본(-3.0%)은 프랑스(-0.9%), 독일(-1.4%), 미국(-0.3%)에 비해 훨씬 큰 폭으로 성장률이 감소했다. 결국 1990년대 들어서 일본의 성장률 감소 폭이 다른 선진국에 비해 가장 급격했기 때문에 '잃어버린'이라는 수식어가 붙게 된 것이다.

일본형 장기 불황의 특징으로 다음의 두 가지를 생각해 볼 수 있다. 첫 번째, 잠재 GDP 성장률의 하락과 GDP 갭의 마이너스가 동시에 나타난다는 것이다. 잠재 GDP는 한 나라 경제가 안정적으로 도달할 수 있는 중장기 성장 수준인데 잠재 GDP 성장률이 하락하면 활용 가능한 생산 요소를 100% 사용하고도 성장 수준이 하락하게 된다. 또한, 잠재 GDP와 실제 GDP의 차를 뜻하는 GDP 갭이 마이너스라는 것은 현재의 잠재 능력만큼 생산 능력을 발휘하고 있지 못하다는 뜻이다.

두 번째, 장기 디플레이션과 유동성 함정이다. 1995년부터 2012년까지 월평균 소비자 물가 상승률은 -0.1% 정도인데 이렇게 긴 세월 동안 평균 인플레이션율이 마이너스를 기록한 것은 선진국 중에서 일본이 유일하다. 그리고 이러한 장기간의 디플레이션과 유동성 함정은 연결되어 있다. 유동성 함정은 금리가 이미 제로에 가까운 상태라 통화량을 아무리 늘려도 금리를 내릴 수 없는 경우인데, 장기간의 디플레이션으로 소비자나 기업들이 강한 디플레이션 기대를 형성하게 되면 금리를 내려도 소비나 투자가 반응하지 않는다.

일본형 장기 불황의 첫 번째 특징 중 하나인 잠재 성장률의 하락은 총공급에 문제가 생겼음을 뜻한다. 잠재 GDP가 성장하기 위해서는 노동력, 인적 자본, 물적 자본과 같은 생산 요소가 증가하거나 총요소 생산성(Total Factor Productivity, 이하 TFP)이 향상되어야 한다. 쉽게 말해 노동, 자본을 좀 더 많이 투입하거나, 동일한 노동, 자본을 투입하더라도 생산성이 향상되어야 잠재 GDP가 성장한다는 뜻이다. 당연한 이야기이지만 저출산, 고령화가 가져온 인구 구조의 변화는 노동력의 감소로 이어졌다. 일본의 경제 활동 인구는 1999년부터 줄기 시작하였지만 20~50대의 인구가 정점을 찍은 것은 1995년경의 일이다.

그러나 장기 불황기에 총공급 부진을 야기한 것은 단순히 노동력 감소의 문제가 아니었다. 하야시 후미오林文夫 교수와 에드워드 프레스컷Edward C. Prescott 교수에 따르면 TFP 증가율이 둔화된 것이 1990년대 일본 경제 침체의 가장 근본적인 원인이었다.* 결국, 장

---

* 1983~1991년의 TFP 증가율은 연평균 3.7%였고 같은 기간 경제 성장률은 3.6%였다. 그리고 1991~2000년의 TFP 증가율은 연평균 0.3%였고 같은 기간 경제 성장률은 0.5%였다.

기 불황을 해결하기 위해서는 한계 기업을 퇴출시키고, 부실 채권을 줄이며, 생산성이 낮은 공기업들을 민영화하는 등 이른바 구조 개혁을 통해 생산성을 높여야 한다는 것이다.

물론 일본형 장기 불황의 원인은 총공급 문제에만 있지는 않았다. 앞서 일본형 장기 불황의 특징 중에 GDP 갭이 마이너스가 되었다고 했는데, 이것은 실제 GDP가 잠재 GDP를 밑도는 상태, 즉 총수요 부족을 뜻한다. 장기 불황기에는 1996~1997년과 이자나미 경기(2002~2007년) 정도를 제외하고 GDP 갭이 지속적으로 마이너스를 기록하였다. 결국, 총수요 부족 또한 경기 침체의 원인이며 이를 해결하기 위해서는 다양한 총수요 확대 정책도 필요하다는 이야기이다.

한편, 일본형 장기 불황의 또 다른 특징인 장기 디플레이션과 유동성 함정은 미국이나 유럽의 저성장과는 구별되는 일본만의 특징이다. 일본은 버블 붕괴 이후 소비세 증세를 단행한 1997년과 원유 가격이 폭등한 2008년을 제외하고 지속적으로 물가 수준이 하락해 왔다. 그나마 1990년대에는 물가 상승률이 하락하는 디스인플레이션disinflation 시대였지만, 2000년대에 들어서는 아예 물가 상승률이 마이너스가 되는 디플레이션deflation 시대로 접어들었다. 디플레이션이 일상화하고 경제 주체들이 디플레이션을 예상하는 이른바 디플레이션 기대expected deflation는 버블 붕괴 이후 20년 동안 형성되어 왔다고 볼 수 있다.

앞서 설명했듯이 유동성 함정은 이미 금리가 충분히 낮은 수준이라서 더 이상 낮출 수 있는 여력이 없는 상황, 즉 중앙은행의 금리 정책이 무력화된 상황이다. 폴 크루그먼Paul Krugman 뉴욕시립대 교수는 디플레이션 기대가 일본 경제를 유동성 함정에 빠뜨렸다고 보았다. 경제 주체들이 앞으로 디플레이션이 더욱 심화될 것이라고 예상하게 되면 현재 소비를 미래로 지연시키게 되고, 소비 감소는 기업의 판매 실적을 악화시켜 고용 축소와 임금 삭감을 가져오며 이는 또다시 소비 감소로 이어진다. 게다가 디플레이션 기대는 실질 이자율을 상승시켜 투자를 감소시키는 효과도 있다. 결국 소비와 투자의 감소가 또 다른 디플레이션을 가져오고, 이러한 악순환이 결국 디플레이션 스파이럴deflation spiral을 만들어 내면서 경제가 디플레이션이라는 늪에 빠지게 된다는 것이다.

이에 대한 크루그먼의 처방은 양적 완화를 통해 디플레이션 기대를 타파하는 것이었다. 적정 수준의 인플레이션율이 확실히 정착될 때까지 무제한적으로 본원 통화를 늘리는 정책을 통해 디플레이션 기대를 인플레이션 기대로 전환할 수만 있다면 경제는 디플레이션의 늪에서 빠져나올 수 있다.

절치부심, 아베의 귀환

아베노믹스란 2012년 12월 26일부터 2020년 9월 16일까지 7년 8개월여 지속된 제2차, 제3차, 제4차 아베 내각의 경제 정책을 뜻한다. 또 아베노믹스 경기란 경기 변동의 제16순환이 시작되는 경기의 저점(2012년 11월)에서부터 경기의 정점(2018년 10월)에 이르는 71개월간의 호황을 뜻한다. 지병의 악화로 2020년 9월에 사임한 아베 총리는 결과적으로 일본의 역대 최장수 총리가 되었고, 아베노믹스 경기는 이자나미 경기에 이어 일본 역사상 두 번째로 긴 호황으로 기록되었다. 얼어붙은 한일 관계 때문에 아베를 향한 우리 국민들의 시선은 곱지 않지만, 장기 집권에 성공한 아베는 한 시대를 풍미한 정치가를 뛰어넘어 현대 일본을 설명하는 데 빠뜨릴 수 없는 중요한 인물로 평가할 수 있다.

중의원을 지낸 조부 아베 간安倍寬, 총리를 지낸 외조부 기시 노부스케岸信介를 비롯해 유명한 정치인을 다수 배출한 명문가에 태어난 아베 신조는 세이케이成蹊대학을 졸업하고 고베제강에 입사했으나 3년 만에 사표를 쓰고, 당시 외무대신이던 아버지 아베 신타로安倍晋太郎의 비서관으로 정계에 입문한다. 많은 일본 정치인들이 그러하듯, 아베는 마치 가업을 계승하듯 큰 고민 없이 직업 정치인의 길을 택하였으며 갑작스럽게 사망한 아버지의 지역구를 물려받아 1993년에 중의원에 처음 당선되었다. 이후 고이즈미 총리의 신임을 얻어 고이즈미 내각에서 관방장관을 비롯해 자민당 내 요직을 두루 거치면서 포스트 고이즈미로 주목받게 된다. 2006년 9월 1일 그가 총재 선거에 출사표를 던졌을 때, 아베 이외에 다른 총리감을 생각할 수 없을 정도로 정치적 기반은 탄탄했고 대중적 인기도 높았다.

《아름다운 나라로美しい国へ》는 당시 자민당 총재 선거를 준비하면서 아베가 발표한 저서인데, 이 책은 단기간에 무려 50만 부가 넘게 팔렸다. 책 제목에서 따온 '아름다운 나라, 일본美しい国日本'은 아베가 총리로 취임한 이후 자신이 생각하는 일본의 지향점을 나타내는 용어로 사용되기도 하였다. 그러나 우아한 캐치프레이즈와 함께 시작된 제1차 아베 내각은 별다른 성과도 없이 겨우 1년 만에 허무하게 끝나고 말았다. 얄궂게도 이때 역시 사임 이유는 지병의 악화였다.

좋은 집안에서 태어나 가업을 계승하는 심정으로 정치인이 된 아베의 입장에서는 총리라는 자리가 생각보다 너무 외롭고 힘들었을지도 모른다. 그러나 냉정히 바라보면 2006년의 아베는 아마추어였다. 당시 아베 총리는 기자 회견에서 자신이 생각하는 경제 정책으로 "고령화 시대를 맞아 기술 혁신으로 생산성을 향상시키고, 연금, 의료, 개호 등 사회 보장 제도 개혁을 실시하며, 재정 재건을 위해 국채 발행액을 감소시키겠습니다."라고 밝혔는데, 이는 "경제는 살리고 정치는 화합하겠다." 정도의 너무나 뻔한 이야기라 딱히 경제 정책이라 하기에도 민망한 수준이다.

사실 아베의 관심은 다른 데 있었다. 총리가 된 직후부터 아베는 보수적 색채가 짙은 정책을 차례차례 도입했는데 그사이 60%대로 시작한 지지율은 30%대로 곤두박질쳤다. 먹고사는 문제를 등한시했기에 온 당연한 결과였다. 그도 그럴 것이 고이즈미 시절인 2002년 2월부터 시작된 이자나미 경기가 73개월이나 지속되었기 때문에 아베는 총재 선거 당시에도 새로운 경제 공약을 개발할 의지가 없었다. 기껏해야 고이즈미의 구조 개혁을 계승·발전시키겠다는 정도였다. 그러나 문제는 이자나미 경기가 실감할 수 없는 저온호황이라는 데에 있었다. 당시 일본 정부는 마침내 어두운 불황의 터널을 벗어났다고 선전했지만, 정작 국민들은 납득할 수 없다는 반응이 대부분이었다. 아무도 호황을 피부로 느낄 수 없었기 때문이었다.

결국 1년 만에 총리의 자리에서 물러난 아베는 이후 오랜 잠행에 들어갔다. 대중들의 눈을 피해 전문가를 찾아다니며 새로운 정책과 비전을 개발하는 공부를 시작했다. 그동안 5년이라는 시간이 흘렀다. 아베의 뒤를 이어 5년 동안 5명의 총리가 교체되는 정치적 혼란기를 거치면서 일본 경제는 더욱 깊은 수렁 속으로 빠져 들었다. 글로벌 금융 위기와 동일본 대지진을 겪으면서 잃어버린 10년은 잃어버린 20년이 되었고, 이제는 누가 총리가 되어도 일본 경제의 회복을 기대하기는 요원해 보였다.

이즈음 아베는 정치인으로서 중요한 두 가지 결정적 터닝 포인트를 맞이하게 된다. 첫 번째는 리플레이션파 경제학자들과의 교류이다. 리플레이션파는 일본 경제가 장기 디플레이션 상태에서 벗어나게 하기 위해서 양적 완화, 중앙은행의 국채 매입, 제로 금리 정책의 지속 등 물가 목표를 달성하기 위한 다양한 거시 경제 정책을 지지하는 경제학자들이다. 아베는 자민당의 대표적인 리플레이션 수용자인 야마모토 고조山本幸三를 통해 리플레이션파의 경제 논리를 접하게 된다. 그리고 제2차 아베 내각이 들어섰을 때 리플레이션파 경제학자인 하마다 고이치와 혼다 에쓰로를 내각관방참여内閣官房参与로, 이와타 기쿠오를 일본은행 부총재로 임명하면서 리플레이션파의 아이디어를 아베노믹스로 담아내게 된다.

또 하나의 터닝 포인트는 동일본 대지진이었다. 경기 침체의 장기화로 인한 조세 수입의 감소와 고령화로 인한 사회 보장 비용의 급증으로, 1990년대부터 일본의 GDP 대비 정부 부채 규모는 꾸준히 상승하였다. 그 결과 역대 정권마다 재정 건전화를 전면에 내세워 증세와 세출 억제로 정부 부채의 규모를 줄이기 위한 노력을 경주해 왔다. 고이즈미 내각에서도 국채 발행액을 매년 30조 엔이 넘지 않도록 관리한 덕에 2006~2007년에는 기초 재정 수지 흑자화 목표에 거의 근접하기도 했었다. 제1차 아베 내각의 목표도 재정 건전화를 빠른 시일 내에 달성하는 것이었다. 그

그림 2-16 '일본을 되찾겠다.'는 아베
신조의 총재 선거 포스터

러나 동일본 대지진의 발생은 이러한 아베의 고정 관념을 뿌리째 흔드는 사건이었다. 일본 경제라는 커다란 배가 침몰하는데 재정 건전화에 집착하는 것은 분명 본말이 전도된 상황이었다. 코로나19로 자영업자들이 비명을 지르는데 재정 건전화를 고집하면 어떻게 될까? 개인 파산이 줄을 잇는데, 재정 건전성을 지켜 냈다고 좋아할 수만은 없는 노릇이다.

2011년 5월 4일 레이타쿠麗澤대학에서 '어떻게 일본을 다시 일으켜 세울 것인가?いかに日本を立て直すか'라는 강연을 통해 아베는 지진으로 인한 재해 복구를 위해 하루빨리 부흥 국채를 발행해야 한다고 주장했다. 한 달 뒤에는 부흥 국채 발행을 지지하는 아베를 포함한 211명의 국회의원이 성명을 발표했다. 제1차 아베 내각에서 재정 건전화를 주장했던 아베가 4년 뒤에는 정반대로 적극적인 재정 지출을 주장하게 된 것이다. 부흥 국채의 발행은 오랜 잠행을 끝낸 아베가 다시 대중에게 복귀를 알리는 신호탄이었고, 더 이상 아마추어가 아닌 노련한 정치인의 귀환이기도 했다.

아베노믹스의 탄생

　　　　건강 문제로 총리직을 내려놓은 지 5년 만에 아베는 디플레이션 극복을 위한 강력한 경제 정책을 표방하며 화려하게 재등장했다. 이른바 아베노믹스Abenomics의 탄생이다. 2012년 12월부터 제2차 아베 내각이 시작되었고, 아베노믹스라 불리는 장기 디플레이션 극복을 위한 다양한 경제 정책들은 코로나19의 확산으로 지지율 하락세를 견디지 못한 제4차 아베 내각이 막을 내릴 때까지 7년 8개월이 넘는 기간 동안 계속되었다. 사실 아베노믹스라는 명칭은 아베 내각이 만들어 낸 것이 아니었다. 처음에는 언론 등에서 사용하기 시작하여, 아베 총리 자신도 내각이 추진하고 있는 디플레이션 탈출 방안들을 아베노믹스라 부르게 되면서 점차 아베 내각의 경제 정책을 일컫는 용어로서 자리 잡게 되었다.

　당초 아베노믹스의 정책 목표는 소비자 물가 상승률 2%, 명목 성장률 3%, 실질 성장률 2%였다. 소비자 물가 상승률 2%에 관해서는 2013년 3월 구로다 하루히코黒田東彦 일본은행 총재가 취임하면서 다시 한번 명확하게 목표를 확인하였고* 2013년 6월 발표된

---

* 중앙은행의 독립성을 강조한 이전 민주당 정권과 달리 아베 정부는 중앙은행에 대한 정치적 압력을 강화해, 결국 정부와 일본은행이 물가 상승률 목표 2%라는 공동 성명을 발표하기에 이르렀다.

'일본재흥전략日本再興戦略'에서는 명목 성장률 3%, 실질 성장률 2%의 목표가 명시되었다. 그리고 이러한 목표를 달성하기 위한 수단으로 대담한 금융 정책, 기동적인 재정 정책, 민간 투자를 촉진하는 성장 전략이라고 하는 세 개의 화살이 제시되었다. 7년 8개월이라는 대장정의 막을 내린 아베노믹스를 현재 시점에서 바라보면, 아베노믹스는 일관되게 유지되어 온 경제 정책이라기보다는 경제 상황의 변화에 따라 부분적인 수정을 거쳐 온 경제 정책 패키지라고 평가할 수 있다.

아베노믹스의 세 화살을 총수요 정책 또는 총공급 정책에 대응시켜 보면, 첫 번째 화살인 금융 정책과 두 번째 화살인 재정 정책은 총수요 정책이고 세 번째 화살인 성장 전략은 총공급 정책이다. 즉, 아베노믹스는 총수요 정책과 총공급 정책을 동시에 고려한 정책 패키지인 셈이다. 일본형 장기 불황에 대해 하야시와 프레스컷은 구조 개혁을 통해 생산성을 높여야 한다는 처방을 내렸고 크루그먼은 양적 완화를 통해 디플레이션 기대를 타파해야 한다는 처방을 내렸는데, 하야시와 프레스컷의 처방은 세 번째 화살로, 크루그먼의 처방은 첫 번째 화살로 구현되었다. 동일본 대지진을 겪으면서 재정 건전화라는 압박에서 벗어나 유연한 재정 정책을 펼쳐야 한다는 아베의 개인적인 경험은 두 번째 화살에 녹아들었다.

결과적으로 아베노믹스는 성공했을까, 실패했을까? 개인적으

市場のお金を増やして
デフレ脱却！

政府支出で
スタートダッシュ！！

規制緩和で
ビジネスを自由に！！！

持続的な
経済成長
（富の拡大）※1
国内総生産※1
成長率3%※2

第1の矢	第2の矢	第3の矢
大胆な金融政策	機動的な財政政策	民間投資を喚起する成長戦略
金融緩和で流通するお金の量を増やし、デフレマインドを払拭	約10兆円規模の経済対策予算によって、政府が自ら率先して需要を創出	規制緩和等によって、民間企業や個人が真の実力を発揮できる社会へ

※1 国内で生み出された付加価値の総額

※2 物価変動の影響を含めた値の今後10年間の平均

그림 2-17 아베노믹스의 세 화살. 첫 번째 화살인 금융 정책과 두 번째 화살인 재정
정책은 총수요 정책이고, 세 번째 화살인 성장 전략은 총공급 정책이다.

출처: 일본 수상 관저

로 수년간 이 문제에 천착해 왔지만 한두 마디로 정리하기에는
너무 설명해야 할 것들이 많다.* 그래도 간단히 정리해 보면 앞서
말했던 것처럼 아베노믹스는 소비자 물가 상승률 2%, 명목 성장
률 3%, 실질 성장률 2%와 2020년까지 명목 GDP 600조 엔 달성
을 당초 정책 목표로 삼았다. 결과부터 말해 이 모든 목표는 달성
하지 못했다. 2012년의 명목 GDP 495조 엔은 2019년에는 554조
엔으로 늘어나 7년간 경제 규모는 12% 성장했지만 연간 평균 성
장률로 바꿔서 생각해 보면 2013~2019년간 소비자 물가 상승률

---

* 궁금한 독자들은 《아베노믹스와 저온호황》(이창민 지음, 제이앤씨, 2021년)을 참조하길 바란다.

은 0.89%, 명목 성장률은 1.61%, 실질 성장률은 0.85%로 각각 목표치의 50% 정도밖에 달성하지 못했다. 명목 GDP 600조 엔이라는 비현실적인 목표치도 코로나19로 인해 경기가 하강 국면에 접어들면서 달성 시점인 2020년에는 오히려 526조 엔으로 주저앉았다. 결국, 수치로 제시된 목표는 단 하나도 달성하지 못한 셈이다. 그렇다면 아베노믹스는 단지 실패한 정책적 실험이었다고 평가해야 할까?

사실 아베노믹스가 당초 기대에 미치지 못한 것은 버블 붕괴 이후 한 세대에 걸쳐 일본 경제의 체질이 완전히 바뀌었기 때문이다. 전 세계적인 IT 투자 붐 속에 일본만이 선진국 중 홀로 뒤쳐졌고, 생산성 저하와 자본 수익률 저하를 피해 기업들은 너도나도 해외로 진출했다. 환율과 수출의 관련성은 사라지고, 기업들은 환차익으로 벌어들인 수익을 해외에 재투자했다. 그 결과, 무역수지는 적자지만 소득 수지 흑자는 사상 최고치를 기록하며 30년 넘게 일본은 해외 순자산 1위를 기록하고 있다. 이러한 일본 경제의 구조적 변화는 경제학자와 정책가들이 예상했던 아베노믹스의 효과를 반감시켰다. 다만 아베노믹스라는 정책 실험을 통해 그동안 눈치채지 못했던 일본 경제의 구조적 변화를 파악할 수 있게 되었고, 이를 통해 미래 일본 경제의 향방을 가늠해 볼 수도 있게 되었다. 3부에서는 이러한 내용을 토대로 미래 일본에 대한 전망을 구체화해 보고자 한다.

3부

미래의 일본을
어떻게 전망할
것인가?

17장
상실의 시대

체감할 수 없는 호황

2015년 3월에 발표된 《일본경제신문》의 여론 조사는 묘하게 사람들을 안심시키는 효과가 있었다. 경기 회복에 대한 주관적인 생각을 묻는 질문에 '전혀 실감할 수 없다.'는 답변이 무려 81%에 이르렀기 때문이다. 사람들은 '나 혼자만 호황을 실감하지 못한 것이 아니었구나.' 하는 안도감을 느끼면서도, 한편으로는 '그럼 대체 호황의 과실은 누가 다 가져갔다는 말인가?'라는 의문을 품었다. 아베노믹스를 실시하기 전인 2012년에 비해 분명 주가는 두 배 이상 상승했고, 환율은 8년 만에 최저 수준으로 떨어졌으며, 기업 이익이 사상 최고 수준을 기록했고, 실업률은 3% 수준으로 떨어졌다. 충분히 호황이라 부를 만한 상황임에도 불구하고, 이상하리만치 실감이 나지 않는 호황에 일반인들뿐만 아니라 전문가들도 적잖이 당황했다. 전후 최장기 호황이 될지도 모른다는 희망 가득한 뉴스는 공허한 메아리처럼 들렸다.

사람들의 머릿속에 데자뷔처럼 오버랩되는 장면이 있었다. 분명 예전에도 비슷한 경험을 한 적이 있다. 고이즈미 시절의 이자나미 경기가 그러했다. 2002년 2월부터 2008년 2월까지 무려 73개월이나 지속된 호황이었지만, 호경기임에도 불구하고 풍족함을 느낄 수 없었던 호황으로 많은 일본인들이 기억하고 있다.

당시 몇몇 전문가들은 일부 계층만이 호황을 향유하였기 때문에 전 국민이 온기를 느낄 수 없었다는 분석을 제시하였고, 일반인들 사이에서도 '격차 사회를 만든 범인은 바로 고이즈미의 신자유주의적인 정책'이라는 인식이 강했기 때문에 이러한 분석은 큰 비판 없이 받아들여졌다. 그렇다면 이번 아베노믹스 경기 역시 일부 계층만이 호황을 누린 것인가? 하지만 소득 불평등이 확대되었기 때문에 81%나 되는 국민이 호황을 체감할 수 없었다는 설명은 어딘지 모르게 개운치 않은 느낌이 들었다.

2019년 1월 30일 중의원 본회의에서 아베 총리는 상기된 표정으로 "아베노믹스 경기가 74개월 연속 확장 국면을 이어가 이자나미 경기를 넘어서는 전후 최장기 호황이 되었다."며 자화자찬을 했다. 그러나 코로나19로 인한 경기 침체로 공식적인 아베노믹스 경기는 2018년 10월을 끝으로 막을 내렸다. 경기 변동의 큰

그림 3-1 **경기 동향 지수**(CI 동행 지수 기준, 2015년=100)

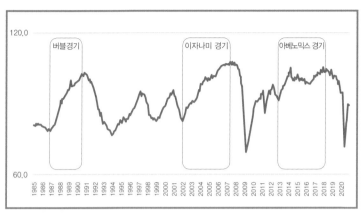

출처: 경기 동향 지수, 내각부

사이클이 끝나는 구간은 사후적으로 판단할 수밖에 없기 때문에 처음 발표보다는 경기 확장 기간이 줄어들었다. 결과적으로 아베노믹스 경기는 이자나미 경기보다 2개월 부족한, 전후 두 번째로 긴 장기 호황으로 기록되었다. 〈그림 3-1〉을 보면 알 수 있듯이, 전후 일본이 겪은 16번의 경기 확장 국면 중에서 가장 긴 두 번의 호황이 모두 2000년대 이후 발생했으며, 일본이 최전성기를 구가했던 버블 호황기도 이 두 번의 호황에 비하면 지속 기간은 짧았다.

체감하기 어려운 장기 호황이라는 공통점을 지닌 이자나미 경기와 아베노믹스 경기는 이전의 버블 경기에 견줘 볼 때 두드러진 특징들이 관찰된다. 〈그림 3-2〉는 수요 측면에서 경제 성장에

그림 3-2 **지출 항목별 성장 기여도**(단위: %)

		버블 경기 1985~1990	이자나미 경기 2002~2007	경기 침체기 2008~2012	아베노믹스 경기 2013~2018
명목 경제 성장률		6.6	0.4	−1.6	1.8
실질 경제 성장률		5.3	1.7	−0.2	1.2
민간 최종 소비 지출		2.5	0.6	0.7	0.2
민간 투자	주택 투자	0.4	−0.1	−0.1	0.0
	설비 투자	2.0	0.5	−0.4	0.5
	재고 증감	0.1	0.1	−0.1	0.0
정부 최종 소비 지출		0.5	0.2	0.3	0.2
공적 고정 자본 형성		0.2	−0.4	−0.2	0.0
순수출		−0.3	0.8	−0.4	0.2

자료: 박성빈(2019), 《아베노믹스와 일본 경제의 미래》, (주)박영사

대한 기여도를 나타낸 것이다. 이자나미 경기와 아베노믹스 경기, 두 호황 모두 실질 경제 성장률이 1%대를 기록해서 호황이라고는 하지만 명확하게 경기가 좋다고 볼 수도 없고, 그렇다고 불황이라고도 할 수 없는 상태, 즉 저온호황weak boom이었다는 것을 알 수 있다.

다만 비슷해 보이는 두 호황은 내용상 서로 다른 몇 가지 차이점도 가지고 있다. 이자나미 경기는 민간 소비, 설비 투자, 수출이 비슷하게 경기를 이끈 반면, 아베노믹스 경기는 설비 투자가 단독으로 경기를 견인한 측면이 있다. 버블 경기와 비교해 보면 두 호황 모두 민간 소비와 설비 투자의 부진이 저온호황의 원인으로 지적될 수 있다. 버블기에는 실질 경제 성장률의 85%를 차

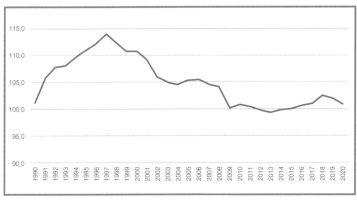

그림 3-3 **장기 임금 추이**(현금 급여 총액, 2015=100)

출처: 매월 근로 통계 조사, 후생노동성

지하는 민간 소비와 설비 투자가 연평균 2.5%와 2.0%라는 성장률을 기록하며 경제 성장을 견인하였지만, 2000년대 이후 두 번의 호황기에는 민간 소비와 설비 투자의 성장률이 1%에도 미치지 못하는 미지근한 호황이 되었다. 민간 소비와 설비 투자가 살아났다면 이자나미 경기와 아베노믹스 경기가 저온호황으로 끝나지 않았을 수도 있었다는 뜻이다.

저온호황의 또 다른 공통점은 명목 임금이 하락했다는 것이다. 〈그림 3-3〉은 1990년 이후 30년 동안 장기에 걸친 임금 수준의 추이이다. 1990년대 중반까지 상승 추세를 보이던 임금은 1997년을 기점으로 장기적인 하락 추세로 전환되었다. 이자나미 경기 기간에는 임금 하락을 포함해 디플레이션이 진행되었기 때문에 〈그림 3-2〉에서와 같이 명목 경제 성장률이 실질 경제 성장률보다 낮았다. 아베노믹스 실시 이후에는 매년 춘투春鬪* 기간에 아베 총리가 임금 상승을 읍소한 덕에 명목 임금이 미약하게나마 상승세로 돌아서긴 했지만, 장기적인 하락 추세에 브레이크를 걸기에는 역부족이었다. 결국, 2000년대 이후 두 번의 장기 호황기에는 소비 회복이 없고, 설비 투자가 없고, 임금 상승이 없는 3無 경기의 특징이 명확히 드러났다고 볼 수 있다.

아베노믹스 정책의 로드 맵

　　　　　아베노믹스의 양적 완화 정책은 본원 통화의 증가가 기대 인플레이션율의 상승을 가져온다는 소위 이와타 방정식을 기반으로 제시된 것이었다.** 〈그림 3-4〉에서 보는 바와 같이 이와타 방정식에 기반한 아베노믹스의 전달 경로는 본원 통화의 증가가 기대 인플레이션율의 상승을 가져오고, 이것이 ①단계 경로(엔저, 실질 금리의 하락, 주가의 상승)를 거쳐, ②단계 경로(수출

---

*　각 기업의 노동조합은 매년 봄에 임금 인상 등의 요구를 위해 단체 교섭을 실시하는데, 이를 춘투라고 부른다.

**　일본은행의 부총재(2013년 3월 20일~2018년 3월 19일)였던 이와타 기쿠오는 본원 통화와 기대 인플레이션율 간의 상관 계수가 0.9라고 계산하고, 이를 바탕으로 기대 인플레이션율이 1% 상승하면 환율은 20엔 평가 절하, 주가는 4,500엔 상승한다고 주장했다.

그림 3-4 **아베노믹스 전달 경로**

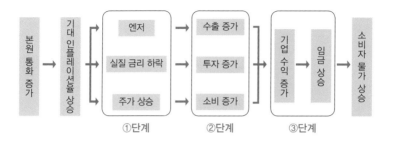

증대, 투자 증대, 소비 증대)로 이어져, ③단계 경로(기업의 수익 증대,
임금 상승)를 통해 마지막에 소비자 물가의 상승이라는 선순환을
가져온다는 아이디어였다. 즉, 아베노믹스의 당초 설계상으로 입
구에 해당하는 본원 통화를 270조 엔 늘리면, 출구에 해당하는 소
비자 물가가 2% 상승할 것으로 예상되었다.

아베노믹스의 전달 경로가 제대로 작동했는지에 대한 자세한
설명은 본서의 집필 의도를 벗어나는 것이기 때문에 생략하고자
한다. 결론만 짧게 소개하면, 다음과 같다. 먼저 〈그림 3-4〉에서
①단계 경로가 잘 작동하였는지 살펴보면, 아베노믹스 실시 전후
를 비교해 봤을 때 달러/엔 환율은 30~40% 평가 절하되었으며,
실질 금리 하락 폭은 그렇게 크지 않았지만 주가는 세 배 가까이
상승했다. 다음으로 ②단계 경로를 보면, 수출은 늘지 않았고 기
업의 설비 투자는 약간 늘었지만, 신규 설비 투자보다는 기존 설
비의 유지 보수와 관련한 투자가 늘었으며, 민간 소비는 부진하

였다. 마지막 ③단계 경로의 경우, 기업의 수익은 증대하였고 임금은 보합 내지 미약한 상승에 그쳤다.

다시 한번 정리하면, ①단계 경로는 대체로 성공적이었다고 평가할 수 있는 반면, ②단계 경로는 대체로 실패했다고 보는 것이 타당하다. 마지막 ③단계 경로의 경우, 기업 입장에서는 영업 이익이 늘어나 대체로 긍정적으로 평가할 수 있지만, 가계 입장에서는 임금 상승 수준이 당초의 기대치를 한참 밑돌았다고 볼 수 있다.

문제는 왜 이와타 방정식이 처음에 의도한 결과대로 나타나지 않았는가 하는 점이다. 즉, 아베노믹스의 전달 경로가 제대로 작동하지 않은 이유이다. 본원 통화의 증가가 기대 인플레이션율의 상승을 가져오고, 이것이 엔저와 주가 상승을 가져왔지만, 그다음 단계인 수출, 투자, 소비의 증대로는 이어지지 않았다. 그럼에도 불구하고 두 번째 단계를 뛰어넘어 세 번째 단계에서 기업의 수익은 증대하였다. 그러나 임금 상승은 기대치에 미치지 못했다. 이를 어떻게 해석해야 할까? 본서의 입장은 이렇다. 우리가 인지하지 못하는 사이에 일본 경제에 중요한 구조적인 변화가 발생했고, 그 결과 경제학 교과서에 나와 있는 대로 기대했던 효과가 발생하지 않았다는 것이다.

뉴 노멀이 된 저온호황

2020년 9월 16일 사임한 아베 총리는 연속 재임 일수가 2,822일을 기록해 종전의 사토 에이사쿠佐藤榮作 총리(1964년 11월부터 1972년 7월까지, 2,798일)를 누르고 역대 최장수 총리가 되었다. 아베노믹스를 평가하는 데 있어 왜 이렇게까지 장기 집권이 지속될 수 있었는지에 대한 고민이 필요한 지점이다. 이는 일본을 장기 불황의 늪에서 구원해 줄 누군가를 일본 국민들이 간절히 원하고 있었다는 뜻과 동시에 비록 만족할 만한 수준은 아니지만 아베노믹스 경기가 몰고 온 온기를 일정 부분은 체감할 수 있었다는 뜻도 된다. 온기의 실체는 일자리였다. 2010~2012년 5,500만 명 수준에서 횡보하던 고용자 수는 2019년 말에 6,000만 명까지 늘어나 7년간 500만 명 이상 증가했다. 이자나미 경기 동안 150만 명 증가한 것과 비교해도 압도적으로 많은 사람들이 새로 일자리를 얻었다.

그러나 아베노믹스 경기는 전후 최장기 호황이 될 것이라는 많은 사람들의 예상을 깨고 결국, 이자나미 경기의 기록을 뛰어넘지 못했다. 아베노믹스 경기가 한창이던 2018년 10월경 정점을 찍은 일본 경제는 이후 코로나19로 인해 바닥이 보이지 않는 깊은 골짜기로 추락하였고, 현재까지도 회복은 쉽지 않아 보인다. 아베노믹스 경기의 화룡점정이 될 수 있었던 도쿄 올림픽을 앞두고 벌어진 코로나19의 팬데믹을 둘러싸고, 지독하게 불운한 타이밍 앞에 디플레이션 탈출의 꿈이 좌절되었다고 평가하는 사람들도 있다. 그러나 정말 불운한 타이밍 때문에 아베노믹스 경기가 끝내 목표한 바를 이루지 못했던 것일까?

무라카미 하루키村上春樹의 소설《상실의 시대》는 우리나라에서 가장 많이 팔린 일본 소설 중 하나이다. 원제는《노르웨이의 숲》인데 한국에서 판매 실적이 저조해 제목을 바꾸고 재출간하면서 베스트셀러가 되었다. 학창 시절에《상실의 시대》를 읽으며, 제목에서 말하고자 하는 상실이 대체 무엇에 대한 상실인지에 대해 고민한 적이 있다. 사실 지금 다시 읽더라도 상실의 대상이 무엇인지 딱히 꼬집어 말하기는 어려울 것 같다.

2000년대 이후 일본 경제는 상실의 시대라 해도 과언이 아니다. 소설《상실의 시대》와 달리 일본 경제에서 상실의 대상은 명확하다. 두 번의 호황을 통해 확인했듯이, 2000년대 이후 일본 경제는 '온기'를 상실했다. 그리고 이러한 저온호황이 이제는 일본 경제의 뉴 노멀이 되었다. 일시적인 변화가 아닌 새로운 균형이기 때문에 앞으로 찾아올 수차례의 호황은 예전처럼 뜨거운 고온호황이 될 가능성이 없다. 불운한 타이밍 때문에 아베노믹스 경기가 끝내 목표한 바를 이루지 못한 것이 아니라, 올드 노멀(고온호황)에 맞춰진 눈높이가 처음부터 잘못된 것일지도 모른다.

18장

가난한 나라, 부자 국민?

《부자 나라, 가난한 국민 일본》

지금 돌이켜보면 1990년대는 흥미로운 책들이 많이 출간되었다. 1990년대 들어 일본의 1인당 명목 GDP가 미국을 넘어섰지만, 한편으로는 버블 붕괴에 이은 경기 침체가 장기화될 조짐이 보이던 시기라 일본에 대한 세간의 평가는 극명하게 둘로 나뉘어졌다. 1994년 전여옥의 《일본은 없다》라는 책이 공전의 히트를 기록하자, 경쟁이라도 하듯이 다음 해인 1995년에는 서현섭의 《일본은 있다》가 베스트셀러로 등극했다. 각각 특파원과 외교관이라는 신분으로 오랜 일본 생활에서 겪은 체험과 통찰을 잘 녹여 낸 에세이였다. 제목만 보면 두 책이 마치 대척점에 서 있는 듯한 인상을 주지만, 막상 내용을 읽어 보면 서로 공유하고 있는 인식도 많았다. 대표적인 것이 '경제 대국' 일본의 화려한 이면에 가려져 있는 '생활 소국' 일본의 어둠을 지적하고 있는 부분이 그러했다.

예전에 주변 어른들이 "나라는 부자지만 국민은 가난한 나라가 일본이다."라는 이야기를 하곤 했는데, 당시에는 그 뜻을 잘 이해하지 못했다. 그러다 대학생이 되어서 카럴 판 볼페런Karel van Wolferen의 《부자 나라, 가난한 국민 일본》을 읽고서야 비로소 그 말의 의미를 이해할 수 있었다. 네덜란드 출신으로 일본에서 20년 이상 특파원을 지낸 판 볼페런이 지적하는 것도 결국, 생활 소국 일본에 대한 비판이었다. 경제력은 세계 정상 수준이지만 국민들은 좁은 주거 공간과 높은 물가에 시달리는 점, 또 집단 지향적 교육을 받은 일본인들이 관료 독재 체제에 순응하여 개인의 사생활이나 행복 추구를 앞세우지 않는 점 등이 주된 비판의 대상이었다.

내 전공 분야가 아니기 때문에 이러한 당대 지식인들의 '일본론'에 대한 평가를 하기는 어려울 것 같다. 다만 경제적 차원에서 '부자 나라, 가난한 국민'의 속뜻을 유추해 볼 수는 있을 것이다. 보통 그 나라의 경제력을 이야기할 때 1년 동안 국내에서 생산한 총부가 가치의 합계인 국내 총생산GDP을 쓰기도 하지만, 여기에 외국인이 국내에서 번 소득을 빼고 해외에서 자국민이 벌어들인 소득을 포함시킨 국민 총소득GNI을 쓰기도 한다. 그리고 국민 총소득을 인구 수로 나눈 1인당 GNI는 그 나라 국민 개개인의 생활 수준을 보여 주는 지표로 많이 활용된다.

2019년 기준 우리나라의 1인당 명목 GNI는 32,422달러로 세계 38위 전후이다. 1달러에 1,000원 정도의 환율로 가정하고, 4인 가족을 생각하면 1년간 소득이 대략 1억 3,000만 원 정도에 이른다. 4인 가족 기준 우리나라 가계의 평균 소득이 이 정도 된다고 하면 아마 많은 사람들이 깜짝 놀라며 그럴 리가 없다고 생각할 것이다. 생각보다 좀 높게 나온 이유는 GNI에 가계 소득만 들어 있는 것이 아니고 기업 소득도 포함되어 있기 때문이다. 우리나라의 경우 GNI 대비 가계 소득은 60% 정도이고 기업 소득은 25% 정도 된다. 그러니까 4인 가족을 기준으로 1년간 가계 소득의 평균은 대략 7,800만 원(1억 3,000만 원×60%) 정도 된다고 보면 된다.

문제는 선진국 중에서 일본과 한국이 유독 가계 소득의 비중이 낮고 기업 소득의 비중이 높다는 점이다. 그리고 일본은 1990년 대에도 이와 동일한 문제점을 안고 있었다. 당시 자료에서 OECD 평균을 보면, GNI 대비 가계 소득 비중이 75%, 기업 소득의 비중이 15% 정도였는데, 일본은 각각 65%와 25% 정도로 가계 소득의 비중이 다른 선진국들에 비해 상대적으로 낮고, 기업 소득의 비중은 높았다. 결국, 세계 2위의 경제 대국이자 1인당 명목 GDP로는 다섯 손가락 안에 드는 일본이었지만 국민들의 생활 수준은 비슷한 수준의 다른 선진국 국민들이 누리는 수준에 미치지 못했다. 보는 이의 관점에 따라 이러한 모습은 검소한 일본인의 이미

지로 포장되기도 했지만, 본질은 기업 소득의 몫이 큰 분배 구조 상의 특징이 드러난 결과였다.

가난한 나라가 되어 버린 일본

2020년 기준 일본은 여전히 세계 3위의 경제 대 국이기는 하지만, 1인당 명목 GNI는 41,513달러로 세계 28위 정 도에 그치고 있다. 1995년에도 1인당 명목 GNI가 43,495달러로 세계 6위였으니 25년 동안 경제는 제자리걸음 정도가 아니라 아 예 뒷걸음질했다고 봐야 한다. 일본 국민들 스스로도 이제 자신 있게 부자 나라라고 말하기에는 어딘지 모르게 쑥스러운 상황이 되었다.

일본이 가난한 나라가 된 이유 중 하나는 돈을 빌려주겠다는 사 람은 많은데, 정작 돈을 빌리고 싶어 하는 사람이 없어진 것이다. 기업들이 돈을 빌려서 신규 투자를 해야 소비도 살아나고 물가도 상승하는데 아무도 돈을 빌려 가지 않으니 일본 정부가 대신 그 역할을 하고 있다. 나라가 가난해지는 것을 막기 위해 1990년대 이후 일본 정부는 빚을 내서 열심히 정부 지출을 늘려 왔는데, 그 결과 전 세계에서 가장 가난한 정부가 되었다. 가난한 나라가 되 는 것을 막으려다가 정말 가난한 나라(정부)가 되어 버린 셈이다.

그림 3-5 **GDP 대비 정부 부채 비율**(단위: %, 2020년 기준)

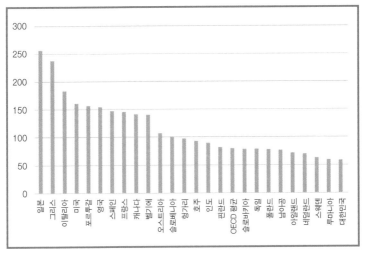

출처: OECD 세계 경제 전망 데이터베이스

　일본 재무성 발표에 따르면 국채와 차입금 등을 합친 일본 정부의 빚이 2021년 6월 기준 1,220조 엔을 넘어섰다. 이 정도 나라 빚이 대체 어느 정도 규모인지 금방 감이 오지 않는 독자들을 위해 쉬운 예를 하나 들어 보자. 일본 인구가 대략 1억 2,580만 명 정도이고, 현재 100엔당 1,000원이 안 되는 환율 수준을 고려하면, 어림잡아 일본 국민 한 명당 1억 원 정도의 빚을 지고 있는 셈이다. 이제 막 태어난 갓난아기부터 100살이 넘은 할머니까지 국민 모두가 1억 원씩 갚아야 나라 빚을 겨우 청산할 수 있다는 이야기이다.

　〈그림 3-5〉는 GDP 대비 정부 부채 비율을 나타낸 것인데, 일

본은 이 비율이 무려 256%에 달한다. 이는 부채 위기를 겪은 그리스나 이탈리아보다도 높은 수준이며 OECD 평균(80%)에 비해서도 3배 이상 높은 수치이다. 일본 정부는 2021년도 전체 예산의 33.6%를 사회 보장비에 지출하고 22.3%는 국채를 갚는 데 썼다. 빚 갚는 데만 전체 지출의 22.3%를 쓰다 보니 조세 수입으로 지출을 충당하기에는 턱없이 부족하다. 그래서 전체 예산의 41%는 다시 국채를 발행해 조달하고 있다. 1년에 1억을 쓰는 사람이 연봉은 5,900만 원에 불과하고 4,100만 원은 빚을 내서 쓰고 있는 상황이다. 게다가 지출 1억 원 중에서 빚 갚는 데만 2,200만 원을 쓰고, 그 때문에 새롭게 4,100만 원의 빚을 내는 셈이니 빚이 줄어들려야 줄어들 수가 없다.

〈그림 3-6〉은 일본의 일반 회계 세출, 세수, 공채 발행액을 나타낸 것이다. 1990년대 이후 고령화로 인해 복지 부담이 증가하면서 사회 보장 비용은 지속적으로 늘어났다. 그러나 장기 불황이 이어지면서 세수는 감소해 일명 '악어 입' 모양으로 세출과 세입의 간격이 벌어지게 되었다. 결국 부족한 세금은 국채를 발행해서 메울 수밖에 없는데, 이 때문에 1990년대 말부터 재정 적자를 보전하기 위한 적자 국채(특별 공채)의 발행이 대폭 늘어났다. 아베노믹스를 실시한 이후, 미약하게나마 경제 사정이 나아지고 세수가 늘어나면서 국채 발행 규모는 조금씩 감소하는 것 같았지만 코로나19가 발발하면서 모든 것이 다시 수포로 돌아갔다. 〈그

그림 3-6 **일반 회계 세출, 세수, 공채 발행액**(단위: 조 엔)

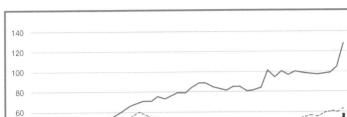

출처: 《아베노믹스와 저온호황》(이창민 지음, 제이앤씨, 2021년), 72쪽

림 3-6〉에서 확인할 수 있듯이 2020년에 정부의 국채 발행액은 또다시 껑충 뛰어올랐고, 정부의 빚은 다시 가파르게 늘어나기 시작했다.

재정 건전화의 달성은 1990년대 이후 들어선 역대 모든 정부의 최우선 과제였다. 아베 총리도 2020년까지 기초 재정 수지의 흑자를 달성하겠다는 재정 건전화 목표를 제시했었지만, 이를 위한 소비세 증세가 경기 침체로 이어지면서 목표의 달성 시점을 2025년으로 연기했다. 그런데 최근에 코로나19로 인해 재정 지출이 폭증하면서 2030년이 되어도 목표 달성은 어렵게 되었다. 기업 경영인들의 모임인 경제동우회経済同友会가 발표한 계산에 따르면 2050년이 되어도 일본 정부가 재정 건전화 목표를 달성하기는 어렵고, 이마저도 소비세를 현재의 10%에서 19%로 올려야 가능한 수치라고 지적했다. 이쯤 되면 일본 정부의 재정 건전화 목표가 현실적으로 실현 가능한 목표인지부터 따져 봐야 한다. 최소 2050년까지 가난한 나라를 벗어나기란 현실적으로 불가능해 보인다.

부자 국민은 다 고령자다

일본 정부의 어마어마한 부채를 이해하기 위해서는 조금 복잡하지만 채권 가격과 금리의 관계에 대한 약간의 설명이 필요하다. 직관적인 이해를 돕기 위해 돈을 빌려준 채권자와 돈을 빌린 채무자의 관계를 떠올려 보자. 국가가 채무자가 되면 국채国債, 회사가 채무자가 되면 사채社債, 학교가 채무자가 되면 교채校債가 된다. 채권자의 입장에서 보면 채권은 정해진 이자를 받을 수 있는 상품이 되기도 한다. 그래서 채권은 시장에서 거래가 되고, 가격이 존재한다. 만기에 돌려받는 원금은 일정하므로 만약 채권을 싸게 매입하면 결과적으로 채권 수익률이 높아지고, 비싸게 매입하면 채권 수익률은 낮아진다.

만약 A가 연 수익률 5%인 채권을 1,000만 원에 샀다면 1년 후

에는 1,050만 원을 받는다. 그런데 때마침 주식 시장이 가파른 상
승세라서 A는 채권으로 가만히 가지고 있는 것보다 하루빨리 채
권을 처분해서 주식 시장에 투자하는 게 낫다고 판단했다. 그래서
채권을 구입한 당일에 바로 구입 가격보다 10만 원이 싼 990만 원
에 시장에 내놓았고, 마침 B가 그 채권을 인수했다. 이 경우 B는
1,000만 원 채권을 990만 원에 구입했고 1년 후에는 1,050만 원
을 받을 수 있으므로 연 수익률은 6.06%가 된다. 반대로 만약 A
가 채권을 구입한 가격보다 높은 가격인 1,010만 원에 시장에 내
놓고, C가 그 채권을 인수했다면, C는 연 수익률 5%인 채권을
1,010만 원에 사서 1년 후에 1,050만 원을 받을 수 있으므로 연
수익률은 3.96%가 된다. 정리하면, 채권 가격이 990만 원으로 떨
어지면 수익률은 6.06%로 오르고, 채권 가격이 1,050만 원으로
오르면 수익률은 3.96%로 떨어진다. 여기서 채권 수익률은 시장
금리로 바꿔서 이해해도 된다. 즉, 채권 가격이 떨어지면 금리는
오르고, 채권 가격이 오르면 금리는 떨어진다.

채권 가격과 금리의 관계는 국채에도 적용된다. 국채 가격이 떨
어지면 금리는 오르고, 국채 가격이 오르면 금리는 떨어진다. 일
본의 국채 발행액이 지속적으로 늘어나 GDP 대비 정부 부채 비
율이 세계 1위라는 사실은 이미 언급한 바 있다. 이렇게 국채 발
행액이 지속적으로 늘어나면 일반적인 수요와 공급의 원리를 생
각할 때 국채 가격이 하락하고, 금리는 상승해야 한다. 더 솔직히

그림 3-7 **일본 국채 보유 현황**(2021년 6월 기준)

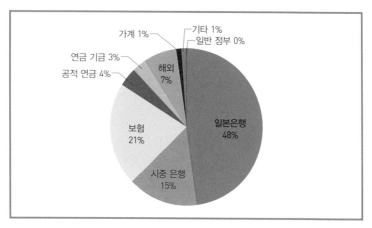

출처: 자금 순환 통계, 일본은행

말하면 국채 가격이 폭락하고, 금리가 폭등해 일본 정부가 파산 선언을 해도 이상하지 않다. 그런데 아직까지 그런 일은 일어나지 않고 있다. 국채 가격이 하락하는 것은 고사하고, 자꾸 하락하는 장기 국채 금리를 간신히 붙잡아 0%로 유지하고 있을 정도이다.

결국 국채를 대량으로 발행해도 누군가는 이 국채를 열심히 사들이고 있기 때문에 실제로 국채 가격이 폭락하는 일은 일어나지 않는다. 대체 누가 일본 국채를 사는 것일까? 〈그림 3-7〉은 일본 국채의 보유 현황인데 국채의 48%는 일본은행이 가지고 있다. 일본은행이 이렇게 많은 국채를 보유하게 된 이유는 아베노믹스 때문이다. 대규모 양적 완화를 하면서 시중 은행으로부터 국채를 매입한 결과 아베노믹스 실시 전인 2012년에 10%에 불과하던 비중이 현재는 48%까지 늘어났다. 반대로 2012년에 45%에 이르던 시중 은행의 국채 보유 비중은 현재 15%까지 줄어들었다. 시중 은행이 보유하던 국채가 중앙은행으로 이동하고, 그 덕분에 정부는 지폐 한 장 찍지 않고도 본원 통화를 계속 늘릴 수 있었다.

이 밖에도 보험, 연금 등 일본의 국채는 중앙은행과 국내의 금융 기관들이 80% 이상을 보유하고 있다. 해외 투자자들이 보유한 국채는 7%밖에 되지 않기 때문에, 많은 사람들이 국채 가격이 폭락하는 일은 발생하지 않으리라 믿고 있다. 실제로 일본 정부가 파산을 고민하면 중앙은행과 다른 국내 금융 기관들이 이를 가만히 보고만 있지는 않을 것이다. 국채 가격 폭락 시나리오가 구체화되면 채권자인 이들과 채무자인 정부 사이에는 모종의 조절과 타협이 가능할 것이다. 결국 일본 국채를 보유하고 있는 투자자들은 이러한 믿음을 가지고 있기 때문에 실제로도 국채 가격이 폭락하지 않고, 금리도 폭등하지 않는다.

그런데 이러한 민간 금융 기관들은 대체 무슨 돈으로 국채를 보유하게 된 것일까? 기본적으로 금융 기관은 누군가가 맡겨 둔 예금을 가지고 대출을 하고 국채에 투자도 할 수 있다. 다음 페이지의 〈그림 3-8〉의 부문별 금융 자산 잔고를 보면 일본의 금융 기관이 가지고 있는 예금이 누구의 돈인지 단번에 알 수 있다. 예금의 주인은 바로 가계이다. 가계의 금융 자산은 2021년 6월 기준

그림 3-8 **부문별 금융 자산 잔고**(단위: 조 엔, 2021년 6월 기준)

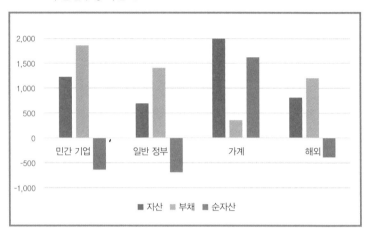

출처: 자금 순환 통계, 일본은행

1,992조 엔으로 2,000조 엔에 육박하고 있다. 부채를 뺀 순자산만 1,630조 엔이 넘는다. 정부의 총부채 1,412조 엔을 훌쩍 넘기는 수치이다. 결국, 정부가 많은 돈을 빌릴 수 있었던 것은 그만큼 가계가 많은 저축을 가지고 있었기 때문이다. 나라는 가난할지라도 국민은 부자인 나라가 지금의 일본이다.

다만 부자 국민의 속내를 들여다보면 현재 일본이 처한 상황이 그리 녹록하지만은 않다. 먼저 누가 금융 자산을 가지고 있느냐가 중요하다. 가계 금융 자산의 세대별 보유 실태를 보면 60대가 28.5%, 70대 이상이 40.0%로 사실상 60대 이상 고령층이 전체 가계 금융 자산의 70%를 보유하고 있다. 2020년 일본은행이 조사한 '가계 금융 행동에 관한 여론 조사'에서 20대 1인 가구의 43.2%와

30대 1인 가구의 31.1%가 금융 자산이 제로라고 답한 상황에 비춰 보면, 부자 국민의 본질은 사실 부자 고령자임을 알 수 있다. 자금 순환 구조로 보면 가계의 저축이 시중 은행으로 모여 그 돈으로 국채를 구입하고, 국채는 결국 중앙은행으로 흡수된다. 정부는 국채로 조달한 자금을 사회 보장비로 지출하므로, 결국 일본 고령층의 저축이 사회 보장으로 환류되는 구조이다.

또 한 가지 생각해야 할 부분은 금융 자산의 보유 형태이다. 일본의 가계는 주식과 채권보다는 현금, 예금, 보험, 연금의 형태로 금융 자산을 보유하려는 경향이 강하다. 2020년 기준, 일본의 가계는 금융 자산의 54.2%를 현금과 예금으로, 28.4%를 보험과 연금 등으로 보유하고 있으며 주식은 9.6%, 채권은 1.4%에 지나지 않는다. 미국의 경우 금융 자산의 32.5%를 주식으로, 32.6%를 보험과 연금의 형태로 보유하고 있으며, 현금과 예금은 13.7%에 지나지 않는다. 일본의 문제점은 가계의 금융 자산이 주식과 채권 같은 직접 금융을 통해 성장 자금으로 활용되는 것이 아니라, 은행을 경유해서 정부 부문으로 전부 흡수된다는 점이다. 물론 이 덕분에 정부가 파산하지 않고, 근근이 생명을 이어 갈 수는 있지만 경제 성장 없이 고령층이 보유한 저축만으로 연명하는 데에는 한계가 있다. 부자가 망해도 3대는 가겠지만 영원히 버틸 수는 없는 노릇이다.

19장

투자 대국 일본

해외 투자로 흑자 내는 '성숙한 채권국'

일본 상품 불매 운동의 여파가 이어지던 2020년 7월 20일 주요 포털에 "일본 또 무역 적자, '불매 운동' 식료품·車 한국 수출 급감"이라는 기사가 올라왔다. 내용인즉슨 일본이 또 무역 적자를 기록했는데, 한국의 불매 운동이 전체 수출액 감소에 영향을 미쳤다는 것이었다. 매일같이 경제 데이터를 들여다보는 입장에서, 악의적이라고 느껴질 정도로 사실을 호도하는 기사였다. 불매 운동이 일본 상품의 수출에 어느 정도 부정적인 영향을 미친 것은 사실이겠지만, 그 때문에 일본이 무역 적자를 기록했다는 것은 지나친 억측이다. 〈그림 3-9〉에서 볼 수 있듯이 일본의 무역 수지는 2011년부터 10년 이상 적자이거나 겨우 적

그림 3-9 **일본의 경상 수지 추이**(단위: 조 엔)

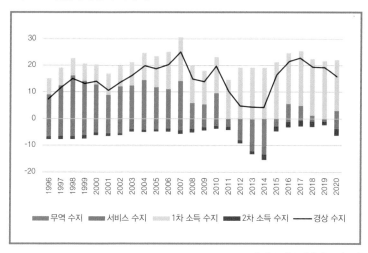

출처: 국제 수지 총괄표, 재무성

자를 면할 정도의 흑자만 기록해 왔다. 우리의 일본 상품 불매 운동과 관계없이 이미 오래전부터 일본 무역 수지 적자의 고착화는 시작되었다.

2011년에 무역 수지가 적자를 기록한 것은 그해 3월 11일에 발생한 동일본 대지진 때문이었다. 지진으로 원자력 발전소의 가동이 중단되면서 발전용 원유 수요가 급증했고 그 때문에 무역 수지는 적자로 전환되었다. 1963년 이후 무려 48년 만에 겪는 무역 적자였다. 그러나 후쿠시마 원전 사고로 시작된 일본의 탈원전 정책은 이듬해 아베가 재집권하면서 동력을 잃게 되었다. 이후 원전 재가동과 함께 원유 수입액이 큰 폭으로 감소했지만, 이상하게도 무역 수지는 개선되지 않았다. 나중에 밝혀졌지만 무역 수지 적자가 고착된 이유는 기업의 해외 진출이 늘어났기 때문이었다. 해외에 생산 거점이 증가하면서 과거에 '일본에서 생산해서 해외로 수출하던' 기업의 비즈니스 형태가 '해외에서 생산해서 해외에서 판매하는' 형태로 바뀌었기 때문에 무역 수지는 옛날처럼 큰 폭의 흑자를 기대할 수 없게 되었다.

그러나 무역 수지 적자가 고착되어도 경상 수지 흑자 폭은 감소하지 않고 오히려 더 늘어났다. 경상 수지는 무역 수지, 서비스 수지, 소득 수지 등의 합인데, 특히 경상 수지의 흑자를 견인한 것은 이자와 배당 등으로 구성된 소득 수지(1차 소득 수지)였다. 고도성장기 이후 무역 수지 흑자는 항상 소득 수지 흑자를 압도해 왔지만 2005년에 처음으로 소득 수지 흑자가 무역 수지 흑자를 앞지르기 시작했고, 이후 그 격차는 더욱 확대돼 왔다. 특히 무역 수지가 적자로 전환된 2011년 이후 경상 수지 흑자는 이른바 해외에서 벌어들이는 소득 수지를 통한 수익이 대부분이었다. 그리고 이는 해외에 축적된 어마어마한 금융 자산이 있기에 가능한 일이었다.

일본은행 자료를 보면 2020년 일본의 기업, 정부, 개인 등이 해외에 보유하고 있는 자산은 모두 1,146조 엔인데, 여기에 부채 789조 엔을 빼면 순자산이 357조 엔으로, 이를 달러로 환산하면 금융 자산이 무려 3조 1,500억 달러에 달한다. 이게 어느 정도 규

그림 3-10 **경제 발전 단계별 국제 수지 패턴**

	무역 수지	소득 수지	경상 수지	대외 순자산	시기 전전	시기 전후
Ⅰ. 미성숙한 채무국	적자(-)	적자(-)	적자(-)	마이너스(-)	1868~1880년	
Ⅱ. 성숙한 채무국	흑자(+)	적자(--)	적자(-)	마이너스(-)	1881~1914년	1955~1964년
Ⅲ. 채무 변제국	흑자(++)	적자(-)	흑자(+)	마이너스(-)	1914~1920년	1965~1969년
Ⅳ. 미성숙한 채권국	흑자(+)	흑자(+)	흑자(++)	플러스(+)		1970~2010년
Ⅴ. 성숙한 채권국	적자(-)	흑자(++)	흑자(+)	플러스(+)		2011~현재
Ⅵ. 채권 붕괴국	적자(--)	흑자(+)	적자(-)	플러스(+)		

모인지 짐작이 가지 않는 독자들을 위해 쉬운 예를 들면, IMF의 발표 기준 2020년 세계 5위를 자랑하는 영국의 GDP가 2조 6,400억 달러로 일본의 대외 순자산보다 작다. 일본은 영국 GDP보다도 더 큰 규모의 금융 자산을 해외에 보유하고 있는 셈이다. 매년 발표되는 대외 순자산의 순위를 보면, 2위 독일, 3위 중국을 누르고 일본은 30년 넘게 대외 순자산 1위를 유지하고 있다. 참고로 한국도 4,775억 달러라는 꽤 큰 규모의 대외 순자산을 보유하고 있지만, 상대적으로 일본의 덩치가 너무 커서 규모로는 일본의 15% 정도밖에 되지 않는다.

무역 수지 적자가 고착되는 대신 해외에 보유하고 있는 엄청난 금융 자산에서 발생하는 이자와 배당으로 경상 수지 흑자를 유지하는 현재의 일본 경제는 국제 수지의 발전 단계설로 보면 당연한 수순을 밟고 있는 것처럼 보인다. 1957년 제프리 크라우더Geoffrey Crowther가 제시한 국제 수지 발전 단계설은 경제의 발전 단계에 따라 국제 수지가 어떤 특정한 패턴을 그리면서 변화하는지를 다룬 이론이다. 〈그림 3-10〉을 보면 경제 발전 단계상 제1단계는 '미성숙한 채무국'인데 경제 발전의 초기에는 국내 저축이 부족해 산업 개발 자금을 외국으로부터 조달하고 각종 재화도 수입한다. 그 결과 무역 수지와 소득 수지가 모두 적자를 나타내게 된다. 일본에서는 메이지 유신 이후 본격적인 산업화가 진행되기 이전의 기간(1868~1880년)이 이에 해당한다.

제2단계인 '성숙한 채무국'은 경제 발전과 함께 수출 산업이 성장하여 무역 수지가 흑자로 전환되지만, 소득 수지는 여전히 적자인 상태이다. 일본에서 제2단계는 두 번 관찰되는데 1881년부터 제1차 세계 대전이 발발(1914년)하기까지의 기간과 전후 고도 성장기의 처음 10년(1955~1964년) 정도이다. 제3단계인 '채무 변제국'에 진입하면 수출이 확대되어 무역 수지 흑자 규모가 소득 수지 적자 규모를 넘어 경상 수지가 흑자로 전환된다. 일본의 경우, 제1차 세계 대전 활황기(1914~1920년)와 1960년대 후반(1965~1969년)이 이에 해당한다.

제4단계부터는 대외 순자산이 마이너스에서 플러스로 전환된다. '미성숙한 채권국' 단계에서는 무역 수지 흑자가 지속되고 대외 자산 증가와 함께 소득 수지도 흑자로 전환된다. 일본의 경우, 안정 성장기 이후 2010년 정도까지 오랫동안 이러한 4단계에 머문 것으로 생각된다. 제5단계인 '성숙한 채권국'에 접어들면, 생산 비용 상승으로 자국 제품의 국제 경쟁력이 하락하여 무역 수지는 적자로 전환되는 반면, 해외 투자의 증가로 소득 수지 흑자 폭이 커지면서 경상 수지는 흑자를 보이게 된다. 2011년 이후 현재 일본은 제5단계에 접어들었다고 판단된다. 언젠가 일본이 제6단계 '채권 붕괴국'이 되면 무역 수지 적자 규모가 더욱 확대되어 소득 수지 흑자 규모를 넘어서게 되고, 결과적으로 경상 수지가 적자로 전환될 수도 있다.

투자하지 않는 기업과 밸런스 시트 불황

크라우더의 국제 수지 발전 단계설은 여러 국가의 경험적인 사실에도 부합하고, 경제적인 이유를 따져 봐도 어느 정도 자연스러운 현상이다. 경제 발전의 초기 단계에서는 국내에 풍부한 투자 기회가 있음에도 불구하고 국내 저축이 부족하여 밖에서 자금을 빌려 와야 한다. 그러나 점차 경제가 성숙한 단계에 접어들게 되면 국내의 투자 기회는 부족해지고 과잉 저축이 발생해 기업들은 해외 투자로 눈을 돌리게 된다. 현재 일본이 처

그림 3-11 **밸런스 시트 불황**

자산	부채
100억 ~~폭락~~	60억
	자본
50억	40억
100억	100억

한 상황이 바로 이러한 과잉 저축 상황이다. 일본의 기업들이 국내에 투자하기를 주저하자 투자 감소가 저온호황으로 이어진 반면, 늘어난 해외 투자 덕분에 대외 순자산 규모가 증가하고 여기서 발생하는 이자와 배당으로 매년 경상 수지는 흑자를 기록하고 있다.

일본 기업이 국내 투자를 회피하기 시작한 것은 밸런스 시트bal-ance sheet 불황이 심각해진 1990년대부터였다. 밸런스 시트는 우리말로 대차 대조표라고 하는데, 〈그림 3-11〉과 같이 특정 시점에서 기업이 보유하고 있는 자산, 부채, 자본을 기록한 표이다. 왼편의 자산, 그리고 오른편의 부채와 자본의 합은 항상 동일해야 한다.

예컨대, 기업의 자산 100억은 부채 60억과 자본 40억의 합과 동일하다. 그런데 어떤 이유에서인지 자산 가격이 갑자기 하락하기 시작했다면 어떻게 될까? 〈그림 3-11〉에서와 같이 기업이 보유하고 있는 자산 가격이 폭락해서 하루아침에 50억으로 반토막이 나면, 이제 그 자산을 매각하더라도 부채 60억을 갚을 수 없는 상황에 처하게 된다. 이렇게 채무 초과 상태에 처하게 된 기업은 부채 상환에 집중하느라 당분간 새롭게 대출을 일으켜 신규 투자를 하는 것은 생각조차 할 수 없게 된다. 기업들이 돈을 빌려 투자를

그림 3-12 **부문별 자금 과부족 추이**(단위: 조 엔)

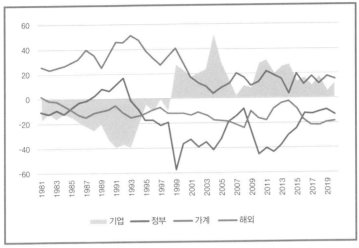

출처: 자금 순환 통계, 일본은행

해야 경기가 살아나는데, 투자는 고사하고 채무를 줄이는 것이 발등에 떨어진 불이 되어 버린 기업들이 많아지면 경제는 밸런스 시트 불황에 빠지게 된다.

1980년대 후반 일본에서 버블이 급속히 확대되는 과정에서 기업들은 거액의 빚을 내어 부동산과 주식에 투자를 했다. 그러다 1990년대 초 버블이 붕괴하자 기업이 보유하고 있는 자산의 가격이 폭락하였지만, 금융 부채는 그대로 남아 있게 되었고 기업들은 이후 몇 년간 부채를 상환하는 데 급급하게 된다. 〈그림 3-12〉는 부문별 자금 과부족의 추이를 나타낸 것인데, 1991년부터 2005년에 걸친 밸런스 시트 불황기에 기업들이 빠른 속도로 빚을 줄여 나간 결과, 자금 부족 상태에서 자금 잉여 상태로 전환된 것을 확인할 수 있다.

교과서적인 경제 상태라면, 가계가 저축을 하고 기업은 그것을 빌려 투자를 해야 하는데, 기업이 열심히 부채를 갚아 나갔기 때문에 1999년부터는 가계와 기업이 모두 저축하는 주체로 바뀌었고, 2002년부터는 가계를 누르고 기업이 최대의 저축 주체가 되었다. 1991년 3월 시점에서 기업 부문은 GDP 대비 11.4% 자금 부족 상태에 있었지만, 2004년 3월에는 10.2% 자금 잉여 상태로 전환되었다. 1990~2000년대 일본 경제가 장기 침체에 빠진 이유는 이렇게 기업의 목표가 '이익의 최대화'에서 '채무의 최소화'로 바뀌면서 투자가 축소되었기 때문이었다.

'밖으로, 밖으로!'로 얼마나 버틸까?

도쿄상공리서치가 보유한 재무 데이터를 분석해 보니 일본 기업 34만 개 가운데 24.4%에 해당하는 8만 4,000개 정도가 무차입 경영을 하고 있는 것으로 나타났다. 은행에 빚을 내지 않고 부채보다 많은 현금성 자산을 보유한 기업들이 1/4이나 된다는 것은 1990년대 이후 일본 기업들이 부채를 줄이며 무리한 투자를 하지 않는 짠돌이 경영을 해 왔다는 것이다. 〈그림 3-12〉에서 확인한 바와 같이, 15년(1991~2005년)에 이르는 밸런스 시트 불황기에 일본 기업들의 투자 기피 행동은 잃어버린 10년과 저온호황으로 끝난 이자나미 경기(2002~2007년)의 원인이 되었다. 그러나 기업들이 밸런스 시트 불황에서 탈출한 이후에도 투자는 살아나지 않았다. 〈그림 3-12〉에서 볼 수 있듯이 2008년 글로벌 금융 위기 이후에도 기업들은 잉여 자금을 보유하고 있을 뿐 이것이 투자로 이어지지 않았고, 그 결과 아베노믹스 경기(2013~2018년)도 이전과 마찬가지로 저온호황으로 끝나고 말았다.

밸런스 시트 불황 이후에도 일본 기업들이 선뜻 투자에 나서지 않은 것은 투자 기회가 축소되었기 때문이다. 1980년대까지 일본 국내에는 기업들의 투자 기회가 널려 있었다. 자고 나면 새로운 발명품이 등장했고, 거듭된 혁신으로 '메이드 인 재팬' 라벨을 붙인 제품은 세계적인 베스트셀러가 되었다. 일본이 만드는 가전제품, 자동차, 반도체는 미국과 유럽의 제품보다 품질이 뛰어난 데다가 가격 경쟁력까지 높았으며, 아직까지 일본을 추격할 만한 신흥국 제품은 등장하지 않았다. 기업들은 앞다퉈 국내에 투자를 했고 혁신적인 제품을 만들어 전 세계에 수출하면서 고용이 늘어나고 임금도 상승했다. 국민 소득이 증가하고 소득 중 일부가 저축되어 다시 기업의 투자 자금으로 활용되는 선순환 구조가 만들어졌다.

그러나 1990년대를 거쳐 2000년대에 접어들면서 이러한 선순환 구조는 흔들리기 시작했다. 일본 경제가 성숙기에 접어들면서 발명과 혁신의 속도는 둔화되고, 품질에서는 큰 차이가 없지만 가격 경쟁력이 훨씬 뛰어난 제품을 생산하는 나라들이 등장했다. 한국, 대만, 중국이 만드는 가전제품, 자동차, 반도체 등이 일본 제품을 밀어내고 전 세계를 석권하게 되었다. 일본 기업들은 더 이상 국내에서 매력적인 투자 기회를 찾기가 어려워졌다. 국내보다 해외 투자의 수익률이 높아지자 주주들은 자기 자본 이익률ROE의 향상을 요구하고, 기업들은 자본 수익률이 높은 해외로 생산 시설을 옮기기 시작했다. 이제 일본 기업들은 국내에서 생산성 향상이나 생산 능력 증강을 위한 설비 투자를 할 인센티브가 사라졌다. 낮은 생산 비용으로도 생산이 가능한 해외에 설비 투자를 하거나, 그러한 설비를 구비한 신흥국의 제품을 수입하는 것이 더 합리적인 선택이 되었다.

〈그림 3-13〉은 일본의 대외 순자산의 변화를 직접 투자 부분과 증권 투자 부분으로 나누어 비교한 것이다. 글로벌 금융 위기 이후 직접 투자의 비율이 증가하기 시작해 2014년 이후 증권 투자 비율을 넘어섰다는 것을 확인할 수 있다. 과거 10년 동안 대외 순자산의 구조적 변화를 살펴보면, 예전처럼 해외의 유가 증권에 대한 투자가 아니라 직접 투자가 그 중심이 되고 있다. 직접 투자 안에는 해외 기업을 매수하는 브라운 필드 투자도 있고, 해외에서 토지를 매입해 공장이나 사업장을 짓는 그린 필드 투자도 있

그림 3-13 대외 순자산에서 직접 투자와 증권 투자의 비율

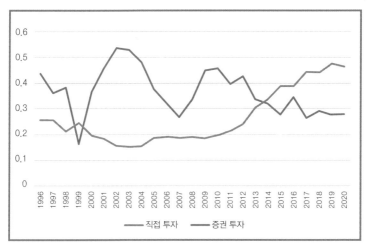

출처: 일본 대외 자산 부채 잔액 추이, 재무성

다. 일본 기업들은 환율의 변화에 따라 두 가지 모두를 이용했다. 엔의 가치가 높을 때는 절상된 엔화를 들고 해외 기업을 사들이는 브라운 필드 투자를 하고, 아베노믹스 경기 때처럼 엔저가 되면 축소된 국내의 투자 기회를 피해서 해외에 그린 필드 투자를 늘려 갔다. 결과적으로 엔고든 엔저든 상관없이 해외로 진출하는 일본 기업들이 늘어났고, 앞으로 이러한 움직임은 더 가속화될 것이다.

기업들이 국내에 투자를 하지 않으면 생산성의 향상 속도가 둔화되고 결과적으로 경제 성장도 한계에 부딪힌다. 생산성의 향상 속도가 둔화되면 임금 상승률도 저하된다. 앞서 살펴봤듯이 일본

의 명목 임금은 1997년을 정점으로 감소하기 시작했는데, 이때는 밸런스 시트 불황 속에서 기업들이 투자를 회피하던 때이다. 투자 기회가 사라진 국내를 피해 자본이 해외의 높은 수익률을 찾아서 떠나고 거기서 만들어진 값싼 수입품이 국내 시장에 범람하게 되면, 경제는 수입 주도의 글로벌화 단계에 들어가게 된다. 현재 일본에서 팔리고 있는 제품의 대부분은 신흥국에서 만들어진 것들이다. 앞으로 무역 수지 적자가 더 확대되면, 일본은 결국 채권 붕괴국의 단계에 들어서게 될 것이다. 그렇게 되면 그동안 저축해 둔 해외의 금융 자산을 조금씩 헐어서 쓸 수밖에 없다. 30년 넘게 세계 1위를 유지해 온 든든한 금융 자산 덕에 당장에 큰 문제는 없겠지만, 언제까지 버틸 수 있을지는 아무도 예상할 수 없다. 일본 청년들이 미래를 긍정적으로 바라볼 수 없는 이유가 여기에 있다.

20장

추격당하는 국가

추격당하는 국가의 임금

1979년에 노벨 경제학상을 수상한 아서 루이스 Arthur Lewis가 제시한 루이스 전환점Lewisian turning point은 공업화에 의해 농촌의 잉여 노동력이 전부 도시의 공장으로 흡수된 시점을 의미한다. 루이스 전환점을 기준으로 공업화를 세 개의 단계로 나눌 수 있는데, 첫 번째 단계는 공업화가 시작되고 농촌에서 도시로 대규모의 인구 이동이 시작되면서 루이스 전환점에 도달하기까지의 기간이다. 이 단계에서는 아직까지 인구의 대부분이 농촌에 거주하기 때문에 농촌에는 여전히 상당한 잉여 노동력이 존재하게 된다. 편의상 이 시기를 도시화 시기라고 부르도록 하자.

전근대 시대 농촌을 배경으로 한 문학 작품 속에는 탐욕스러운 지주가 불쌍한 소작인을 착취하는 장면이 자주 등장하지만, 그 밑바탕에는 한정된 소작지에 남아도는 노동력 때문에 소작료가 높게 책정될 수밖에 없다는 현실적 전제가 깔려 있다. 도시화 시기에는 교육을 받은 일부 엘리트만 생산과 판매에 필요한 기술과 지식을 가지고 있으며, 선조 때부터 수백 년간 가난하게 농사를 지어 온 대부분의 사람들은 교육을 받을 기회가 없다. 결국 도시화 시기에 높은 임금을 받는 사람들은 교육 수준이 높은 일부 계층이다.

높은 소작료에 시달리느니 도시에서 낮은 임금이라도 받는 것이 더 낫다고 판단한 농민들은 일자리를 구하기 위해 도시로 상경한다. 그렇지만 농촌에서 도시로 진입한 노동자들의 삶은 기대만큼 크게 개선되지 않는다. 루이스 전환점에 도달할 때까지 실질 임금이 상승하지 않고 수평을 유지하기 때문이다. 농촌에서 도시로 일자리를 구하려는 사람들이 거의 무한대로 공급되기 때문에, 자본가들은 힘들이지 않고 싼값에 노동자들을 확보할 수 있다. 따라서 도시화 시기 빈민 노동자층의 삶은 농사를 지을 때보다는 사정이 조금 나아졌을지 몰라도 여전히 팍팍했다.

일본이 루이스 전환점에 도달한 시점에 대해서는 논란의 여지가 있지만 대체적으로 1960년대 중반이라고 봐야 한다. 1964년에 발표된 엔카演歌 〈아, 우에노역〉은 공장 취업을 위해 농촌에서 도회지로 단체 상경한 젊은이들의 애환을 그리고 있다. 특히 도호

쿠東北 지역에서 집단 취업을 위해 기차를 타고 단체 상경하는 경우가 많았는데, 최종 종착역이 바로 도쿄의 우에노역이었다. 우에노역은 시골에서 상경한 젊은이들이 처음 마주치는 도쿄의 모습이었고, 그런 의미에서 만감이 교차하는 특별한 공간이었다. 노래 가사 중에 "플랫폼의 시계를 보고 있으니 엄마의 웃는 얼굴이 떠오른다."는 부분이 있는데, 당시 상경 노동자들 중에서는 중학교를 막 졸업한 15~16세 정도의 아이들도 많았다. 이들은 '긴노타마고金の卵', 즉 금알로 불리며 고도성장기를 견인한 산업의 역군으로 묘사되었다.

농촌의 잉여 노동력이 전부 도시로 흡수되어 루이스 전환점에 도달하면 공업화의 두 번째 단계가 시작된다. 농촌에서는 더 이상 무한대로 노동력이 공급되지 않고, 도시의 노동자들은 노동조합을 결성해 고용주와 임금 교섭을 벌인다. 경제가 루이스 전환점에 도달하면 실질 임금이 상승하기 시작하고, 오늘날 우리가 생각하는 '표준적인' 경제 상황이 펼쳐진다. 이 시기에는 고도의 교육을 받지 않은 노동자라도 어느 정도의 급여 상승을 기대할 수 있으며, 소비와 투자가 늘어나는 속에서 국민 소득이 상승한다. 많은 도시 노동자의 생활 수준이 개선되고, 강력한 노동조합이 있는 사업장은 더 많은 복지 혜택을 누릴 수가 있다. 기업들은 노동자의 생산성을 높이기 위해 투자를 하고, 생산성이 늘어난 만큼 임금이 상승하면 노동자의 구매력이 커지고 소비가 살아난다. 일본에서는 1960년대 중반부터 1990년대 초반까지 한 세대에 걸쳐 공업화의 두 번째 단계가 진행된 것으로 보인다.

노무라연구소의 경제학자 리처드 쿠Richard C. Koo는 루이스 전환점 이후 이러한 '표준적인' 경제 상황을 황금기라 불렀는데, 당연한 얘기지만 황금기는 영원히 계속될 수 없기 때문에 황금기이다. 미국과 유럽이 일본의 등장으로 Golden Sixties(1960년대 황금기)라 불린 황금기의 막을 내려야 했고, 일본 또한 한국과 대만의 추격으로 Japan as Number One으로 불린 황금기의 끝을 받아들여야 했다. 지금은 한국과 대만 또한 중국으로부터 빠르게 추격당하고 있다. 추격하는 국가들은 추격당하는 국가들로부터 빠른 속도로 기술을 흡수하고, 값싸고 젊은 노동력과 풍부한 투자 기회를 활용하여 제조업 중심의 압축적인 경제 성장을 달성한다.

추격당하는 국가가 되면 황금기는 끝나고 공업화의 세 번째 단계에 들어서게 된다. 공업화의 세 번째 단계에 진입한 국가에서는 기업들이 매력적인 투자 기회가 사라진 국내를 피해 자본 수익률이 높은 해외에 더 많은 투자를 하게 된다. 추격당하는 국가는 국내에서 생산성 향상이나 생산 능력의 증강을 위해 설비 투자를 늘릴 인센티브가 크지 않다. 낮은 비용으로 생산하기 위해서는 차라리 해외에 설비 투자를 늘리거나, 그러한 설비를 갖추고 있는 해외에서 생산한 제품을 수입하는 편이 더 합리적이다. 쿠는 이렇게 추격당하는 시기를 피추기被追期라 불렀는데 적당히

그림 3-14 **리처드 쿠가 주장한 공업화의 세 단계**

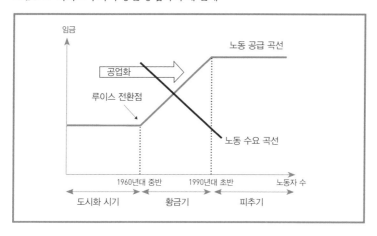

대체할 우리말이 없으니 일단 그대로 사용하도록 하자.

피추기에는 기업이 노동 생산성의 향상을 목표로 국내에 적극적인 투자를 하지 않기 때문에 생산성의 향상도 한계에 다다른다. 따라서 루이스 전환점을 통과한 이후, 황금기 동안 노동 수요의 증가에 맞춰 상승해 온 실질 임금이 피추기가 되면 다시 수평을 유지하게 된다(〈그림 3-14〉 참조). 황금기에는 명목 임금이 오르는 일은 있어도 떨어질 일은 거의 없다는 의미에서 임금이 하방 경직적인 성격을 갖는다고 표현하는데, 피추기에는 반대로 명목 임금이 잘 오르지 않아서 상방 경직적인 성격을 갖는 경우가 생긴다. 지금도 그렇지만 앞으로도 일본에서 임금 수준이 크게 개선되기 힘든 이유가 여기에 있다.

황금기 일본에서는 별다른 능력이나 노력 없이도 근속 연수가 늘어나면서 자연히 임금이 상승했다. 노동자 개개인의 능력이나 노력보다 노동 수급의 상황과 노동조합의 역할이 임금 상승에는 더 중요했다. 그러나 피추기에는 노동자 개개인의 노력과 연마 수준에 따라 임금의 추가적인 상승 여부가 결정된다. 다시 말해 추격하는 국가들의 노동자가 쉽게 흉내 낼 수 없는 능력이나 기능을 보유한 노동자만이 추가적인 임금 상승을 기대할 수 있게된다.

피추기의 기업들은 추격당하는 입장에서 좀 더 기민한 경영 판단이 필요하게 된다. 종신 고용과 연공서열 임금 제도는 황금기에 우수한 인재를 장기간 확보하기 위해 필요했지만, 피추기에는 비용 구조의 경직화를 피하기 위해 혁파해야 할 제도가 된다. 이는 일본에만 해당되는 이야기가 아니다. 1970년대까지 미국에서도 우량 기업을 중심으로 종신 고용과 연공서열 임금 제도는 일반적이었다.

2015년에 개봉한 영화 〈인턴The Intern〉은 성공한 30세 여성 CEO 줄스가 재취업을 희망하는 70세의 인턴 벤과 만나 수십 년의 직장 생활에서 얻은 벤의 노하우와 풍부한 인생 경험을 배우며 서로 우정을 쌓아 나간다는 내용이다. 영화 초반부에 벤이 면접을 보는 장면이 나오는데, 극중 설정에서 벤은 40년간 전화번호부 만드는 회사를 다니다 퇴직한 것으로 나온다. 종신 고용과 연공서열 임금 제도가 일본만의 특수한 제도가 아님을 알 수 있는 대목이다. 재미있는 것은 미국의 종신 고용과 연공서열 임금 제도는 일본의 추격으로 와해되었고, 일본 또한 한국, 대만, 중국 등의 추격으로 와해되고 있다는 것이다.

혐소비 세대의 등장

노동자는 동시에 소비자이기도 하다. 노동자의 임금과 마찬가지로 소비자의 소비 행동도 공업화의 발전 단계에 따라 변화해 간다. 루이스 전환점에 도달하기까지 도시화 시기에는 농촌으로부터 노동력이 무제한으로 공급되기 때문에 임금 상승이 억제되고, 소비 또한 제한적으로 이루어진다. 이 시기에는 근검절약이 미덕이며 노동자들은 힘겹게 하루하루를 버틴다.

경제가 루이스 전환점을 통과해 황금기에 들어서면 임금이 급속하게 상승하고 소비자의 의식도 바뀐다. 누구나 장밋빛 미래를 꿈꾸며, 여유가 되는 사람들은 고급품이나 사치품 소비도 주저하지 않는다. 생활에 여유가 생기고 경쟁적인 소비 심리는 유행 제품을 탄생시킨다. 황금기에 미국에서는 친구나 이웃에게 뒤지지 않으려고 허세를 부리는 현상(Keeping up with the Joneses)이 나타났고, 일본에서는 누구나 갖추어야 한다는 3종의 신기(흑백텔레비전,

냉장고, 세탁기)나 3C(컬러텔레비전, 에어컨, 자동차)라는 말이 유행하고, 루이비통 가방이 여대생들의 필수품이 되었다.

그러나 피추기에 들어서면 경제는 저성장의 늪에 빠지고, 기업은 투자를 주저하며, 임금은 정체된다. 설령 호황이 되더라도 저온호황이라서 나의 소득이 늘어난다는 보장이 없기 때문에, 소비자는 지금 구매하는 물건이 그만큼 지불할 만한 가치가 있는지 꼼꼼히 따져 보게 된다. 피추기에는 현명한 소비가 미덕이 된다. 일본의 젊은이들은 코스트 퍼포먼스コストパフォーマンス가 높다는 표현을 자주 쓰는데, 가성비(가격 대비 성능)라는 우리나라의 표현과 정확히 일치한다. 국민복으로 불리는 유니클로의 성공이나 100엔숍과 같은 초저가 상품을 취급하는 가게들이 폭발적인 성장을 할 수 있었던 것도 이러한 피추기의 소비 행동을 보여 주는 좋은 사례이다.

그런데 현재 일본 사람들의 소비 행동을 가만히 들여다보면 세대별로 조금씩 다른 양상을 보이고 있다. 몇 년 전에 제자와 함께 '일본 민간 소비의 양극화에 대한 분석'을 실시한 적이 있었는데, 2006년과 2016년을 비교해 봤더니 20대의 소비 지출이 가장 많이 줄었다. 젊은 층의 소비 감소 이유로 많이 언급되는 것이 고용 환경 악화로 인한 소비 심리 위축과 실질 임금의 감소이다. 비정규직 노동 시장이 확대되면서 일자리의 안정성이 위협받게 되자 대출을 끼고 집을 사거나 자동차를 구매하는 젊은이들이 줄었다.

또 명목 임금이 답보 상태인 가운데 소비세 증세 및 엔화 가치 하락이 가져온 수입 물가 상승 등으로 실질 임금이 하락하자 일본의 젊은이들은 지갑을 닫게 되었다. 그러나 이러한 고용 환경 악화로 인한 소비 심리 위축과 실질 임금의 감소는 비단 젊은 사람들에게만 부정적인 영향을 미치는 요인이 아니다. 당연히 다른 세대들에게도 부정적으로 작용해야 한다. 하지만 이상하게도 60대 이상 고령층의 소비 지출은 오히려 늘어났다. 젊은 층의 소비 감소와 고령층의 소비 증가라는 정반대의 현상이 동시에 나타난 이유는 무엇일까?

2009년, 마쓰다 히사카즈松田久一의 《혐소비嫌消費 세대 연구》는 세간의 주목을 끌며, 혐소비라는 용어를 유행시키기도 했다.

> "껌 씹는 것은 피곤하다. 맥주 따위는 써서 못 마신다. 지하철이 있는데 차를 사는 것은 바보다. 대출을 받아서까지 집을 산다는 것은 생각할 수 없다."

마쓰다는 이런 발언을 하는 젊은 세대가 일본 소비 시장의 주역으로서 등장했다며 경기가 회복되고 소비가 일시적으로 늘어날 수는 있지만, 정말 위협적인 것은 소비 자체가 싫고 절약에 대한 스트레스가 없는 청년들, 즉 혐소비 세대의 등장이라고 했다.

당초 마쓰다가 주장한 혐소비 세대는 1980년대생을 지칭한 것이었지만, 버블이 붕괴한 이후 장기 불황기에 학창 시절을 보낸 세대들이라면 모두가 비슷한 경험을 공유한다는 측면에서 현재 1980~1990년대생이 폭넓게 혐소비 세대에 속한다고 볼 수 있다. 이들은 경제적으로 불확실한 시대에 성장하면서, 노후에 대한 불안과 안정성에 대한 강한 욕구를 가지고 있는 동시에 물욕이 적고 합리성을 중시하는 세대이기도 하다. 1980년대 일본의 젊은이들은 자동차, 해외여행, 명품을 경쟁적으로 소비했지만, 2020년대 젊은이들은 저렴하고 적당한 품질에 만족하며 절약을 인내가 아닌 매력적인 소비 스타일로 평가한다.

앞으로 20년 뒤 이들이 가계 소비를 주도하는 중장년층의 소비 집단으로 성장하면 어떤 일이 벌어질까? 소비에 대한 효용은 집단의 기억처럼 뇌리에 박힌다. 지금 나이가 지긋한 우리나라 어르신들 중에는 형편이 그렇게 어렵지 않음에도 불구하고 절약하는 습관이 몸에 밴 분들이 많다. 일본의 젊은 혐소비 세대는 지금보다 소득이 늘어난다고 해서 당장에 소비 행동이 바뀔 가능성이 크지 않다. 하물며 앞으로 임금 상승을 기대할 수 없는 상황이라면 두말할 필요도 없다. 일본의 소비가 앞으로도 지속적인 하락을 할 가능성이 큰 이유이다.

추격당하는 국가의 저축

현재 일본이 장기 정체를 겪는 이유 중 하나는 돈을 빌려주겠다는 사람은 많은데, 정작 돈을 빌리고 싶어 하는 사람이 없기 때문이다. 돈을 빌려주는 사람, 즉 저축은 공업화의 발전 단계별로 그 주체가 변화해 왔다. 루이스 전환점에 도달하기 전까지 도시화 시기에는 저축과 투자의 주체가 자본가들이었다. 메이지 유신 이후 산업화 과정에서 미쓰이 재벌은 미쓰이 가문의 재산을, 미쓰비시 재벌은 이와사키岩崎 가문의 재산을 활용해 사업을 확장해 갔다. 대중 자금을 흡수할 수 있는 금융 기관도 아직 발달하지 않았지만, 도시로 상경해 낮은 임금으로 하루하루를 버티는 노동자들에게도 저축을 할 만한 여유는 없었다.

경제가 루이스 전환점을 통과해 황금기에 들어서면 임금이 급속도로 증가하고 저축도 늘어난다. 4장에서 살펴본 것처럼 황금기에는 소득이 급격하게 늘어나지만 사람들의 소비 습관이 바뀌는 데에는 어느 정도 시간이 필요하기 때문에, 그 과정에서 소비하고 남은 잉여분이 가계 저축이 된다. 또 인구가 늘어나는 인구 보너스 시대이기 때문에 부양 비율이 낮아서 저축이 지속적으로 축적된다. 황금기에는 돈을 빌려 투자하려는 기업이 많은 탓에 정부는 금리가 높아지지 않도록 이중 가격제를 시행하기도 하고, 부족한 자금을 할당하는 경우도 있다. 금융 중개 기관인 은행의 위상이 하늘을 찌르고, 은행원은 선망하는 직업이 된다. 황금기에는 가계가 저축을 하고, 기업은 투자를 하며, 은행이 저축을 투자로 연결해 주는 역할을 하는 교과서적인 세상이 기능한다.

그러나 피추기에 들어서면 경제는 저성장의 늪에 빠지고, 기업은 투자를 주저하며, 임금은 정체하고, 소비는 감소한다. 가계가 저축을 해도 기업이 돈을 빌리지 않고, 투자를 하지 않으니 과잉 저축 상태가 지속된다. 일본을 비롯해 저성장을 고민하고 있는 많은 선진국들이 이러한 과잉 저축 문제를 안고 있다. 일본의 경우 밸런스 시트 불황을 겪고 있던 1999년부터 기업이 저축하는 주체로 전환되었다. 원래대로라면 투자를 위해 돈을 빌려야 하는 기업이 오히려 돈을 빌려주는 기관으로 뒤바뀐 지 20년이 넘은 셈이다.

일본의 가계 저축은 지속적으로 감소하고 있다. 피추기에 들어선 일본의 문제가 저축이 넘치는 과잉 저축이라면서, 왜 가계 저축률은 감소하는 것일까? 쓰루 고타로鶴光太郎 교수, 마에다 사에코前田佐惠子 연구원, 무라타 게이코村田啓子 교수는 1994년 이후 일본의 가계 저축률이 감소하는 이유를 고령화에서 찾는다. 그들의 연구 결과에 따르면 고령층의 경우 저축률이 감소하고 있는 반면, 젊은 층에서는 저축률이 큰 변화가 없거나 오히려 약간 상승하는 경우도 있었다. 그럼에도 고령층 인구가 워낙 많고, 고령층에 편입되는 인구가 계속 늘어나다 보니 전체적인 가계 저축률은 감소하는 것으로 나타났다.

재미있는 것은 세대별로 저축률에 차이가 발생한다는 것인데, 고령층은 이전 세대보다 더 많이 소비하고 더 풍족하게 누리기 위해 저축을 줄이는 경우가 많았다. 또 고령층은 풍부한 금융 자산을 보유하고 있기 때문에 현역 시절과 비슷한 생활 수준을 누리기 위해 저축을 헐어서 쓰는 사람들이 많다. 반면 젊은 층은 이전 세대보다 더 절약하고 덜 소비하는 경우가 많고, 미래를 비관적으로 바라보는 사람들이 많아서 저축이 늘어나는 경향이 보였다.

쓰루, 마에다, 무라타는 '니게키레타逃げ切れた' 고령층이라는 표현을 사용했는데, 우리말로 옮겨보면 치고 빠지는 데 성공한 고령층이라는 뜻이다. 현재 고령층은 제2차 세계 대전 이후에 태어나 청장년기에 고도성장과 버블 경기를 경험한 세대이다. 이들은 젊은 시절에 여유로운 소비를 경험했고, 경쟁적인 소비 지출을 통해 만족감을 느꼈으며, 충분한 저축을 할 수 있었다. 그 결과 지금도 충분한 연금과 금융 자산으로 여유로운 소비를 즐기고 있다. 일본 역사상 가장 축복받은 세대라고 할 수 있다. 반면 현재 젊은 층은 과거 세대와 달리 비관적인 미래를 대비하기 위해 가성비를 따져 가며 소비를 줄이고 저축을 더 늘리고 싶지만, 임금이 상승하지 않으니 뜻대로 저축이 늘지도 않는다.

고령층의 금융 자산을 자식 세대나 손자 세대로 이전시켜 소비

활성화를 도모하려는 시도는 꽤 오래전부터 있었다. 그러나 상속세나 증여세에 관한 제도 개선은 부의 세습이라는 비판에서 자유롭지 못하기 때문에 진척이 더디다. 보다 현실적인 대안은 부모가 자식 세대에게 직접적인 경제적 도움을 주는 것이다. 실제로 일본에서는 3세대 소비라고 해서 고령인 부모가 자식 세대나 손자 세대와 근거리에 살면서 경제적 지원을 하는 가정이 많다. 노무라연구소의 추계에 의하면 60세 이상 고령층은 소비 지출액의 5% 이상을 자식 세대를 위해 지출하고 있다.

일본 아이들은 초등학교에 입학하면 란도셀ランドセル이라는 동일한 디자인의 책가방을 사용하는데, 이 란도셀의 가격은 상상을 초월한다. 보통은 40~50만 원 정도하고, 비싼 것은 몇 백만 원이 넘는다. 그리고 대부분은 할아버지나 할머니가 학교에 입학하는

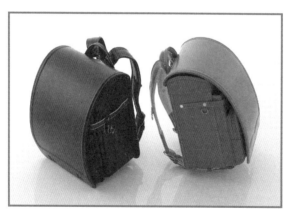

그림 3-15 **란도셀**

손주에게 란도셀을 선물한다. 일본의 인터넷 카페를 보면 어느 정도 가격대의 란도셀을 사 줘야 할지 고민하는 할머니들의 글을 심심찮게 접할 수 있다.

고기도 먹어 본 놈이 잘 먹는다는 말이 있다. 고기가 귀하던 시절에 가난한 사람은 고기를 거의 먹어 보지 못하기 때문에 막상 고기 음식을 대하면 부담스러워서 잘 먹지 못한다는 뜻이다. 지금 일본의 고령층은 왕년에 고기를 좀 먹어 본 세대이다. 고도 성장과 버블 경기를 몸소 체험하면서 소비를 통한 만족감을 경험한 집단이다. 반면 지금 젊은 층은 장기 불황기에 학창 시절을 보내면서 끊임없이 가성비를 추구해 온 혐소비 세대이다. 고기를 먹어 보지 못한 세대는 막상 경기가 좋아져도 돈을 쓰기보다 불안한 노후를 위해 저축을 하려는 성향이 더 크다. 결국 고용 환경 악화로 인한 소비 심리 위축과 실질 임금의 감소 속에서 젊은 층은 절약의 미덕을 보여 주지만, 고령층은 안정적인 연금과 풍족한 금융 자산을 바탕으로 소비의 미덕을 보여 주고 있는 일본이다.

21장

인구 오너스 시대

'1억 일본인'이라는 상징

　　인구 감소 문제는 과제 선진국 일본이 안고 있
는 모든 문제의 출발점이라고 해도 과언이 아니다. 〈그림 3-16〉
을 보면서 일본의 인구 감소 실태를 하나하나 짚어 보도록 하자.
일본에서 단카이団塊 세대라고 불리는 전후 첫 베이비 붐 세대는
1947~1949년생을 뜻하는데, 이 기간 동안 신생아는 매년 250만
명 이상 태어났다. 전후 세대로도 불리는 이들은 고도성장과 버
블 경제를 경험했으며, 현역 시절의 저축을 바탕으로 70대 중반
에 접어든 지금도 이전 세대에 비해 상대적으로 풍족한 노후를
보내고 있다. 단카이 세대의 자녀에 해당하는 1971~1974년생들
도 한 해에 200만 명 이상 태어났는데, 〈그림 3-16〉에서도 확인

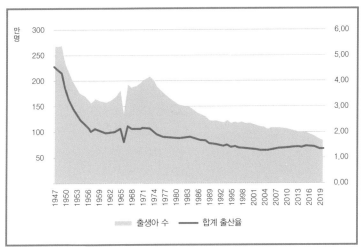

그림 3-16 **일본 인구 구조의 변화**

출처: 인구 동태 조사, 후생노동성

할 수 있듯이 이들이 전후 두 번째 베이비 붐 세대이다. 여기서 퀴즈 하나! 〈그림 3-16〉에서 뾰족하게 들어간 부분이 있는데, 이렇게 갑자기 출생아 수가 급감한 이유는 무엇일까? 다음 단락에서 정답을 확인하기 전에 30초 정도만 생각해 보도록 하자. 힌트는 이 해가 1966년이라는 것이다.

학생들에게 이 문제를 내면 가장 먼저 나오는 대답이 전염병이다. 코로나19를 겪었기에 쉽게 연상할 수 있는 대답이다. 하지만 안타깝게도 정답은 아니다. 그다음으로 많이 나오는 대답은 불황, 전쟁, 기아 등인데, 1966년은 도쿄 올림픽 이후 잠시 주춤했던 일본 경제가 다시 이자나기 호황(1966~1970년)으로 전환되던 때라서 거리가 멀어도 한참 먼 대답이다. 1966년에 출생아 수가 급감한 이유는 병오丙午년에 태어난 여자아이는 팔자가 사납다는 미신 때문이다. 오래전부터 중국에서는 천재지변이 잦은 병오년을 불길하다고 믿기 시작했는데, 이것이 일본으로 건너오면서 병오년에 출산을 기피하는 문화로 바뀌었고 18세기 이후 병오년에 태어난 여자아이는 팔자가 세다는 미신으로 변질되었다.

옛날 신문을 보면 1906년 병오년에 태어난 여성들은 결혼 적령기가 되었을 때 짝을 만나기가 쉽지 않아 이를 비관한 나머지 자살하는 여성들이 속출했다는 기사도 있다. 60년 뒤인 1966년 병오년에는 여자아이의 출산을 기피하는 바람에 전년도에 비해 50만 명이나 적게 태어났고, 그 때문에 〈그림 3-16〉에서 보듯이 그 해만 유독 출생아 수가 급감했다. 다시 60년 뒤인 다음 병오년은 2026년이다. 이때도 미신 때문에 여자아이의 출산을 기피하는 사람들이 있을까? 2026년이면 MZ세대라는 1990년대생들이 결혼과 출산을 할 가능성이 높은데, 전체적으로 출산율이 감소하는 경향은 여전하더라도 미신 때문에 출산을 기피하는 분위기는 사라질 것으로 생각된다.

다시 본론으로 돌아와서, 두 번째 베이비 붐 세대를 기점으로 일본의 출생아 수는 매년 감소하기 시작했다. 특히 2016년은 일본의 인구 구조 변화에 있어서 중요한 기점이 되는 해인데, 이 해에는 처음으로 출생아 수가 100만 명 이하로 떨어졌다. 한 해 출생아 수 100만 명이 일본 사회에서 의미하는 바는 매우 크다. 산 술적으로 한 해 100만 명씩 태어나서 100년 동안 한 명도 사망하 지 않아야 인구 1억이 유지되기 때문이다. 다시 말해 한 해 태어 나는 신생아가 100만 명 이하라는 것은 일본 인구를 상징하는 1억이라는 숫자가 더 이상 유지 불가능해졌다는 뜻이다. 참고로 코로나19의 영향을 받은 2020년에는 일본의 출생아 수가 84만 명 에 그쳐 1874년 이래 146년 만에 가장 낮은 수준까지 떨어졌다.

전시기에 일본 제국은 전쟁을 위해 옥처럼 깨끗하게 부서지라 는 1억 옥쇄玉碎라는 표현을 자주 사용했는데, 중일 전쟁이 개시 된 1937년에 일본 인구는 7천만 명에 지나지 않았지만 조선, 대만 등 식민지 인구를 모두 합치면 1억이 넘었기 때문에 1억 일본인 이라는 표현이 등장하게 되었다. 이후 1억이라는 숫자는 일본인 의 규모를 나타내는 상징성을 가지게 되었다. 3인조 록 밴드 레미 오로멘レミオロメン의 〈고나유키粉雪〉라는 노래에는 "그래도 1억 명 중에 당신을 발견했어それでも一億人から君を見つけたよ"라는 가사가 나 온다. 비단 이 노래만이 아니라 일본 대중가요에서 1억 일본인이 라는 가사는 높은 빈도를 자랑하는 일종의 클리셰이다. 일본인에 게 1억은 무수히 많은 일본 인구를 뜻하는 서정적인 숫자이다.

그렇지만 일본 인구가 정식으로 1억 명을 돌파한 것은 제2차 세 계 대전이 끝나고 20년이 지난 1967년이 되어서였다. 일본 인구 는 19세기 말 산업화와 함께 급격하게 늘어나기 시작해 2008년

그림 3-17 **일본 인구 구조의 변화**(단위: 만 명)

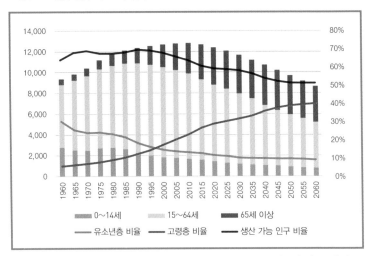

에는 1억 2,808만 명으로 정점에 도달했고, 이후 가파르게 하락해 2048년경에는 1억 이하(9,913만 명)로 다시 떨어질 것이 확실시되고 있다. 1967년에 인구 1억을 돌파한 이래 40년 동안 인구 보너스bonus 시대를 구가했고, 이후 40년 동안은 인구 오너스onus 시대를 거쳐 80년 만에 제자리로 돌아가는 셈이다. 문제는 현존하는 일본의 거의 모든 시스템이 인구 1억에 맞춰서 설계되어 있어서 2048년 이후의 일본을 예상할 수 없다는 것이다. 시한폭탄이 터질 때까지 남은 시간은 30년도 채 되지 않는다.

2020년 일본의 합계 출산율은 1.34이고, 15세 미만 유소년 비율은 11%에 지나지 않는다(〈그림 3-17〉 참조). 반면, 65세 이상 고령

인구는 29%로 이대로 저출산 고령화가 진행되면 2048년에는 그나마 1억도 되지 않는 인구 중에서 무려 40%를 고령 인구가 차지하게 된다. 2020년 기준 일본인의 평균 연령은 48.4세이며, 2024년에는 50세가 넘을 전망이다. 전 세계에서 가장 빨리 늙어 가는 일본에 브레이크가 보이지 않는다. 합계 출산율 1.57을 기록한 1989년부터(일명 1.57 쇼크) 30년 넘게 천문학적인 비용을 쏟아붓고도 저출산에는 백약이 무효하다는 사실만 확인했을 뿐이다. 비혼과 만혼이 증가하고, 여성들은 육아에 대한 부담으로 아이 낳기를 꺼려 한다. 우리나라도 여성들이 결혼 후에 직장 생활을 지속하기가 쉬운 환경은 아니지만, 일본도 만만치 않다. 일본 여성들은 25~35세 사이에 노동 참가율이 큰 폭으로 하락하는데 그만큼 결혼, 출산, 육아로 인한 경력 단절 여성이 많다는 뜻이다.

언 발에 오줌 누기식 인구 정책

인구 감소에 대처하는 근본적인 방법은 너무나도 당연하게 들리겠지만 인구를 늘리는 것이다. 한 가지 방법은 출산을 장려하는 것이고, 또 한 가지 방법은 이민을 허용하는 것이다. 그러나 엔젤 플랜(1994년에 발표된 저출산 종합 대책)을 시작으로 30년 동안 각종 아이디어를 시험해 본 결과, 일본 정부는 저출산 문제에 대한 뾰족한 해결책을 찾지 못했고, 이민 정책은 국민들의 거부감이 심해서 공론의 장으로 끌어내기가 쉽지 않았다. 미래학자들의 고민도 점점 커지고 있다. 2018년에 일본의 대표적인 사상가인 우치다 다쓰루內田樹를 비롯해 11명의 지식인들이《인구 감소 사회의 미래학人口減少社会の未来学》이라는 책을 출간해 세간의 주목을 받았다. 이 책에서는 인구 감소 사회를 대책 없는 숙명론이나 비관적인 쇠퇴론으로 받아들여서는 안 된다고 주장한다.

그럼 이들은 인구 감소 사회를 극복할 어떤 묘안을 제시했을까? 인터넷으로 책을 주문하고 도착하자마자 설레는 마음으로 읽기 시작했지만 막상 책을 다 읽고 나서는 실망하지 않을 수 없었다. 구체적인 대안의 제시는 없고, 지식인들이 또다시 진부한 넋두리를 늘어놓는 느낌이었다. 다만 이 책을 통해 얻은 수확이 있다면, 일본의 지식인들도 별반 뾰족한 수가 없다는 점을 확인할 수 있었다는 것이다.

한 가지 참고할 만한 분석도 있었는데, 고마자와駒沢대학 경제학부의 이노우에 도모히로井上智洋 교수가 주창한 두뇌 자본주의라는 개념이었다. 경제학적으로 볼 때, 인구와 생산량 사이에 직접적인 인과 관계는 성립하지 않는다. 물론 인구가 늘어나면 생산량이 늘기야 하겠지만, 인구가 줄어들어도 생산성이 올라가면 생산량은 더 늘어날 수 있다. 열 사람이 손으로 계산하는 것보다 한 사람이 계산기를 이용하는 것이 더 효율적인 것과 같은 이치이다. 이노우에 교수에 따르면 앞으로는 노동자의 머릿수가 별로 중요하지 않고, 사람들의 두뇌 수준이 한 나라의 GDP와 기업의 수익을 결정하게 된다고 한다. 그런데 사실 이노우에 교수의 주장은 새로운 이야기는 아니다. 이미 많은 경제학자들이 예전부터 지적하고 있는 내용이다. 문제는 어떻게 생산성을 높이느냐인데, 이 점에 대해 이노우에 교수는 정작 별다른 대책을 제시하지 못했다.

지금까지 일본에서 출산을 장려하는 정책은 번번이 실패했다. 고정 관념의 틀에서 벗어나 인구가 줄어도 생산성만 올라가면 문제없다는 해결책도 있지만, 아쉽게도 생산성을 올리는 특단의 비법이 잘 보이지 않는다. 그렇다고 정부가 손 놓고 가만히 있을 수도 없는 노릇이다. 아베가 주장한 '1억 총활약 사회'는 이러한 고민 끝에 등장했다. 2016년에 발표된 '일본 1억 총활약 플랜'은 50년 뒤에도 1억 인구를 유지하는 것을 목표로 가정, 직장, 지역 사회에서 모두가 활약하는 사회를 만들자는 것이다. 좋은 내용이지만 언뜻 들어서는 그 속뜻을 알기 어렵다. 속뜻을 풀이해 보면 "지금 당장 인구 감소 문제를 해결할 수 없다면, 우선 할 수 있는 것부터 해 보자. 구체적으로는 노동 시장에서 빠져나간 경력 단절 여성과 고령층을 다시 노동 시장으로 유턴시키자."는 것이 이 플랜의 핵심이다.

선진국 중에서 유난히 경력 단절 여성의 비율이 높고, 고령층 비율 또한 최고 수준이니 비경제 활동 인구를 경제 활동 인구로 전환시키려는 아베의 계획은 정확히 가려운 곳을 긁어 준 셈이었다. 그리고 이러한 아베의 전략은 제대로 적중했다. 2012년에 5,500만 명 수준이던 취업자 수는 2019년 말에 6,000만 명까지 늘어나 7년간 500만 명 이상 증가했다. 이는 인구가 줄어드는 속에서 거둔 성과라 더 의미가 있었다. 2012년에서 2019년까지 총인구는 142만 명 감소했지만, 같은 기간 노동력 인구는 오히려 321만 명 증가했다. 그 이유는 비노동력 인구였던 여성과 고령자가 새롭게 노동 시장에 유입되었기 때문이다. 임신, 출산, 육아를 위해 노동 시장에서 퇴장하였던 전업주부들이 다시 노동 시장에 진입하였고, 고령자들도 계속 고용 제도를 통해 사실상 정년이 연장되는 형태로 노동 시장에 남게 되었다.

일부에서 비판하듯, 비정규직 노동 시장으로 밀어내기를 통해 이룬 성과가 아니었다. 〈그림 3-18〉에서 확인할 수 있듯이 늘어난 것은 비정규직 노동자만이 아니었기 때문이다. 총인구의 감소 시점과 맞물려 글로벌 금융 위기에서 회복하기 시작한 2010년부터 이미 고용 상황이 개선된 비정규직 노동 시장과 더불어 정규직 노동 시장도 2014년을 저점으로 고용 상황이 개선되기 시작하였다. 2014~2019년 동안 정규직 노동자들은 250만 명 이상 늘었다.

그렇다면 인구가 줄어드는 가운데 일하는 사람이 늘어나는 이런 마법 같은 전략이 언제까지 지속될 수 있을까? 조금만 생각해 보면 아베의 마법은 이제 곧 한계에 도달한다는 사실을 깨달을

그림 3-18 **정규직·비정규직 노동자 추이**(단위: 만 명)

출처: 노동력 조사, 총무성

수 있다. 현재 일본의 인구 중에서 15세 이상 인구는 1억 1,000만 명
쯤 되고, 이 중 노동력 인구는 6,800만 명, 비노동력 인구는 4,200
만 명쯤 된다. 노동력 인구는 취업자와 실업자로 구성되고 현재
일본의 실업률은 2.7%로 매우 낮은 수준으로서 일할 의사와 능
력이 있는 사람은 사실상 거의 다 일을 하고 있는 실정이다. 한
편 비노동력 인구 속에는 15세 이상의 학생, 전업주부, 고령자 등
이 포함되는데, 아베의 마법은 이 비노동력 인구를 노동력 인구
로 편입시키는 것이었다. 100명 중에 60명이 일하고 40명은 각종
이유(학생, 전업주부, 고령자)로 일을 하지 않고 있는데, 일할 의사와
능력이 있는 전업주부와 고령자가 다시 일할 수 있도록 비정규직

노동 시장을 확대해 온 것이다.

마법이 지속될 수 없는 이유는 사회주의가 아닌 다음에야 40명 전부를 일하게 만들 수는 없다는 점, 또 그렇게 해 봐야 최대 40명이 한계라는 점, 그리고 시간이 흐르면서 100명이 아니라 99명, 98명, 97명 식으로 전체 인구가 조금씩 줄어들고 있다는 점 등이다. 게다가 비정규직 노동자가 늘어나면 낮은 임금으로 인해 소비가 감소하고, 기업체는 의무적으로 실시해야 하는 고령자의 계속 고용으로 인해 생산성 저하 문제를 겪을 수가 있다. 아베의 마법은 우선은 일손 부족 문제를 해결할 수는 있겠지만, 이러한 방식은 언 발에 오줌 누기가 될 수밖에 없다. 결국 근본적인 문제 해결은 인구를 유지하거나, 인구가 줄더라도 충격을 흡수할 수 있는 시간을 벌면서 서서히 줄여 나가는 것이다. 특히 노동 시장에서 퇴장하는 고령층을 대체할 젊고 생산성이 높은 인구를 유입시키는 것이 중요하다. 저출산 문제가 좀처럼 개선되지 않는다면, 남은 선택지는 이민을 허용하는 것 정도일 것이다.

다문화 공생 국가를 향해

홍콩에 갔을 때 인상에 남는 장면이 있었다. 주말을 맞아 쉬러 나온 외국인 가사 도우미들이 그늘 밑에 옹기종

기 모여 잡담을 나누는데 그 수가 엄청나서 끝이 안 보일 정도였다. 총인구가 750만 명 정도 되는 홍콩에서 가사 도우미로 일하는 외국인 노동자는 37만 명이나 되는데 주로 필리핀과 인도네시아 국적의 20~30대가 많고 평균적으로 5천 홍콩 달러(약 80만 원) 정도의 월급을 받는다. 대만에 갔을 때도 노인들을 부축하거나 휠체어를 밀면서 산책 나온 외국인 활동 보조인을 여기저기서 볼 수 있었다. 대만에는 현재 25만 명 정도의 동남아시아 출신 외국인 노동자들이 가사 도우미와 활동 보조인으로 일하고 있다. 이처럼 홍콩, 대만, 싱가포르 등 동아시아의 고소득 지역에서는 가사와 활동 보조를 위해 동남아시아 출신 노동자에게 정식 비자를 발급해 주고 있는데, 유독 우리나라와 일본에서는 이러한 제도 도입에 신중한 입장을 보여 왔다.

그러던 중 2008년 일본에서는 향후 외국인 노동자 수용 정책의 큰 변화를 알리는 정책이 발표되었다. 경제 연계 협정EPA을 바탕으로 인도네시아에서 청년들이 간호사와 개호사介護士(활동 보조인) 후보 자격으로 입국을 하게 된 것이다. 뉴스에서는 앳된 모습의 인도네시아 청년들이 상기된 표정으로 입국장에 들어서는 모습이 방송되었고, 일손 부족의 고민을 한시름 덜게 되었다는 현장의 목소리와 함께 외국인 간호사와 개호사에 거부감을 표현하는 시민의 인터뷰도 소개되었다. 이후 2009년부터는 필리핀, 2014년부터는 베트남에서도 간호사와 개호사 후보 자격으로 입국이 시

그림 3-19 **동남아시아에서 온 간호사 후보생들**　　　　출처: 의료 법인 겐이쿠카이

작되면서 현재까지 동남아시아 3국으로부터 7,000명 가까운 인력이 일본에 정착해 일하고 있다. 홍콩, 대만, 싱가포르의 사례를 참고하여 일본에서도 저출산과 고령화를 위한 외국인 인력 수용이라는 큰 결단을 내린 셈이다. 이들은 소정의 과정을 거쳐 정식 간호사와 개호사가 된 후 일본에서 계속 직장 생활을 하기 때문에, 사실상 이민의 창구로 활용될 수 있는 제도가 만들어졌다고 볼 수 있다.

그런데 외국인 간호사와 개호사 후보를 받아들인 지 10년이 훨씬 넘었지만 어찌된 일인지 현장의 일손 부족 문제는 해결의 기미가 보이지 않고 있다. 이들이 후보자 자격으로 입국한 후 3~4년 정도의 연수 과정이 끝나면 자격시험을 통과해 정식 간호사, 개호사가 되어야 하는데, 합격률이 너무 저조했기 때문이었다. 현재까지 합격률을 보면 간호사는 10%도 채 되지 않고, 개호사는 45% 정도 된다. 간호사 지원자는 10명 중 9명이, 개호사 지원자는 절반 정도가 연수 과정이 끝나고 고국으로 돌아갔다는 것이다. 이들은 낮에는 병원과 요양원 등에서 연수를 받고, 밤에는 전문 지식을 공부하며 3~4년 뒤에 자격시험을 보는데, 대부분 한자가 익숙지 않아 필기시험에 어려움을 겪는다. 현장에서는 필기시험 때문에 몇 년간 훈련시킨 인재들을 고국으로 돌려보내야 하는 상황에 답답함을 호소하고 있지만, 제도 개선에 상당한 시간이 필요한 일본의 특성 때문에 본말이 전도되었다는 비판에도 불구하고 논의는 제자리걸음이다.

그러나 전체적으로 보면, 일본은 결국 다문화 공생 사회로 나아갈 수밖에 없다는 사실을 인정하고 있으며 느리기는 하지만 조금씩 사회적 합의의 범위를 넓혀 가고 있다. 일본에서 외국인 노동자 수용에 대한 본격적인 논의는 1980년대 후반 버블 경제 속에서 심각한 일손 부족을 겪으면서 시작되었다. 1990년대에는 기술 연수생과 기능 실습생이라는 이름으로 개도국 출신의 청년 외국인 노동자들을 받아들이게 되었고, 이후 2000년대까지 외국인 노동자는 일손 부족 현장에 공급되는 단기 노동력으로만 취급되었다.

분위기가 바뀐 것은 2012년부터였다. 외국인 고도 인재에 대해 포인트 제도를 실시해 외국인 노동자가 일본 사회에 정착할 수 있는 기반을 제공하기 시작한 것이다. 비공식적인 이민 창구가 또 하나 만들어진 셈이다. 다만 그 대상자는 대학에서 지도와 교육을 담당하는 사람, 연구 기관에서 지식과 기술이 필요한 업무를 담당하는 사람, 공기업 또는 사기업에서 경영 또는 관리를 담당하는 사람으로 제한되어 있다. 쉽게 말해 대학교수, 과학자, 전문 경영인의 이민을 적극적으로 받아들이겠다는 뜻인데, 그런 의미에서 대부분의 외국인 노동자들에게 해당되는 제도는 아니었다.

그렇지만 한번 방향을 설정하면 그 다음부터는 가속도가 붙는 것이 제도 개혁이다. 2019년에는 깜짝 놀랄 만한 재류 자격이 신설되었다. 바로 특정 기능 1호와 특정 기능 2호라는 재류 자격이다. 원래 취지는 특정 기능을 보유한 외국인 노동자를 받아들이겠다는 것인데, 여기에서 말하는 특정 기능이란 간단한 업무에 관한 지식과 일상생활에 필요한 일본어 정도이며, 그마저도 특정 기능 2호의 경우에는 일본어 능력을 필요로 하지 않는다. 이전의 외국인 노동자 수용 제도와 비교하면 입국이 훨씬 수월해졌고, 재류 자격 또한 무기한 연장할 수 있어서 사실상 이민 제도라고 평가하는 사람들이 많다.

눈 가리고 아웅 하는 격이지만 일본 정부는 공식적으로 이민을 허용하지 않기 때문에 단순 노동을 위한 입국은 허용하지 않는다. 그래서 고육지책으로 특정 기능이라는 그럴듯한 명칭을 생각해 낸 것으로, 내용상으로는 단순 노동을 위한 외국인 노동자의 입국을 허용한 것으로 봐야 한다. 이는 정부에서 결정한 취업 분야를 봐도 알 수 있다. 특정 기능 재류 자격으로 입국한 외국인 노동자는 개호업, 외식업, 건설업, 농업, 숙박업 등 정부가 정한 14가지 일손 부족 업종에만 취업할 수 있는데, 가만히 들여다보면 이러한 일자리들이 고도의 지식이나 전문적인 일본어가 요구되는 분야는 아니라는 것을 누구나 알 수 있다.

이러한 단계적인 제도 개혁에 힘입어 일본에서 외국인 노동자는 최근 10년 동안 급속하게 늘고 있다. 2016년에는 처음으로 외국인 노동자 수가 100만 명을 넘어섰고, 4년 뒤인 2020년에는 170만 명을 돌파해 매년 평균 15% 정도씩 급증하고 있다. 일본 정부의 추계에 따르면 2025년까지 예상되는 일손 부족 인원은 대략 145만 5,000명 정도인데, 특정 기능 외국인 노동자가 이중에서 24% 정도를 메워 줄 것으로 기대하고 있다. 현재 일본에서 일하고 있는 외국인 노동자들의 국적을 보면 놀랍게도 1위는 베트남(25.7%)이며, 이어서 중국(24.3%), 필리핀(10.7%) 출신 노동자들이 그 뒤를 따르고 있다. 반면 한때 일본에서 흔히 볼 수 있었던 일본계 브라질 출신 노동자나 페루 출신 노동자는 많이 감소했다.

현재 일본에 체류하는 외국인은 280만 명 이상이고, 이 중 노동 이민(외국인 노동자)은 170만 명 정도 된다. 일본에 거주하는 사람들 중에서 2.2%가 외국인이며, 일하고 있는 사람들 중에서는

2.8%가 외국인이라는 이야기이다. 일본 정부가 인구 감소 대책으로 외국인 노동자 유입을 적극 장려하고 있기 때문에, 앞으로 이 비중은 계속해서 늘어날 것이다. 동남아시아에서 온 젊은 청년들이 일본에서 취업하고, 결혼하고, 아이를 키우게 되면 10~20년 뒤 일본의 인구 구조는 물론 사회 문화도 지금과는 많이 달라져 있을 것이다. 현재 일본의 시민 사회를 중심으로 다문화 공생 사회에 대한 공론화가 한참 진행 중이다. 이를 반영하듯, 일본의 서점에 가 보면 이민 사회나 다문화 공생 사회를 준비해야 한다는 서적들이 매일같이 쏟아져 나오고 있다. 몇 년 전에 전북 순창의 모 초등학교에서는 전교생의 절반이 다문화 학생이라는 신문 기사를 본 적이 있다. 10년 뒤 혹은 20년 뒤 우리의 모습은 어떨까? 하루빨리 이민 사회와 다문화 공생 사회에 대한 본격적인 논의가 필요한 시점이다.

22장

갈라파고스 신드롬

내수 시장에 특화된 김치냉장고의 성공

갈라파고스는 남아메리카 에콰도르의 갈라파고
스 제도를 뜻하며, 육지에서 무려 926km 떨어진 태평양 바다 위
에 20여 개의 크고 작은 섬으로 이루어져 있다. 육지에서 워낙 멀
리 떨어져 있다 보니 갈라파고스 제도는 섬마다 독특한 생태계를
유지하고 있다. 1835년에 탐사선을 타고 이곳을 방문한 찰스 다
윈이 갈라파고스 제도의 동식물을 관찰하고 진화론의 영감을 얻
었다는 것도 바로 이런 이유 때문이다. 그런데 훗날 찰스 다윈의
진화론만큼이나 유명해진 갈라파고스 신드롬Galapagos Syndrome이라는
용어는 에콰도르나 다윈과는 큰 접점이 없는 일본에서 탄생하였
다. 갈라파고스 신드롬은 1980~1990년대까지 전 세계 시장을 석

권했던 일본의 가전업체들이 글로벌 기술 표준에 적응하지 못하고 자국 시장에만 안주한 결과 국제 경쟁력이 약화되었다는 의미로 주로 사용되고 있다.

일본의 갈라파고스 신드롬으로 박사 논문을 준비하는 제자가 있는데, 그의 주장에 따르면 1997년 규슈대학의 기사 시게오木佐茂男 교수가 일본의 사법 제도 및 정치 사회 체제의 진화가 무뎌지는 현상을 갈라파고스 신드롬으로 표현한 것이 이 용어의 시작이라고 한다. 이후 2006년에 노무라연구소의 기타 슌이치北俊一가 일본의 휴대 전화 산업을 갈라파고스 신드롬으로 표현하면서 점차 제조업 전반에서 갈라파고스 신드롬이 사용되기 시작했다. 지금은 마치 경영학 용어처럼 사용되고 있지만 사실 갈라파고스 신드롬에 대한 명확한 정의는 없다. 너도나도 사용하는 유행어지만 딱 부러지게 무엇이 갈라파고스 신드롬이고, 구체적으로 어떤 조건을 만족해야 갈라파고스 신드롬이라고 부를 수 있는지는 명확하지 않다.

이 부분에 주목한 것이 제자의 연구인데, 그에 따르면 무역이 없고, 해당 지역의 특수한 제도적 요인이 작동하며, 일정 규모의 내수 시장이 존재하는 세 가지 조건을 갖춘 산업을 갈라파고스 신드롬으로 부를 수 있다. 예를 들면 일본의 다이하쓰ダイハツ 등이 만드는 경자동차는 수출도 하지 않고, 다른 나라에서 수입도 하지 않는다. 또 경자동차를 생산할 때는 안전 규격과 같은 일본의

독자적 규제가 있고, 소비자들이 구매할 때는 세금과 보험료의
혜택이 있다. 외국 업체가 일본에 진출해서 경자동차를 생산하려
면 고려해야 할 진입 장벽이 꽤 높다. 반면 경자동차를 선호하는
일정한 내수 시장이 존재하고, 여기에 맞춰 경자동차를 주로 생
산하는 메이커들도 존재한다. 이러한 조건하에서 일본의 경자동
차 시장은 글로벌 시장과는 상관없이 내수를 바라보며 독자적인
기술적 진화를 거듭하고 있다. 중요한 것은 이러한 현상을 꼭 부
정적으로 바라볼 필요가 있을까 하는 점이다. 그저 수요가 있는
곳에 공급이 발생한 것이라면 무슨 문제가 될까?

생각해 보면 김치냉장고는 갈라파고스 신드롬에 딱 들어맞는
산업이다. 김장을 해서 대량으로 김치를 담그는 문화는 한국의
고유한 식문화이므로 김치냉장고는 수출이나 수입을 하지 않는
다. 물론 전 세계적으로 한식이 유행하고, 한국인들이 지구촌 곳
곳에 살고 있으니 무역이 제로라고는 말할 수 없지만 분명 의미
있는 수치는 아닐 것이다. 또 김치냉장고에 대한 별도의 규제가
있는 것은 아니지만, 다른 가전제품과 마찬가지로 정부가 제시하
는 각종 기준을 만족해야 한다. 예를 들어 노후한 김치냉장고는
화재 위험성이 높기 때문에 정부의 명령에 따라 2005년 9월 이전
생산된 특정 브랜드의 제품은 전량 리콜 대상이 된다. 외국 업체
가 한국에 진출해서 김치냉장고를 생산하기 위해서는 연구해야
될 것들이 한두 개가 아니다.

외국 업체가 호기롭게 한국 시장에 진출하더라도 사실상 시장에서 살아남을 가능성은 제로에 가깝다. 1978년에 김치냉장고 관련 실용신안이 등록된 이후 여러 업체가 경쟁하며 엄청난 기술적 진화를 거듭했기 때문이다. 일반 냉장고는 뒷면 안쪽에 부착된 냉각기가 내부 공기를 빨아들여 온도를 차갑게 한 뒤 다시 배출하는 간접 냉각 방식을 사용하지만, 김치냉장고는 저장실 외부를 냉각 코일로 감싸서 직접 냉각해 식품을 촉촉하게 보관하고 일정 온도를 유지해 주는 기술이 사용된다. 냉장고보다 훨씬 진화한 가전제품이 김치냉장고이다. 당연한 얘기지만 전 세계에서 김치냉장고를 가장 잘 만드는 회사는 대한민국의 가전업체들이다. 게다가 김장 문화 때문에 거대한 국내 시장이 존재하는 것은 말할 것도 없고, 위니아 딤채(예전의 만도기계)처럼 김치냉장고에 특화된 기업도 존재한다. 갈라파고스 신드롬에 딱 들어맞는 산업이다. 그런데 어느 누구도 문제라고 여기지 않는다. 갈라파고스 신드롬을 부정적으로만 해석할 필요는 없다는 이야기이다.

얼어붙은 소비 심리를 파고든 발포주

일본 유학 초기에 밤늦게까지 연구실에서 작업을 마치고 집에 돌아가 자기 전에 맥주 한 캔을 마시는 습관이 있었다. 일주일 동안 마실 맥주를 구매하기 위해 주말마다 마트에 들렀는데, 일주일 분량의 맥주를 고르는 시간은 참으로 행복한 순간이었다. 매일매일 다른 맥주를 마셔도 될 만큼 맥주의 종류가 많았기 때문에, 언젠가는 모든 종류의 맥주를 마셔 보겠다는 목표를 세우고 다 마신 캔은 차곡차곡 집에 쌓아 두었다. 나중에는 캔을 보관할 마땅한 공간이 없어서 노트에 맥주의 종류, 가격, 맛을 기록하는 방식으로 바꾸었는데 그 방법은 그 방법대로 데이터를 모아 가는 쏠쏠한 재미가 있었다. 그러다가 어느 날 문득 깨닫게 되었다. 내가 맥주라고 알고 마신 음료는 사실 맥주가 아니었다는 것을.

내가 맥주라고 착각하고 마신 음료들 중에서 상당수는 발포주發砲酒인 경우가 많았다. 발포주는 맥주와 달리 캔 옆에 조그맣게 발포주라는 한자가 적혀 있기는 하지만 한눈에 맥주와 발포주를 구분하기란 쉽지 않다. 가격은 맥주보다 더 싸고, 맛은 맥주에 비해 조금 부족하지만 그렇다고 맛이 없지는 않다. 외국인에게 맥주라고 설명하면 맥주라고 믿을 수 있을 정도의 맛이다. 궁금증이 생겼다. 맥주와 발포주는 본질적으로 무엇이 다른가? 왜 발포주의 종류가 이렇게까지 많아지게 된 것일까?

원래 맥주는 맥아, 홉, 물을 넣고 효모로 발효시킨 제조법으로 만드는 것이 기본이다. 이렇게 만드는 술을 우리가 흔히 알고 있는 독일의 맥주 순수령에 입각한 올 몰트(맥아) 비어라고 한다. 그러나 독일을 제외한 다른 나라에서는 어드정트adjunct 비어라고 해서 맥아, 홉, 물 이외에 다른 부재료를 첨가한 맥주가 더 일반적인데, 일본에서 맥주란 명칭을 사용하기 위해서는 맥아 비율이 67%이상 유지되어야 한다(2018년 4월부터 50%로 변경되었다). 즉, 보리, 쌀, 옥수수, 감자 등 부재료를 33%까지 넣어도 맥주로 인정한다는 것이다.

문제는 맥주에 부과하는 세금을 맥아 비율에 따라 차등 부과하면서 발생하였다. 맥주 회사들은 세금을 아끼기 위해 맥아 비율을 66% 이하로 낮추고, 그 대신 부재료를 더 첨가한 '맥주 맛 주류'를 생산하기 시작했다. 맥주 풍의 탄산을 첨가한 술, 발포주의 탄생이었다. 재미있는 것은 처음에는 세금을 회피하기 위한 꼼수였던 발포주가 나중에는 본격적인 시장의 탄생을 불러오고, 급기야 2000년대 초반에 맥주 시장의 1/3을 차지할 정도까지 성장했다는 것이다. 발포주와 관련해 맥주 회사들의 고민은 명확했다. 세금을 절약하기 위해서 맥아 비율을 최대한 낮춰야 했지만, 맥아 비율을 낮추면 맥주 맛이 약해지는 문제점이 발생했다. 그래서 맥아를 적게 쓰면서도 맥주 맛을 낼 수 있는 치열한 기술 경쟁이 시작되었다. 맥주에서 맥아를 빼고 맥주 맛을 내야 하는 이상한 경쟁이 말이다.

발포주가 등장한 1990년대는 버블 붕괴 후 경기가 후퇴하고 사람들의 소비 심리도 얼어붙었을 때였다. 자연히 맥주 가격보다

20~30% 이상 싸면서도 맥주와 비슷한 맛과 향을 내는 발포주는 단번에 인기 제품이 되었다. 맥주 회사들은 시즌별로 새로운 제품들을 쏟아 내었고, 소비자들은 골라 먹는 재미가 있었다. 주머니 사정이 가벼운 학생들, 맥주보다 목 넘김이 순한 술을 원하는 여성 소비자를 중심으로 발포주 시장은 급성장했다. 그러다가 2003년에 세제 개편과 함께 발포주에 붙는 세금이 인상되자 자연히 시장은 성장을 멈추었다. 이후 맥아를 아예 한 톨도 넣지 않은 제3의 맥주라는 새로운 장르(일본에서는 신장르라고 한다)가 등장하면서 발포주 시장은 더욱 축소되었다. 맥아를 넣었다고 해서 맥주인데, 일본 맥주 업계의 기술 경쟁은 급기야 맥아를 넣지 않고 맥주 맛을 내는 경지에 이른 셈이다.

발포주 역시 갈라파고스 신드롬의 조건에 딱 맞는 산업이다. 일본의 맥주 회사들은 발포주를 수출하지도 않고, 다른 나라의 발포주를 수입하지도 않는다. 사실 발포주의 정의 자체가 일본 국내의 법률과 제도에 의한 것이라, 외국에서 맥주로 팔리는 것도 일본에서는 발포주로 분류해야 하는 문제가 있다. 맥아 비율을 50%로 낮춘 2018년의 주세법 개정은 이러한 현실을 반영한 것이다. 그렇지만 외국 업체가 일본 시장에 진출해도 살아남을 가능성은 거의 없다. 맥아를 안 쓰고도 맥주 맛을 내는 기술은 오랜 기간 연구를 거듭해 온 일본 맥주 업체들 이외에 흉내조차 낼 수 없는 기술이다. 정확하게 말하면 외국 기업들이 굳이 배울 필요가 없는 기술이다. 글로벌 시장과는 동떨어져 있지만 발포주의 소비 시장은 여전히 크고, 맥주 회사들도 발포주 생산에 특화된 생산 부문을 보유하고 있다.

여전히 팩스, 도장, 종이

김치냉장고나 발포주처럼 갈라파고스 신드롬은 어떤 특정 조건이 성립하면 자연스레 시장이 생성되고, 제조업체들 간의 치열한 기술 경쟁이 시작된다. 물론 영원하지는 않다. 예전과 달리 김장을 하는 가정이 줄어들고, 김치를 그때그때 필요한 만큼 사서 먹는 문화가 자리 잡으면 김치냉장고는 사라질 것이다. 맥아 비율을 0~100%까지 선택할 수 있는 다양한 선택지가 있는 상황에서, 주세법의 변경으로 발포주의 가격 경쟁력이 더욱 하락하면 굳이 맥주 대신 발포주를 마실 이유는 없다. 한때 일본의 갈라파고스 신드롬의 대명사였던 피처폰*도 지금은 거의 사라지고 없다. 총무성 조사에 따르면 2019년 세대별 모바일 단말기 보유 비율은 96.1%에 이르는데, 이 중 스마트폰 보유 비율은 83.4%, 피처폰은 12.7%이며, 피처폰을 사용하는 사람들은 대부

---

* 스마트폰이 출시되기 전에 나온 최저 성능의 휴대 전화. 일본에서는 갈라파고스ガラパゴス와 휴대 전화携帯의 합성어인 가라케ガラケー로 통한다.

분 고령층으로 조사되었다.

사실 일본이 걱정해야 할 것은 갈라파고스 신드롬이 아니라 갈라파고스섬처럼 고립된 채로 변화의 물결 뒤편에 홀로 남겨지는 것이다. 대표적인 것이 선진국 중에서 가장 뒤처진 것으로 평가받는 디지털화이다. 일본 기업 덴쓰와 옥스퍼드대학이 공동으로 조사한 디지털 지수를 보면, 전 세계 24개 주요 국가 중에서 일본은 디지털 사회 지표 22위, 디지털 수요에 대한 충족도 24위를 기록했다. 갈라파고스 신드롬은 비록 글로벌 시장과 분리되었다고는 하지만, 내수 시장의 튼튼한 소비가 존재하고 국내 기업들은 투자를 통해 치열한 기술 경쟁을 벌인다. 물론 기업 차원에서 글로벌 시장을 겨눈 좀 더 효율적인 투자로 이어지면 좋겠지만, 수출 산업이 아니라고 해서, 글로벌 히트 상품이 아니라고 해서 갈라파고스 신드롬을 부정적으로만 바라볼 필요는 없다. 하지만 갈라파고스섬처럼 디지털 시대에 홀로 남겨지는 것은 차원이 다른 문제이다.

장면 1

도쿄 올림픽의 응원 메시지를 팩스로 받는다는 이야기에 전 세계인들은 귀를 의심했다. 대외 조직위 SNS에는 2021년이 아닌 1964년 도쿄 올림픽 이야기가 아니냐는 조롱이 이어졌다.

장면 2

코로나19의 확산으로 전 세계적으로 재택근무가 확산되는 가운데 유독 일본의 재택근무 비율은 올라가지 않았다. 당시 뉴스에는 결재 도장을 찍기 위해 출근을 서두르는 직장인들의 모습과 히타치 캐피털이 출시한 도장 찍는 로봇의 모습이 대조적으로 비춰지면서 묘한 여운을 남겼다.

장면 3

일본 초등학생 학부모들은 학교로부터 일주일에 평균 5~6장의 종이를 받는다. 그중에는 알림장도 있고 각종 설문 조사도 있다. 반면 한국 초등학생 학부모들은 각 반별로 구축되어 있는 인터넷 홈페이지를 통해 알림장을 확인하고 담임 선생님과는 SNS로 소통한다.

디지털 사회에서 낙오자가 된 일본의 문제는 심각하다. 전문가들은 이미 오래전부터 이 문제를 지적해 왔고, 일본 정부도 문제의 심각성을 인지하고 있었기 때문에 2021년 9월에는 디지털청이라는 정부 기관을 신설하고 장관도 임명했다. 하지만 지금까지 없던 디지털청을 새로 만들었다는 것은 그만큼 디지털화에 뒤쳐져 있다는 것을 정부가 인정한 셈이다. 언제부터 일본은 디지털 경쟁에서 낙오하기 시작한 것일까?

　18세기 말에서 19세기 초에 걸쳐 영국에서 시작된 제1차 산업 혁명에서 증기 기관은 가장 영향력이 큰 기술이었다. 증기 기관처럼 모든 산업에 영향을 미치고 나아가 보완적인 발명을 연쇄적으로 발생시키는 기술을 범용 기술General Purpose Technology이라고 한다. 19세기 말부터 20세기 초 사이에 발생한 제2차 산업 혁명의 범용 기술은 내연 기관과 전기 모터라고 볼 수 있다. 자동차와 비행기는 내연 기관, 세탁기와 청소기는 전기 모터의 보완적 발명이 낳은 산물이다.

　제3차 산업 혁명의 범용 기술은 컴퓨터와 인터넷인데, 마이크로소프트사의 윈도95가 세상에 나온 시기를 생각하면 제3차 산업 혁명은 이제 겨우 30년 정도밖에 되지 않았다. 인공 지능, 빅 데이터, 사물 인터넷 등이 제4차 산업 혁명의 범용 기술이 될 것인지 아니면 아직 본격적인 제4차 산업 혁명이 시작조차 되지 않았는지는 현재로서는 확실하지 않다.

　제1차와 제2차 산업 혁명에 성공적으로 올라탄 일본은 러일 전쟁(1904~1905년) 이후 주요 국가 반열에 들어섰고, 80년 뒤인 1980년대 말에는 세계 최고 수준의 선진국이 되었다. 그러나 1990년대에 전 세계를 휩쓴 IT화의 거대한 물결 속에서 일본만이 홀로 뒤쳐지기 시작했고, 결국 제3차 산업 혁명의 거대한 파도에 제대로 올라타지 못하면서 디지털 후진국으로 전락하고 말았다. 1990년대 이후 미국 경제 성장의 원동력은 IT 분야 투자에 따른 생산성 상승이었다. 미국의 대통령 경제 자문 위원회 연차 보고서에 따르면, 미국의 IT 자본에 대한 투자가 유통과 금융 분야를 비롯한 폭넓은 산업 분야에서 생산성의 상승을 가져왔고, 그것이 1990년대 신경제New Economy를 가능하게 했다고 분석하고 있다. 반면 일본은 1990년대에 컴퓨터와 인터넷이라는 범용 기술의 도입이 늦어졌고, 이것이 결국 생산성 하락으로 연결되면서 장기 침체의 한 원인을 제공했다고 볼 수 있다.

그렇다면 앞으로 전개될 제4차 산업 혁명에서 일본은 다시 역전의 발판을 마련할 수 있을까? 쉽지 않아 보인다는 것이 개인적인 견해이다. 지금의 아프리카와 비교해 보면 그렇다. 아프리카는 역사적으로 볼 때 제1차, 제2차 산업 혁명과는 무관한 지역이었지만, 제3차 산업 혁명부터는 그 양상이 확연히 달라졌다. 현재 사하라 사막 이남 아프리카에서는 아직도 전기가 안 들어오는 집이 많지만 스마트폰이 없는 사람은 없다. 전기는 없지만 충전소 등을 이용해서 스마트폰을 매개로 한 비즈니스가 일반화되어 있다. 스마트폰을 이용한 금융 거래가 활발해지면서 현금을 쓰지 않는 디지털 지갑 사용도 확산되고 있다. 르완다는 세계 최초로 현금 없는 경제를 추진하고 있으며, 케냐의 통신업체 사파리콤은 레스토랑 예약, 택시 호출, 음식 배달, 게임 서비스를 탑재한 앱을 개발해 핀테크 산업에 도전장을 내밀었다.

아프리카가 성큼성큼 큰 걸음으로 IT 자본을 확충해 갈 수 있었던 이유는 아이러니하게도 아무것도 없었기 때문이었다. 사하라 사막 이남 아프리카에서 유선 전화 가입자는 1,000만 명밖에 되지 않지만 스마트폰 가입자는 6억 명에 육박한다. 유선 전화망이 아예 없으니 뜯어내고 교체하고 할 것 없이 빈 땅에 기지국 몇 개를 건설하는 것으로 인터넷을 사용할 수 있었다. 결제 시스템도 신용 카드 단계를 건너뛰고 현금에서 바로 모바일 결제로 넘어갔다. 지금 아프리카에서는 건너뛰기식 IT 혁명이 일어나고 있다. 반면 일본에서 뭔가 새로운 시스템을 도입하려면 기존의 시스템을 교체하는 비용이 몇 배는 더 발생한다. 일본이 디지털 혁명에 성공하려면 아프리카보다 몇 배의 투자가 더 필요한 이유이다.

일본 기업들은 최근 30년 동안 국내 투자에 적극적이지 않았고, 뒤처진 IT 분야의 투자는 부메랑이 되어 다시 일본 기업에게 돌아왔다. 디지털 혁명에 뒤처진 일본에서 토종 기업들의 설자리는 점점 더 줄어들고 있다. 일본 국민 10명 중 6명이 애플이 개발한 아이폰을 사용하고, 토종 모바일 메신저 하나 없이 전 국민이 네이버가 개발한 LINE을 쓰고 있다. 갈라파고스섬에는 최근 육지에서 들어온 쥐 때문에 다른 종들이 멸종 위기에 처했다고 한다. 갈라파고스의 고유종처럼 위기에 처한 일본 기업들이 한둘이 아닌 것이다.

몇 년 전에 실제로 일본에서 겪은 일이다. 일본 사람들에게 서류를 PDF 파일로 보낼 테니 거기에 전자 서명을 한 후 다시 보내

달라고 했더니 생각지도 못한 문제점들이 터져 나왔다. PDF 파일을 열 수가 없는 사람, 전자 서명이 뭔지 모르는 사람, 온라인상으로 서류를 처리하는 것 자체에 절차적 문제를 걱정하는 사람 등 다양한 문제가 발생했다. 그럼 팩스로 보내면 어떻겠냐고 하니 모두들 팩스는 가지고 있으니 그게 좋겠다고 했다. 결국 팩스, 도장, 종이로 이루어진 레거시 시스템이 얼마나 강력한지 다시 한번 확인할 수 있는 계기가 되었다. 일본의 전성기 시절인 1980년대 말에 구축된 이러한 레거시 시스템은 사실 1990년대의 IT 투자로 소멸되었어야 하는 구시대의 유물이다. 한 세대가 지나도 처리하지 못한 구시대의 유물을 하루빨리 제거하지 않으면 다가오는 제4차 산업 혁명의 파도에 올라타는 것은 꿈같은 얘기로 끝날 수 있다.

23장
프로크루스테스의 침대

장인 정신에 매몰된 에리카 프로젝트

프로크루스테스는 그리스 신화에 나오는 포악한 거인인데 아테네 교외의 언덕에 집을 짓고 살면서 강도질을 했다. 그의 집에는 철로 만든 침대가 있었는데 지나가는 행인을 붙잡아 자신의 침대에 누이고는 행인의 키가 침대보다 크면 그만큼 잘라 내고 작으면 억지로 침대 길이에 맞추어 늘여서 죽였다. 심리학에서 프로크루스테스의 침대는 자기 기준이나 생각에 맞춰 남의 생각을 바꾸려 하거나 남에게 피해를 끼치면서까지 자기 주장을 굽히지 않는 아집과 횡포를 뜻한다. 그런데 최근 일본 제조업에서 자주 지적되는 과잉 기술 문제는 마치 프로크루스테스가 침대 길이에 맞춰 행인의 발을 잘라 내거나 잡아 늘이는 행위를

그림 3-20 **전기 자동차 에리카**

연상케 한다. 여기서 프로크루스테스는 생산자이고 행인은 소비
자이다. 일본 제조업을 들여다보면 소비자의 니즈와는 상관없이
장인 정신에 매몰된 생산자의 에피소드가 한두 개가 아니다.

평소 즐겨 보는 〈EBS 비즈니스 리뷰〉에서 중앙대 위정현 교수
가 장인 정신에 매몰된 일본 제조업에 대해 매우 재미있는 사례
를 소개했다. 바로 일본의 전기 자동차 프로젝트인 에리카 프로
젝트이다. 에리카Eliica는 리튬 이온 배터리 자동차Electric Lithium-Ion
Battery Car의 앞글자를 딴 것인데, 2003년부터 게이오대학을 중심으
로 38개 기업이 참여한 전기 자동차 개발 프로젝트이다. 2004년
에 개발된 에리카는 〈그림 3-20〉처럼 무려 8개의 바퀴를 장착했
으며 시험 주행에서 최고 시속 370km를 기록했고, 정지 상태에서
시속 100km까지 도달하는 시간, 즉 제로백 지표는 스포츠카를 능

가했다. 당시 개발된 전기 자동차로서는 상상할 수 없는 탁월한 성능을 여러 테스트에서 증명하였다.

오염 물질의 배출을 줄이기 위해 개발된 전기 자동차에 왜 스포츠카를 능가할 정도의 속도가 필요한 것일까? 하지만 에리카 개발자들의 생각은 달랐다. 가솔린 자동차가 가지고 있는 장점을 능가할 수 없다면 전기 자동차를 개발할 아무런 의미가 없다는 것이다. 개발 비용이 얼마가 들어가든 가솔린 자동차가 가진 모든 장점을 능가하고 거기에 더해 환경 오염에 대한 걱정이 없는 전기 자동차를 만드는 것이 그들이 세운 목표였다. 문제는 가격이었다. 대당 시판 가격이 3천만 엔, 우리 돈으로 3억이 넘었다. 팔릴 리가 만무했지만 그런 걱정 따윈 접어 두고 개발자들은 개량에 개량을 거듭했다. 결국 뛰어난 성능에도 불구하고 시장성이 없다는 이유로 에리카 프로젝트는 2017년에 중단되고 회사는 청산 절차를 밟을 수밖에 없었다.

반면 중국의 비야디BYD자동차는 전혀 다른 길을 걸었다. 1995년에 중국의 왕촨푸王傳福가 설립한 배터리 제조업체 비야디는 2002년에 친촨자동차秦川汽车를 인수하면서 본격적으로 전기 자동차 제조업에 뛰어들었다. 그리고 몇 년 뒤인 2008년에 개발한 플러그인 하이브리드 승용차 F3DM은 그야말로 획기적인 히트 상품이 되었다. 최고 시속이 60km밖에 안 되었지만 한번 충전하면 480km를 달릴 수 있었고, 무엇보다 가격이 저렴했다. 정부 보조금 등을 활용하면 천만 원도 안 되는 돈으로 구입이 가능했기 때문에 주로 택시로 이용되었다. 비야디는 저렴한 전기 자동차 개발에 집중했을 뿐, 굳이 가솔린 자동차의 장점을 뛰어넘으려는 노력을 하지는 않았다. 시장의 니즈를 잘 읽고 대응한 비야디는 현재 세계 Top 5에 드는 전기 자동차 회사로 성장했다.

자물쇠 달린 냉장고의 성공

생산자 중심의 과잉 기술이 일본 제조업의 고질적인 문제라고 한다면, 그 해결책은 아주 단순하지만 소비자 중심의 적정 기술을 개발하는 것이다. 그리고 여기 소비자 중심의 적정 기술 개발에 아주 뛰어난 재능을 보여 주는 기업들이 있다. 바로 대한민국의 기업들이다. 2017~2018년 무렵에 중동과 인도 등에서 현지화에 성공한 한국 기업에 대한 특집 기사들이 자주 소개되었는데, 그중 단연 눈길을 끄는 것은 자물쇠 달린 냉장고였다. 자물쇠 달린 냉장고라니, 생경한 디자인은 차치하고서라도 아무리 생각해 봐도 자물쇠의 용도를 떠올리기가 쉽지 않을 것이다.

1998년 대우전자가 개발한 자물쇠 달린 냉장고는 중동 지역에서 인기를 끌었는데, 다른 사람이 자신의 물건에 손대는 것을 싫

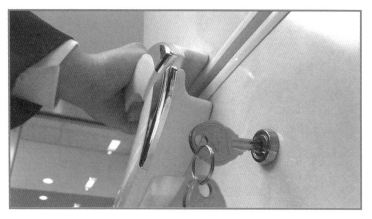

그림 3-21 **자물쇠 달린 냉장고**

어하는 중동 사람들의 기질을 감안한 디자인이었다. 또 비슷한 시기에 인도 시장에 진출한 LG전자도 자물쇠 달린 냉장고를 출시했는데 가사 도우미를 두는 일이 흔한 인도의 중산층 이상 가정에서는 자물쇠 달린 냉장고는 가사 도우미가 음식을 마음대로 꺼내 먹는 것을 방지하는 효과가 뛰어났다. 사실 냉장고에 자물쇠 구멍을 뚫는 것은 특별한 기술도 아니고 탁월한 디자인이라고 보기도 어렵지만, 분명한 것은 소비자의 욕구를 정확히 파악한 적정 기술이었고, 이러한 눈높이 전략은 현지에서 제대로 먹혀들었다.

한국 기업들의 적정 기술 전략은 자물쇠 달린 냉장고만이 아니다. 2003년에 LG전자는 중동에서 메카폰이라는 것을 출시했는데, 성지인 메카 방향을 자동으로 알려 주는 소프트웨어가 내장

되어 있었다. 이 모델은 현지에서 매우 인기가 좋아서 나중에는 코란을 음성과 문자로 제공하는 기능, 기도 시간을 정시에 알려 주는 기능까지 추가되었다. LG전자의 눈높이 전략은 여기에 그치지 않았다. 2004년에는 대추야자 냉장고를 출시해 인기를 끌었다. 중동 사람들이 즐겨 먹는 음식인 대추야자를 최적 상태로 보관해 주는 대추야자 냉장고는 우리의 김치냉장고를 응용한 가전 제품이었다. 현대자동차는 인도에 수출하는 자동차의 차체 바닥을 높게 디자인했는데, 비포장도로가 많아 집중 호우로 침수가 잦다는 점을 고려한 것이었다. 반면 중동에 수출하는 자동차는 천장을 높였다. 머리에 쓰는 터번 때문에 천장이 낮은 차를 불편해하는 소비자들이 많았기 때문이었다.

3~4년 전부터 일본 미디어에서는 한국을 배워야 한다는 쓴소리가 자주 등장한다. 2018년부터 한일 관계는 악화일로를 걷고 있지만* 동시에 한국이 구매력 평가 지수 기준 1인당 GDP를 비롯해 몇몇 경제 지표에서 일본을 역전하자 일본 매체들은 앞다투어 한국 기업들의 장점 그중에서도 기민한 현지화 전략을 배워야 한다는 기사들을 내보내고 있다. 코란이 내장된 텔레비전을 출시한 LG전자, 정전이 잦은 개도국에서 작동이 멈추기 전 상황을 기

---

* 2018년에는 위안부 합의에 따라 설치된 화해치유재단이 해산되고, 한국 대법원이 일본 기업을 상대로 한 민사 소송에서 강제 징용 피해자들의 손을 들어주면서 한일 관계가 새로운 복합 갈등의 단계로 접어들었다.

억하는 삼성전자의 세탁기, 경음기를 빈번하게 울리는 현지 교통 사정을 고려해 경음기 스위치를 여러 개 설치한 현대자동차의 사례는 단골 소재이다. 그러나 이러한 자성의 목소리에도 불구하고 일본 제조 기업들의 생산자 중심적인 자세가 바뀔 것으로 기대하는 사람들은 많지 않다. 그 이유 중 하나는 일본 기업들이 통합형 제품 생산에 탁월한 능력을 보여 왔기 때문이다.

모듈형 강자 vs 통합형 강자

경영학 용어 중에서 제품 아키텍처architecture라는 말이 있다. 일본에서 제품 아키텍처 이론의 1인자라고 할 수 있는 도쿄대학의 후지모토 다카히로藤本隆宏 교수에 따르면 아키텍처는 쉽게 말해 제품 설계자의 구상에 해당하며, 기능과 부품 간의 관계를 설계자의 구상(아키텍)에 따라 모듈형modular 아키텍처와 통합형integral 아키텍처로 나눌 수 있다. 모듈형 아키텍처는 표준적인 부품을 조립하는 것으로 제품 전체가 기능을 발휘하게 하는 것이고, 통합형 아키텍처는 각 부품 간의 최적 설계를 통해 제품 전체가 기능을 발휘하도록 하는 것이다.

어려운 개념이므로 예를 들어 생각해 보자. 모듈형의 대표적인 사례는 PC이다. PC의 본체, 모니터, 프린터를 각각 구입해서 연결해도 전체 시스템을 구성하는 데 문제가 없다. 기능과 부품 간에 일대일의 관계를 가지기 때문에 부품을 연결하는 인터페이스만 표준화돼 있다면 엔지니어들이 각자의 개성을 자유롭게 발휘해도 상관이 없다. 반면 통합형의 대표적인 사례는 자동차이다. 기능과 부품 간에 일대일 대응이 성립했던 PC와 달리 자동차는 다대다 대응이다. 예컨대 승용차의 핸들링을 좋게 하기 위해 서스펜션을 강화하면 승차감이 떨어진다. 이렇게 기능과 부품 간에 상충되는 문제가 발생하기 때문에, 이를 극복하기 위해서는 미세한 부품의 튜닝이 필요하며 그 과정에서 엔지니어 간의 긴밀한 협조가 요구된다.

부품의 표준을 확립한 후 표준 부품을 잘 조립하면 완성되는 모듈형 제품과 각각의 부품을 미묘하게 상호 조정해 가면서 최고의 성능을 구현하는 통합형 제품 중에 일본이 잘할 수 있었던 분야는 무엇일까? 지금까지 이 책을 읽어 온 독자라면 더 이상 설명하지 않아도 자연스럽게 통합형 제품이 답이라는 것을 알 수 있을 것이다. 흔히 일본 기업의 경쟁력은 현장의 조직 능력에서 발휘되며, 상대적으로 전략 구상이나 본사의 조직 능력은 약하다는 평가를 받는다. 1980~1990년대까지 일본 기업은 뛰어난 현장의 조직 능력으로 자동차, 전기 제품, 철강 등 통합형 제품에서 강력한 국제 경쟁력을 발휘했다.

현장의 엔지니어들이 주축이 되어 부품의 미세한 튜닝과 협업을 통해 제품이 가진 최고의 성능을 구현하는 방식은 일본의 장인 정신과도 궁합이 잘 맞았다. 그러나 반복되는 성공의 경험으로 기업들은 점차 장인 정신에 매몰되고, 역설적으로 자연스레 수요자의 니즈에 대해서는 둔감해지면서 생산 현장에 생산자 중심의 도道가 자리 잡았다. 일본에서는 무슨 일이든 도로 승화시키는 분위기가 있다. 유도柔道, 검도劍道, 궁도弓道만이 아니라, 차를 마시는 것은 다도茶道, 꽃꽂이는 화도華道, 붓글씨는 서도書道로 격상된다. 가벼운 취미 수준으로 접근했다가는 큰 코 다칠 것 같은 엄숙한 분위기가 물씬 느껴진다.

2008년 런던 올림픽 남자 유도 100kg 이상 급에서 금메달을 딴 이시이 사토시石井慧 선수는 금메달을 따고서도 국민들의 축하를 받지 못했다. 일본에서는 유도柔道가 도인 까닭에 깨끗한 한판승이 아니라면 기분 좋은 승리가 아니라는 분위기가 팽배한데, 이시이는 방어 위주의 지지 않는 유도로 금메달까지 딴 것이다. 올림픽 메달 따위에 유도를 욕보였다는 일부 국민들의 비난에 이시이는 한 인터뷰에서 이렇게 말했다. "저는 쥬도(유도의 일본식 발음)를 한 것이 아닙니다. 세계인이 즐기는 JUDO를 했을 뿐입니다." 자신은 도가 아닌 국제 스포츠로서 유도를 했을 뿐이라는 이시이의 답변이 인상 깊었다.

다시 모듈형과 통합형 이야기로 돌아가 보자. 최근 20년간 자본 집약적인 생산 시스템의 모듈화와 제품의 디지털화가 확산되면서 전 세계적으로 모듈형 제품의 생산 비중이 늘어나고 있다. 특히 반도체나 모니터용 범용 액정과 같이 생산 공정이 모듈화된 제품은 빠른 스피드로 압도적인 규모의 최신 설비를 갖추는 기업이 승리하는 구조로 바뀌고 있다. 현장 엔지니어들의 장인 정신보다 본사의 빠른 의사 결정과 자본력이 더 중요해진 것이다. 안 그래도 모듈형 제품 생산에 약점을 보였던 일본이지만, 노동 집약적인 모듈형 제품은 중국 기업에 잠식당하고, 지식 집약적인 모듈형 제품은 미국 기업이 차지하면서 일본 기업이 설 자리는 점점 좁아지고 있다.

모든 제품을 모듈형과 통합형이라는 양극단으로 구분할 수는 없지만 모듈형에 가까운 제품, 통합형에 가까운 제품은 존재한다. 전자 제품은 모듈형 제품에 가깝고 자동차는 통합형 제품에 가깝다. 한때 세계를 호령했던 일본의 가전업체들은 노동 집약적인 모듈형 제품 생산을 한국과 중국 기업에게 차례로 넘겨주면서 시장에서 철수하게 되었다. 그래도 통합형 제품의 성격이 강한 자동차 시장은 이후에도 오랫동안 지배적인 위치를 고수할 수 있었다. 그런데 최근 자동차 산업에도 중대한 변화가 일어나고 있다. 통합형 제품인 자동차에 엔진이 없어지고 배터리와 모터 그리고 모듈적 성격이 강한 소프트웨어 및 각종 정보 시스템이 도입되고 있다. 이제 자동차는 사람을 싣고 움직인다는 본질만 그대로 둔 채 모바일 기기로 변하고 있다. 미래의 방향을 가리키는 나침반이 모듈형을 향하고 있는 가운데, 통합형 제품의 강자 일본 기업들이 앞으로 어떤 선택을 할지 궁금하다.

나가며

한 단계 높은 차원에서
한일 관계 바라보기

한일 역전에 대한 단상

추락하는 일본 경제에 날개가 보이지 않는다. 코로나19로 전 세계 경제의 성장 엔진이 멈추기 전에도 일본의 연평균 GDP 성장률은 이미 미국과 유럽에 크게 뒤처져 있었다.* 엎친 데 덮친 격으로 코로나19는 휘청하던 일본 경제에 치명타를 날렸다. 2020년 일본의 GDP는 12년 전 글로벌 금융 위기 이전 수준으로 주저앉았고, 정부의 부채 규모는 이제 더 이상의 재정 건전화 계획이 무의미할 정도로 비대해졌다. 그동안 엉성하게 가려져 있던 일본의 치부도 적나라하게 드러났다. 코로나19는 세계 각국의 디지털화를 촉진시키는 계기가 되었는데, 각종 디지털 기술의 각축장이 된 다른 선진국과 달리 일본 국민들은 종이로 된 백신 접종권을

---

* 2013~2019년 동안 일본의 연평균 GDP 성장률은 0.9%였던 반면, 미국은 2.3%, 유럽은 1.6%를 기록했다.

받기 위해 구청에 줄을 서서 도장을 찍어야 했다.

반면 한국은 이제 자타가 공인하는 선진국이 되었다. OECD 회원국 중에서는 24번째로 개발 원조 위원회에 가입하면서 한때 원조를 받던 나라에서 이제 원조를 하는 나라가 되었고, 2018년에는 세계에서 7번째로 30-50 클럽*에도 가입했다. 2019년에는 WTO에서 개도국의 지위도 포기했다. 화룡점정을 찍은 것은 2021년 7월에 국제 연합 무역 개발 협의회UNCTAD에서 한국의 지위를 개도국에서 선진국으로 변경한 일이었다. UNCTAD가 특정 회원국의 위치를 변경한 것은 1964년 창설 이후 처음 있는 일로 한국이 국제기구를 통해 명실공히 선진국으로 인정받는 순간이었다. 2020년 한국의 GDP는 세계 10위로 올라섰고, 무역 규모는 세계 7위, 1인당 GNI는 G7 회원국인 이탈리아를 추월했다.

한국과 일본의 경제력 격차는 조금씩 줄어들고 있다. 한국의 1인당 명목 GDP는 1990년에 일본의 25.5% 수준이었지만 30년이 지난 2020년에는 78.5% 수준까지 좁혀졌다. 한일 간 역전된 지표도 등장했다. 물가와 환율 수준을 반영한 구매력 평가 기준 1인당 GDP는 2018년에 한국(43,001달러)이 일본(42,725달러)을 추월했고, S&P, 무디스, 피치 등 세계 3대 신용 평가 기관은 일본보다 한국

---

* 인구가 **5,000만** 명 이상이면서 1인당 국민 소득 **3만** 달러를 넘긴 나라를 뜻하는데, **30-50** 클럽에 해당되는 나라는 미국, 독일, 영국, 일본, 프랑스, 이탈리아 그리고 대한민국 **7개국**뿐이다.

의 신용 등급을 두 단계나 높게 평가하고 있다. 한껏 고무된 한국의 언론들은 이러한 지표들을 찾아내서 보도하기 시작했고, 서점에는 한일 역전 현상에 주목한 책들이 쏟아져 나왔다. 한국만이 아니라 일본에서도 한일 역전은 상당한 충격으로 받아들여졌다. 일본 경제학계를 대표하는 석학인 노구치 유키오野口悠紀雄 히토쓰바시대학 명예 교수는 한 주간지에 '일본이 한국에 G7 자리를 뺏길 수도 있다.'는 도발적인 글을 기고하면서 일본이 처한 위기에 경종을 울렸다.

개인적으로 한일 역전 자체를 부정하고 싶지는 않다. 그러나 필요 이상으로 과잉 해석하는 분위기는 경계해야 한다고 생각한다. 한일 역전이 가능하게 된 배경에는 한국의 순위가 상승한 것보다 일본의 순위가 하락한 영향이 더 컸기 때문이다. 일례로 최근 25년 동안 한국의 1인당 명목 GDP는 49위에서 39위로 10계단 상승했지만, 일본은 6위에서 33위로 무려 27계단이나 하락했다. 스위스 국제경영개발대학원IMD에서 발표하는 국가 경쟁력 종합 순위 또한 25년 동안 한국이 26위에서 23위로 3계단 상승하는 사이에 일본은 4위에서 34위로 급전직하하면서 한국에 역전을 허용하고 말았다. 결국 그동안 한국이 잘한 것도 맞지만 일본이 너무 못했다는 이야기도 된다.

문제는 선진국 반열에 올라선 대한민국을 너무나 자랑스러워한 나머지 극단적인 내셔널리즘으로 흐르거나 반대로 겸손이 너무

지나쳐 패배주의적인 결론으로 흐르는 사람들이 생각보다 많다는 점이다. 심지어 일본 전문가를 자처하는 사람들 중에서도 '이제 한국이 선진국이고 일본은 후진국이다.', '앞으로 일본 따위는 상대할 필요도 없다.'는 주장을 펼치는 유치한 '국뽕주의자'가 있고, '여전히 일본의 저력은 무시할 수 없다.', '우리가 일본을 쫓아가기에는 아직 멀었다.'며 무작정 일본을 숭상하는 '일뽕주의자'도 있다. 어느 쪽이 되었던 '바람직한' 한일 관계에 전혀 도움이 되지 않는다는 것은 두말할 필요도 없다.

'장기판의 말'이 아닌 '장기 두는 나라'로

1965년 국교 정상화 이후 현재의 한일 관계는 역사상 최악의 시기를 보내고 있다. 이를 반영하듯 한국의 동아시아연구원과 일본의 겐론 NPO가 공동 조사한 '한일 국민 상호 인식 조사'를 보면, 한국인은 일본에 대해 63.2%가, 일본인은 한국에 대해 48.8%가 호감보다는 비호감이 크다고 답했다. 재미있는 것은 한일 양국 국민의 과반수(한국 84.6%, 일본 54.8%)가 '현재의 대립 국면을 벗어나야 한다.'고 답했다는 사실이다. 80% 이상의 우리 국민들이 현재의 한일 관계가 바람직하지 않다고 대답한 사실은 많은 시사점을 던져 준다. 과연 바람직한 한일 관계의 목표를 어디에 두면 좋을까?

둘러보면 사이좋은 이웃 나라는 의외로 잘 없다. 잘 알려져 있다시피 영국, 프랑스, 독일 세 나라는 수백 년에 걸쳐 서로 치고 받고 싸워 왔다. 영국과 프랑스는 백 년 전쟁을 치렀고, 프랑스와 독일은 로마 제국 시절 게르만족의 갈리아 침공부터 세계 대전에 이르기까지 수도 없이 싸웠으며, 독일과 영국 역시 두 번의 세계 대전에서 충돌했다. 발칸반도의 그리스, 불가리아, 세르비아도 오랫동안 분쟁을 거듭해 왔고 미국은 캐나다, 멕시코와 투덕거리기 일쑤이다. 이 밖에도 국경을 마주하고 있는 나라들이 분쟁을 겪고 있는 사례는 일일이 거론할 수 없을 정도이다.

갈등 없는 한일 관계를 꿈꾸는 것은 너무나 비현실적이다. 갈등은 관리의 대상이지 제거의 대상이 아니기 때문이다. 혈당을 적절한 범위 내에서 조절하는 것이 당뇨 환자의 목표가 될 수는 있어도 한번 발병한 당뇨를 없앨 수는 없는 것과 마찬가지다. 당뇨 환자가 혈당을 조절하듯이, 한일 양국이 갈등을 적절히 조절해 가는 연습이 필요하다. 달리 표현하면 한국과 일본 두 나라는 이제 동아시아를 대표하는 선진국으로서 지금보다 한 단계 높은 차원에서 대화와 타협으로 문제를 풀어 갈 때가 되었다.

한 단계 높은 차원이라는 게 구체적으로 무엇인지에 대해 누군가 묻는다면 나는 다음과 같은 이야기를 들려주고 싶다. 일단 주변 4대 강국이라는 표현부터 고칠 때가 되었다. 한반도를 둘러싼 4대 강국은 흔히 미국, 일본, 중국, 러시아 네 나라인데, 4대 강국은 우리의 입장을 우리 스스로가 '장기 두는 나라'가 아닌 '장기판의 말'로 규정하는 표현이다. 청일 전쟁이나 러일 전쟁 때의 조선은 더 이상 없다. 대한민국은 이제 장기판의 말로 움직이기에는 너무 강한 나라가 되었다. 이제는 직접 장기를 두는 입장에 서서 주변 강대국들과의 갈등을 조절해 나가야 한다.

그러나 아쉽게도 아직 우리에게는 이러한 큰 판을 읽는 연습이 부족하다. mega-FTA를 대하는 태도만 봐도 그렇다. RCEP이나 CPTPP를 주제로 한 각종 회의에 참석해 보면 아직까지도 우리의 주요 관심사는 관세에 맞춰져 있는 경우가 많다. 상품 무역 중심의 사고방식에서 벗어나지 못하다 보니 어떻게 하면 중국 시장에 우리 제품의 수출을 늘릴 수 있을지, 어떻게 하면 일본에서 소재, 부품의 수입을 줄일 수 있을지에 관심이 집중되어 있다.

반면 미국, 유럽, 일본이 mega-FTA를 대하는 태도는 우리와 많이 다르다. 이들의 관심사는 새로운 통상 질서를 선도하고 안정적인 글로벌 공급망을 구축하는 데 방점이 찍힌다. 나라별로 통상 전략을 비교해 보면 장기를 두는 나라와 장기판의 말에 불과한 나라들의 차이가 꽤 선명하게 드러난다.

앞서 말한 한 단계 높은 차원이란 한국이 더 이상 장기판의 말이 아닌 장기를 두는 입장에서 주변 강대국을 바라보는 것이다. 이렇게 되면 지금까지 '워싱턴과 베이징이 두는 인도-태평양이란 장기판' 위에서 눈치껏 움직여야 했던 우리의 입장도 많이 달라질 것이다. 우리의 외교도 지구본을 내려다보는 사이즈로 확장될 것이다. 지금까지 우리 외교의 중심이었던 미국, 중국, 일본, 유럽, 동남아는 물론이고 그동안 상대적으로 관심이 적었던 중동, 아프리카, 남미에 대한 세계 전략을 전체적으로 다시 짜야 할 것이다. 일본을 필두로 미국과 유럽의 몇몇 나라들도 가세한 인도-태평양 전략의 한국 버전도 생각해 봐야 한다. 좋은 의미든 나쁜 의미든 일본에 대한 우리의 과도한 관심도 지금보다 많이 줄어들 것이다. 이제 지구본을 내려다보는 한국의 입장에서 일본은 대표적인 22개 선진국 중 하나에 지나지 않을 테니 말이다.*

사실 지금의 젊은 세대들에게 이러한 개념은 이미 익숙하다. 대학에서 학생들을 가르치다 보면 한일 양국의 대학생들과 이야기를 나눌 때가 많다. 전략적, 포괄적, 협력, 동반자 등 외교적 수식어를 고민할 필요 없이, 한일 양국의 젊은이들은 상식선에서 선진국 시민 대 선진국 시민으로서의 사귐을 이어 가고 있다. 유튜브와 같은 뉴 미디어의 발달로 한국에 대해 웬만한 한국인들보다 더 많이 알고 있는 일본의 젊은이들은 기성세대와는 달리 한국의 생활 수준이 일본과 비슷하거나 더 높다는 사실을 잘 알고 있다.

---

* OECD, IMF 등 세계에서 가장 권위 있는 8개의 국제기구에서 공통적으로 선진국으로 분류한 국가는 22개국이다. 유럽의 16개국(아일랜드, 영국, 이탈리아, 오스트리아, 네덜란드, 그리스, 스위스, 스웨덴, 스페인, 덴마크, 독일, 노르웨이, 핀란드, 프랑스, 벨기에, 포르투갈), 동아시아의 2개국(한국, 일본), 북미의 2개국(미국, 캐나다), 오세아니아의 2개국(호주, 뉴질랜드) 등이 이에 해당한다.

반면 선진국이 된 한국을 만끽하며 자라 온 우리의 젊은이들은 유창한 외국어 실력으로 다양한 외국 친구들과 교류하며 이들 역시 기성세대와 달리 일본이라는 나라에 대해 딱히 열등감도 우월감도 없다.

한일 양국의 젊은이들은 이른바 '투트랙 전략'이 자연스럽게 몸에 밴 것 같다. 역사 갈등을 둘러싼 문제들은 그것대로 철저히 따져 물어야 하겠지만, 개인의 취향에 따라 상대의 문화 콘텐츠는 얼마든지 좋아할 수 있다. 일본 넷플릭스에서 2020년 가장 화제가 된 콘텐츠 톱10 중에서 한국 드라마가 무려 다섯 편이나 선정되었다. 세대와 성별을 불문하고 〈사랑의 불시착〉이나 〈이태원 클라스〉 같은 한국 드라마를 즐기고, BTS와 블랙핑크에 열광하는 일본의 젊은 친구들을 쉽게 만날 수 있다. 반면 한국에서는 일본 제품에 대한 불매 운동이 한창인 가운데, 닌텐도에서 출시한 '모여봐요 동물의 숲'이 유행했고, 애니메이션 〈귀멸의 칼날〉은 신드롬이라 불릴 정도로 젊은 층 사이에 화제가 되었다. 반일에 대한 단일 대오를 형성했던 선배 세대와는 확실히 다른 모습을 보여 주는 한국의 젊은 세대들이다.

한일 경제 협력의 가능성

이 책은 경제에 관한 이야기를 다루고 있으므로 한일 경제 협력의 가능성에 대해서도 간단히 짚고 넘어가자. "예전처럼 한국과 일본이 수직적인 분업 관계를 맺고 있을 때면 몰라도, 이제 선진 국으로 올라선 한국이 굳이 일본과 경제 협력을 해야 할 필요가 있을까?"라고 말하는 사람들이 많아졌다. 이런 이야기를 하는 사람들에게 나는 다음의 두 가지 이유를 말해 주고 싶다.

첫 번째는 "그렇다면 굳이 경제 협력을 안 할 이유는 있는가?"라는 반문에 대한 답이다. 경제 협력은 정부나 국민 감정이 결정하는 것이 아니다. 예전에는 경제 협력의 주체가 정부일 때도 있었지만 지금 한일 간 경제 협력의 주체는 기업이다. 산업의 특성에 따른 기업의 전략적 판단이 한일 경제 협력의 형태를 결정한다. 반도체처럼 한일 기업 간 상호 의존성이 강한 산업은 협력이 필요하지만, 자동차처럼 대칭적인 상호 경합 관계에 있는 산업은 경쟁을 피할 수 없다. 다양한 산업의 성격에 따라 기업의 전략적 판단이 달라질 수 있고, 지금까지 그래 왔던 것처럼 앞으로도 기업들의 합리적인 경영 판단이 한일 경제 협력의 다양한 형태를 만들어 낼 것이다.

그렇다면 구체적으로 어떠한 협력의 형태를 생각할 수 있을까? 여기에서 한일 간 경제 협력의 가능성에 대한 두 번째 이유인 제 3국에서의 경제 협력을 생각할 수 있다. "앞으로는 굳이 일본과의 경제 협력이 필요 없다."고 말하는 사람들이 종종 근거로 제시하는 자료가 〈그림 3-22〉과 같은 대일 무역 구조의 변화이다. 그

그림 3-22 **대일 무역 구조의 변화**(단위: 억 달러)

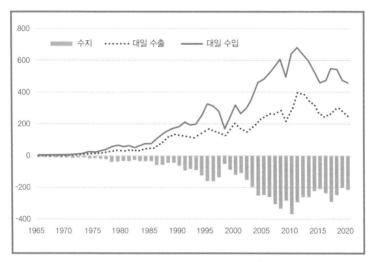

출처: 무역 통계, 한국 무역 협회

림을 보면 확실히 최근 10년 사이에 양국의 경제 관계가 축소 균형으로 수렴하고 있는 인상을 받는다. 대일 수출과 대일 수입은 2011년을 정점(수출 397억 달러, 수입 683억 달러)으로 감소세로 돌아섰고, 한국의 대일 무역 수지 적자 규모도 2010년을 정점(361억 달러)으로 감소세로 돌아섰기 때문이다. 그러나 한일 간 직접 교역 규모가 줄어들었다고 해서 경제 협력의 필요성마저 줄어드는 것은 아니다. 이는 마치 나무만 보고 숲을 보지 못하는 것과 같다.

지금은 공정 단위를 세분화해서 전 세계적인 분업을 통해 제품을 생산하는 '글로벌 밸류 체인Global Value Chain' 무역의 시대이다. 최근 10년 동안 한일 기업 모두 제조업의 생산 거점을 동남아시아 국가 연합ASEAN과 같은 해외로 이전하는 직접 투자가 증가해 왔다. 이러한 글로벌 밸류 체인의 재편 속에서 한일 양국의 직접 교역 규모는 축소되었지만, 그만큼 제3국에서 한일 기업이 협력할 수 있는 여지는 더 커졌다고 할 수 있다. 일례로 LG전자의 베트남 공장이 일본 기업으로부터 부품을 조달하는 경우나 태국의 일본 자동차 공장에 한국의 철강 회사가 강판을 제공하는 경우를 생각해 보면 쉽게 이해할 수 있다. 한일 간 직접적인 무역은 축소되어도 제3국에서 한일 기업 간의 협력 관계는 더욱 강화될 수 있다는 뜻이다.

이뿐만이 아니다. 제조업의 글로벌 전개 속에서 한일 기업들이 협력할 수 있는 가능성은 여전히 많다. 그동안 제3국에서 한일 기업들은 해외 자원 개발이나 인프라 수주에서 성과를 거두어 왔다. 해외 자원 의존도가 높은 한일 양국은 앞으로도 자원 개발 분야에서 자연스레 협력 체제를 구축할 것으로 보인다. 일례로 LNG 세계 1위, 3위 수입국인 일본과 한국은 무섭게 성장하는 중국으로부터 공급원을 뺏기지 않기 위해 개발이나 판매에서 협업하는 것이 양쪽 모두에게 유리하다. 인프라의 경우에도 한국은 시공 관리와 코스트 경쟁력에서, 일본은 기술력에 각각 장점이 있어서 상호 보완 관계에 있다. 이 밖에도 ASEAN을 중심으로 콘텐츠, 헬스케어 등 서비스 분야의 공동 진출도 충분히 고려할 수 있는 방안이다.

제조업이 아닌 비제조업까지 확대해 보면 한일 양국의 기업이 협력할 수 있는 폭은 훨씬 더 확대된다. 한일 두 나라의 GDP에서 제조업이 차지하는 비중은 지속적으로 감소하고 있으며, 경제의 주역은 이미 서비스 산업으로 넘어간 지 오래다. 게다가 한일 양국 모두 성숙된 소비 시장을 가지고 있어서 한일 기업들에게는 충분히 의미 있는 비즈니스 찬스를 제공할 수 있다. 한일 양국이 보유한 풍부한 문화 콘텐츠를 생각해 볼 때 서비스 무역의 확대는 앞으로가 더욱 기대되는 분야이다.

다음 세대에게 전하는 말

'일본은 지루한 천국, 한국은 재밌는 지옥' 이라는 말을 듣고 무릎을 친 기억이 있다. 한국과 일본 양쪽 모두 거주해 본 경험이 있는 사람이라면 누구나 공감이 가는 부분이 있을 것이다. 일본은 답답하고 느리지만 안정적이고 예측 가능하다. 한국은 빠르고 역동적이지만 그만큼 불안정하고 쉽게 뒤집히는 것들이 많다. 물론 한국과 일본을 상대적으로 비교할 때 그렇다는 이야기이다. 일본 생활 10년, 귀국한 이후 한국 생활 8년을 비교해 보면 두 나라 모두 대단히 매력적인 선진국임에 틀림없다. 사실 전 세계 어디를 가더라도 한국과 일본만큼 안전하고, 편리하고, 깨끗한 부자 나라는 잘 없다. 유럽과 유럽에 뿌리를 둔 지역(북미, 오세아니아)을 제외하면 아시아에서 꼽히는 강대국이 바로 한국과 일본이라는 사실에 웅장함마저 느끼게 된다.

일본어에는 '나카마이리仲間入り'라는 표현이 있다. 친구가 된다는 뜻도 있지만 어깨를 나란히 하는 관계가 된다는 뜻으로 더 많이 쓰인다. 일본은 한국이 선진국으로 '나카마이리'에 성공했다는 것을 이제야 조금씩 받아들이는 것 같다. 물론 지금은 한국의 성장을 위기로 인식하는 측면이 더 크지만 곧 있으면 믿을만한 든든한 이웃이 생겼다는 사실을 알게 될 것이다. 반면 한국은 어른의 체격을 갖추었지만 생각은 아직 덜 여문 청소년 같다. 경제력은 이미 선진국이지만 그에 합당한 국제적 역할이나 위상에 대한 고민이 부족해 보인다는 뜻이다. 그러나 시간이 지나면 이 부분은 자연스럽게 해결될 수 있다.

분명한 것은 현재 기성세대의 머릿속에는 한일 두 선진국의 새로운 관계 설정을 위한 해법이 들어 있지 않다는 것이다. 나를 포함한 기성세대의 역할은 새 시대의 주역들이 엉킨 한일 관계를 풀어 갈 수 있도록 다양한 정보를 제공하고 취사선택할 수 있는 기회를 주는 것뿐이다. 이 책이 그런 역할을 하는 데 조금이라도 기여할 수 있다면 저자로서 그보다 더한 기쁨은 없을 것 같다.

참고문헌

강철구(2013), 《일본 경제 부담없이 읽기》, 어문학사

문준선(2020), 《포스트 한일경제전쟁》, 스마트북스

박상준(2016), 《불황터널》, 매일경제신문사

박상준(2019), 《불황탈출》, 알키

박상현(2010), 〈20세기 자본주의 국가 형성의 두 가지 길: 나치와 뉴딜의 비교를 중심으로〉, 《사회와역사》, No. 88

박성빈(2019), 《아베노믹스와 일본 경제의 미래》, 박영사

박예림 · 이창민(2017), 〈아베노믹스 이후 일본 민간소비의 특징〉, 《일어일문학연구》, Vol. 102

서현섭(1995), 《일본은 있다》, 고려원

송지영(2013), 《현대일본경제론》, 청목출판사

오석진 · 이창민(2020), 〈수출규제 이후 전략물자 수입동향 분석〉, 《한림일본학》, Vol. 36

오석진 · 이창민(2021), 〈수출규제 3품목 수입동향 분석〉, 《인문사회21》, Vol. 12(4)

오유진 · 이창민(2019), 〈아베노믹스와 외국인 노동시장의 확대〉, 《일어일문학연구》, Vol. 108

오유진 · 이창민(2019), 〈일본 여성 경제활동참가율의 장기적 추이〉, 《인문사회21》, Vol. 10(4)

오카자키 데쓰지 지음, 이창민 옮김(2017), 《제도와 조직의 경제사》, 한울 아카데미

이명찬(2021), 《일본인들이 증언하는 한일역전》, 서울셀렉션

이창민(2018), 〈'저온호황'의 출현과 아베노믹스의 방향전환〉, 《일본연구》, Vol. 75

이창민(2019),〈아베노믹스와 일본 경상수지의 구조변화〉,《비교일본학》, Vol. 47

이창민(2020),〈근세일본 에도상점의 생존기간 분석〉,《인문사회21》, Vol. 11(4)

이창민(2020),〈코로나19의 충격과 일본경제〉,《일어일문학연구》, Vol. 115

이창민(2021),〈경제통상 분야 개선 방안〉,《대전환 시대의 한일관계》, 제이엔씨

이창민(2021),〈한일 경제네트워크의 확장적 심화〉,《복합 대전환기 새로운 한일 파트너십을 찾아서》, 한반도평화만들기

이창민(2021),〈한일 경제협력의 새로운 가능성에 대한 고찰〉,《일어일문학연구》, Vol. 119

이창민(2021),《아베노믹스와 저온호황》, 제이엔씨

전여옥(1994),《일본은 없다》, 지식공작소

카럴 판 볼페런 지음, 이청훈 외 옮김(1997),《부자 나라 가난한 국민 일본》, 범우사

토마 피케티 지음, 장경덕 옮김(2014),《21세기 자본》, 글항아리

D.S.ランデス 著, 石坂昭雄・富岡庄一 訳(1982),《西ヨーロッパ工業史—産業革命とその後 1750-1968》, みすず書房

リチャード・クー 著, 川島睦保 訳(2019),《〈追われる国〉の経済学》, 徳間書店

リチャード・クー(2013),《バランスシート不況下の世界経済》, 徳間書店

加藤健太・大石直樹(2013),《ケースに学ぶ日本の企業》, 有斐閣ブックス

岡崎哲二 編(2005),《生産組織の経済史》, 東京大学出版会

岡崎哲二(1999),《江戸の市場経済》, 講談社

岡崎哲二(2002),《経済史の教訓》, ダイヤモンド社

岡崎哲二(2017),《経済史から考える》, 日本経済新聞出版

岡崎哲二・奥野正寛 編(1993),《現代日本経済システムの源流》, 日本経済新聞出版

古是三春(2018),《ノモンハンの真実》, 潮書房光人新社

菊澤研宗(2017),《組織の不条理》, 中央公論新社

宮本又郎 編(2012),《日本経済史》, 放送大学教育振興会

宮本又郎・粕谷誠(2009),《経営史・江戸の経験—1600~1882》, ミネルヴァ書房

宮本又次(1977),《株仲間の研究》, 講談社

橘木俊詔(1998),《日本の経済格差》, 岩波書店

橘川武郎・平野創・板垣暁(2014),《日本の産業と企業》, 有斐閣アルマ

金知愛・李昌玟(2015),〈日本自動車産業のサプライヤーシステム—2000年代を中心に〉,《日本研究》, Vol. 66

内田樹 編(2018),《人口減少社会の未来学》, 文藝春秋

大西謙(2014),《老舗企業にみる100年の知恵》, 晃洋書房

藤本隆宏(2013),《現場主義の競争戦略》, 新潮社

藤本隆宏(2017),《現場から見上げる企業戦略論》, KADOKAWA

藤本隆宏・柴田孝(2013),《ものづくり成長戦略》, 中央公論新社

鈴木博毅(2012),《〈超〉入門 失敗の本質》, ダイヤモンド社

櫨浩一(2006),《貯蓄率ゼロ経済》, 日本経済新聞出版

柳川範之(2013),《日本成長戦略 40歳定年制》, さくら舎

李昌玟(2021), 〈デジタル貿易時代の日本経済〉,《東亜歴史文化研究》, Vol.12

李昌玟(2015),《戦前期東アジアの情報化と経済発展》, 東京大学出版会

李昌玟・丸山由希也(2015), 〈日本の派遣労働市場とリーマン・ショック〉,《비교일본학》, Vol.33

笠信太郎(1987),《花見酒の経済》, ディスカヴァー・トゥエンティワン

武田晴人(2008),《日本人の経済観念》, 岩波書店

粕谷誠(2002),《豪商の明治》, 名古屋大学出版会

朴英元(2009), 〈インド市場で活躍している韓国企業の現地化戦略〉,《赤門マネジメント・レビュー》, 8(4)

浜野潔 外(2009),《日本経済史1600－2000》, 慶応義塾大学出版会

三橋規宏・内田茂男・池田吉紀(2015),《新日本経済入門》, 日本経済新聞出版

三和良一(2013),《概説日本経済史(第3版)》, 東京大学出版会

西村清彦(1995),《日本の地価の決まり方》, 筑摩書房

石井寛治(1994),《情報通信の社会史》, 有斐閣

小峰隆夫(2019),《平成の経済》, 日本経済新聞出版

小峰隆夫・村田啓子(2020),《日本経済入門[第6版]》, 日本評論社

速水融(2001),《歴史人口学で見た日本》, 文藝春秋

松元崇(2009),《大恐慌を駆け抜けた男 高橋是清》, 中央公論新社

松田久一 (2009),《〈嫌消費〉世代の研究》, 東洋経済新報社

安倍晋三(2006),《美しい国へ》, 文藝春秋

岩田規久男(2018),《日銀日記》, 筑摩書房

野口悠紀雄(2018),《日本経済入門》, 講談社現代新書

野口悠紀雄(2022),《日本が先進国から脱落する日》, プレジデント社

野中郁次郎 外(1991),《失敗の本質》, 中央公論新社

田中康雄(2010),《江戸商家・商人名データ総覧》, 柊風舎

中林真幸・石黒真吾 編(2010),《比較制度分析・入門》, 有斐閣

浅野展正(2014),〈総合商社の存在意義についての考察〉,《商大ビジネスレビュー》, 3(2)

青木昌彦・安藤晴彦(2002),《モジュール化》, 東洋経済新報社

沢井実・谷本雅之(2016),《日本経済史》, 有斐閣

鶴光太郎・前田佐恵子・村田啓子(2019),《日本経済のマクロ分析》, 日経BP

和田一夫(2009),《ものづくりの寓話》, 名古屋大学出版会

Avner Greif(2006), *Institution and the path to the modern economy*, Cambridge University Press

Banri Asanuma and Tatsuya Kikutani(1992), "Risk absorption in Japanese subcontracting: A microeconometric study of the automobile industry", *Journal of the Japanese and International Economies*, 6(1)

Bengt Holmstrom and Paul Milgrom(1991), "Multitask Principal−Agent Analyses: Incentive Contracts, Asset Ownership, and Job Design", *Journal of Law Economics and Organization*, 7

Ezra F. Vogel(1979), *Japan as Number One*, Harvard University Press

Fumio Hayashi and Edward C. Prescott(2002), "The 1990s in Japan: A Lost Decade", *Review of Economic Dynamics*, 5(1)

Geoffrey Crowther(1957), *Balances and Imbalances of Payments*, Harvard University, Graduate School of Business Administration

Jacob Mincer and Yoshio Higuchi(1988), "Wage structures and labor turnover in the United States and Japan", *Journal of the Japanese and International Economies*, 2(2)

Jan de Vries(2012), *The Industrious Revolution* University of California, Berkeley

Masahiko Aoki and Hugh Patrick(Eds.)(1995), *The Japanese Main Bank System: Its Relevance for Developing and Transforming Economies*, Clarendon Press

Naomi R. Lamoreaux(2009), "Banks, Kinship, and Economic Development: The New England Case", *The Journal of Economic History*, 46(3)

Paul R. Krugman(1998), "It's Baaack: Japan's Slump and the Return of the Liquidity Trap", *Brookings Papers on Economic Activity*, 1998(2)

Robert W. Fogel and Stanley L. Engerman(1977), "Explaining the Relative Efficiency of Slave Agriculture in the Antebellum South", *The American Economic Review*, 67(3)

Stefano Fenoaltea(1984), "Slavery and Supervision in Comparative Perspective: A

Model", *The Journal of Economic History*, 44(3)

Tetsuji Okazaki(2005), 'The role of the merchant coalition in pre-modern Japanese', *Explorations in Economic History*, 42(2)

Tetsuji Okazaki, Michiru Sawada and Kazuki Yokoyama(2005), "Measuring the Extent and Implications of Director Interlocking in the Prewar Japanese Banking Industry", *The Journal of Economic History*, 65(4)

지금 다시, 일본 정독

1판 1쇄 발행 2022년 6월 3일
1판 5쇄 발행 2024년 5월 16일

지은이 이창민
발행인 김기중
주간 신선영
편집 정은미, 민성원, 백수연, 이용혁
마케팅 김신정, 김보미 경영지원 홍운선
펴낸곳 도서출판 더숲
주소 서울시 마포구 동교로 43-1 (04018)
전화 02-3141-8301~2 팩스 02-3141-8303
이메일 info@theforestbook.co.kr
페이스북 · 인스타그램 @theforestbook
출판신고 2009년 3월 30일 제2009-000062호

ISBN 979-11-92444-11-6 (03300)